机车乘务员培训系列教材

# 机务行车规章基础知识
# （“2+1”学员）

《机车乘务员培训系列教材》编委会　编

中国铁道出版社有限公司

2025年·北　京

## 内容简介

《机务行车规章基础知识（"2+1"学员）》是"机车乘务员培训系列教材"之一，全书共分七章，第一章至第三章分别介绍了《铁路技术管理规程（普速铁路部分）》技术设备、《铁路技术管理规程（普速铁路部分）》行车组织、《铁路技术管理规程（普速铁路部分）》信号显示，第四章介绍了《中国铁路沈阳局集团公司普速铁路行车组织规则》，第五章介绍了《铁路机车操作规则》，第六章介绍了《铁路交通事故调查处理规则》，第七章介绍了《中国铁路沈阳局集团公司机车乘务员一次乘务作业标准》。

本书可供"2+1"学员岗前培训，也可作为机车乘务员业务学习参考用书。

**图书在版编目（CIP）数据**

机务行车规章基础知识："2+1"学员 /《机车乘务员培训系列教材》编委会编. -- 北京：中国铁道出版社有限公司，2025. 5. --（机车乘务员培训系列教材）.
ISBN 978-7-113-31673-0

Ⅰ. U292. 11

中国国家版本馆 CIP 数据核字第 2024FN5077 号

**书　　名**：机务行车规章基础知识（"2+1"学员）
**作　　者**：《机车乘务员培训系列教材》编委会

---

**责任编辑**：侯跃文　　**编辑部电话**：（010）51873421　　**电子邮箱**：jiche@ tdpress. com
**封面设计**：郑春鹏
**责任校对**：苗　丹
**责任印制**：赵星辰

---

**出版发行**：中国铁道出版社有限公司（100054，北京市西城区右安门西街 8 号）
**网　　址**：https://www. tdpress. com
**印　　刷**：河北宝昌佳彩印刷有限公司
**版　　次**：2025 年 5 月第 1 版　2025 年 5 月第 1 次印刷
**开　　本**：710 mm×1 000 mm 1/16　**印张**：17. 75　**字数**：318 千
**书　　号**：ISBN 978-7-113-31673-0
**定　　价**：90. 00 元

---

# 编 委 会

# 前　言

为全面贯彻国铁集团推动新时代铁路职工教育高质量发展主题思想,构建系统完善的职工培训体系,进一步规范机车乘务员培训管理、提升机车乘务员技术业务素质,深入推进机务系统职工培训标准化、规范化建设,更好地完成机车乘务员成才培养工作,沈阳局集团公司机务部依托机车乘务员塑型成长全历程工作指南,组织编写了"机车乘务员培训系列教材"。

本教材针对机车乘务员塑型成才的五个阶段(入门、成长、塑型、进阶、成才)分别制定了相应的配套学习指导。教材内容全面,涵盖了法律法规、安全知识、基础知识、专业知识以及实作技能等方面,构成了一个完整的培训体系,使机车乘务员通过学习,可以达到"三个标准",即机车副司机任职资质、机车司机驾驶资质、机车司机成才标准。

本套教材由中国铁路沈阳局集团有限公司、辽宁轨道交通职业学院、辽宁铁道职业技术学院、吉林铁道职业技术大学共同编写完成。《机务行车规章基础知识("2+1"学员)》由刘立东、王旭担任主编,杜长军、李刚、孙秀岩、张殿力、吴晓军、吕明甲、李凯、康飞、丁洪东、王国栋、苍松、钟志富、刘非、葛鸿飞、杨春生参加了编写工作。

本教材为沈阳局集团公司机务部、各机务段职工教育培训工作人员设计,旨在作为工具书和指导书使用,期望本教材能成为广大职工教育培训工作人员日常工作的得力助手,特别是在规范日常培训、提升工作效能等方面发挥积极作用。

鉴于时间和能力原因,本教材可能存在诸多不足之处,期望广大读者能提出宝贵的意见和建议。

编　者

2025年4月

# 目 录

第一章 《铁路技术管理规程(普速铁路部分)》技术设备 …………………… 1
第一节 线路…………………………………………………………………… 1
第二节 信号…………………………………………………………………… 3
第三节 闭塞 ………………………………………………………………… 17
第四节 机车信号、列车运行监控装置、轨道车运行控制设备 … 18
第五节 电气化区段人身安全规定 ………………………………………… 20
第二章 《铁路技术管理规程(普速铁路部分)》行车组织 ………………… 22
第一节 行车组织与编组列车 ……………………………………………… 22
第二节 列车中机车车辆的编挂和连挂 …………………………………… 31
第三节 调车工作 …………………………………………………………… 36
第四节 行车闭塞 …………………………………………………………… 40
第五节 列车运行 …………………………………………………………… 58
第三章 《铁路技术管理规程(普速铁路部分)》信号显示 ………………… 78
第一节 信号分类 …………………………………………………………… 78
第二节 固定信号 …………………………………………………………… 81
第三节 移动信号…………………………………………………………… 134
第四节 手信号……………………………………………………………… 140
第五节 信号表示器………………………………………………………… 162
第六节 线路标志及信号标志 …………………………………………… 175
第七节 列车标志…………………………………………………………… 190
第八节 听觉信号…………………………………………………………… 193
第九节 行车凭证使用……………………………………………………… 195

第四章　《中国铁路沈阳局集团公司普速铁路行车组织规则》…………… 199
第五章　《铁路机车操作规则》…………………………………………… 207
第六章　《铁路交通事故调查处理规则》………………………………… 213
第七章　《沈阳局集团公司机车乘务员一次乘务作业标准》…………… 215
　第一节　概述 ……………………………………………………………… 215
　第二节　呼唤应答标准 …………………………………………………… 217
　第三节　模拟开车 ………………………………………………………… 225
附件 …………………………………………………………………………… 240
　附件 1　路票 ……………………………………………………………… 240
　附件 2　绿色许可证 ……………………………………………………… 240
　附件 3　红色许可证 ……………………………………………………… 241
　附件 4　调度命令 ………………………………………………………… 241
　附件 5　出站/跟踪调车通知书 ………………………………………… 242
　附件 6　轻型车辆使用书 ………………………………………………… 242
　附件 7　调度命令登记簿 ………………………………………………… 243
　附件 8　书面通知 ………………………………………………………… 243
　附件 9　半自动闭塞发车进路通知书 …………………………………… 244
复习思考题答案 ……………………………………………………………… 245

# 第一章

# 《铁路技术管理规程（普速铁路部分）》技术设备

**知识目标**

本章从《铁路技术管理规程（普速铁路部分）》（以下简称《技规》）技术设备中挑选出27条规章条款，使“2+1”学员通过学习，掌握国铁集团关于线路、信号、闭塞、机车信号、列车运行监控装置、轨道车运行控制设备及电气化区段人身安全等相关规定。

**能力目标**

能够正确理解铁路技术设备的基本分类、性能特点和使用要求；同时，提高技术设备使用和应对突发事件的能力。

**素质目标**

理解技术设备管理的重要性；明确技术设备管理的职责和要求。

## 第一节 线　　路

### 一、铁路线路的规定

**《技规》原文：**铁路线路分为正线、站线、段管线、岔线、安全线及避难线。

正线是指连接车站并贯穿或直股伸入车站的线路。

站线是指到发线、调车线、牵出线、货物线及站内指定用途的其他线路。

段管线是指机务、车辆、工务、电务、供电等段专用并由其管理的线路。

岔线是指在区间或站内接轨,通向路内外单位的专用线路。

安全线是为防止列车或机车车辆从一进路进入另一列车或机车车辆占用的进路而发生冲突的一种安全隔开设备。

避难线是在长大下坡道上能使失控列车安全进入的线路。

**条文解释:**本条文是关于铁路线路分类的规定。

铁路线路按功能分为正线、站线、段管线、岔线、安全线及避难线。

1. 正线

正线是指连接车站并贯穿或直股伸入车站的线路。正线可分为区间正线及站内正线。连接车站的正线为区间正线,贯穿或直股伸入车站的部分为站内正线。

2. 站线

车站内除设有正线外,还根据业务性质,运量大小及技术作业的需要,分别铺设其他配线,这些配线统称为站线,如到发线、调车线、牵出线、货物线及指定用途的其他线等。

到发线是指供列车到达、出发使用的线路。

调车线是指进行列车编组与解体作业使用的线路。

牵出线是指设在调车场的一端,并与到发线连接,专供车列解体、编组及转线等牵出使用的线路。

货物线是指专供办理货物装卸车使用的线路。

站内指定用途的其他线路,是指站内救援列车停留线、机车走行线、机车等待线、车辆站修线、轨道衡线、加冰线、换装线、货车洗刷线、驼峰迂回线等。

3. 段管线

段管线是指由机务、车辆、工务、电务等段专用,以及动车段(所)专用,并由其管理的线路。

4. 岔线

岔线是指在区间或站内接轨,通往路内外单位(厂矿企业、砂石场、港湾、码头及货物仓库)的专用线路。

5. 安全线

安全线是为防止列车或机车车辆从一进路进入另一列车或机车车辆占用的进路而发生冲突的一种安全隔开设备,为特殊用途线。

6. 避难线

避难线是在陡长的下坡道上能使失控列车安全进入的线路,为特殊用途线。

# 第二节 信 号

## 一、信号机和信号表示器类型和用途的规定

**《技规》原文:**信号装置一般分为信号机和信号表示器两类。

信号机按类型分为色灯信号机、臂板信号机和机车信号机。信号机按用途分为进站、出站、通过、进路、预告、接近、遮断、驼峰、驼峰辅助、复示、调车信号机。

信号表示器分为道岔、脱轨、进路、发车、发车线路、调车及车挡表示器。

**条文解释:**本条文是关于信号机和信号表示器的类型和用途分类的规定。

信号一般包括两种意义:一是指铁路上信号、联锁、闭塞设备的总称,一般叫做铁路信号或信号设备;二是指行车工作中对列车乘务人员及其他有关行车人员指示运行条件,包括固定信号、移动信号及手信号,信号表示器及信号标志,听觉信号等。

本条文仅指固定信号及信号表示器。

1. 信号机按其类型可分为:

(1)色灯信号机,是以灯光颜色和数目的变化显示信号的装置。

(2)臂板信号机,昼间是以臂板的不同位置、形状、颜色及数目等特征显示信号;夜间装有照明灯具,以不同颜色和数目的灯光显示信号的装置。

(3)机车信号(机),是装在机车司机室内的信号,用以反映地面信号信息显示的装置。

机车信号分为:

①三显示自动闭塞区段连续式机车信号;

②四显示自动闭塞区段连续式机车信号;

③接近连续式机车信号。

2. 车载信号:

在列控车载设备中,速度信号在速度表盘上以不同颜色的光带显示。速度信号显示包括列车当前速度、允许速度(列控车载设备允许列车在该时刻达到的安全运行速度)和目标速度(在该时刻列控车载设备提示列车在到达目标点的允许速度)。

列车当前速度采用双重显示。一种是采用速度表表示方法,速度表的指针指向刻度盘的当前速度;另一种是数字表示方法,在速度表的中间区,以数字形式表

示出当前速度值。

3. 信号表示器：是表示行车设备位置或状态的信号机具，通过它的表示对列车运行或调车作业发出指示。信号表示器有道岔表示器、脱轨表示器、进路表示器、发车表示器、发车线路表示器、调车表示器和车挡表示器。

提速半自动闭塞区段接近信号机显示方式适用于列车最高运行速度 160 km/h 及其以下的区段。

## 二、信号机及表示器在正常情况下显示距离的规定

**《技规》原文：**各种信号机及表示器，在正常情况下的显示距离：

1. 进站、通过、接近、遮断信号机，不得小于 1 000 m；

2. 高柱出站、高柱进路信号机，不得小于 800 m；

3. 预告、驼峰、驼峰辅助信号机，不得小于 400 m；

4. 调车、矮型出站、矮型进路、复示信号机，容许、引导信号及各种表示器，不得小于 200 m。

在地形、地物影响视线的地方，进站、通过、接近、预告、遮断信号机的显示距离，在最坏的条件下，不得小于 200 m。

**条文解释：**本条文是关于信号机及表示器在正常情况下显示距离的规定。

信号的显示距离，是指从机车上能够连续确认的显示距离。其前提条件是列车运行速度不超过 120 km/h 时，紧急制动距离应不大于 800 m。

因此，进站、通过、接近、遮断信号机的显示距离规定为不小于 1 000 m，是考虑了 800 m 列车的紧急制动距离和 200 m 司机确认信号时间和开始制动列车走行的距离，这样在信号机显示红灯时，司机确认信号后可以保证在信号机前停车。

高柱出站和高柱进路信号机因前方已有进站或进路信号机起到预告显示的作用，同时，这些信号机都设在站内。所以对其显示距离规定不得小于 800 m。

预告信号机本身没有停车信号的显示，仅仅是预告其主体信号机的显示状态，所以显示距离规定不得小于 400 m。

驼峰信号机，因调车速度较低，所以显示距离规定不得小于 400 m。

驼峰辅助信号机，它的显示距离与驼峰信号机相同，因此也规定不得小于 400 m。

调车信号机，因调车速度较低；复示信号机是一种附属性质的信号，重复主体信号机的显示；容许信号和引导信号是在司机未看到其显示之前，已经看到了主体信号机的显示。所以规定这些信号的显示距离不得小于 200 m。

在不办理通过列车的到发线上,由于容易确认信号,装设的矮型出站、矮型进路信号机其显示距离规定不得小于 200 m。

各种表示器,只是起到表示的作用,不是绝对信号,并受机体构造的限制,所以显示距离规定不得小于 200 m。

对进站、通过、接近、遮断信号机的显示距离应当严格要求。在装设此类信号机时,应多方设法选择适当地点,尽可能使其显示距离达到标准。但因条件限制,如在山区弯道多、曲线半径小、隧道接连不断等最坏情况下,实在无法达到标准时,考虑到此类信号机均设有预告信号机,因此允许降低到不小于 200 m 的最低标准。

预告信号机的显示距离在最坏条件下,亦不得小于 200 m。

## 三、设置矮型色灯信号机的规定

**《技规》原文:**铁路信号机应采用色灯信号机。色灯信号机应采用高柱信号机,在下列处所可采用矮型信号机:

1. 不办理通过列车的到发线上的出站、发车进路信号机;
2. 道岔区内的调车信号机及驼峰调车场内的线束调车信号机;
3. 自动闭塞区段,隧道内的通过信号机。

特殊情况需设矮型信号机时,须经铁路局批准。

**条文解释:**本条文是色灯信号机的设置规定。

色灯信号机具有昼夜显示一致,受气候条件影响小,易于控制和辨认,安全稳定,便于维修等特点,因此,凡有可靠交流电源的车站,都应采用色灯信号机。

在办理通过列车的到发线上的出站、发车进路色灯信号机,不论是否装设机车信号均应采用高柱色灯信号机。

在不办理通过列车的到发线上,由于列车速度低,显示距离要求不高,亦容易确认,可以装设矮型信号机。

另外,道岔区内的调车信号机,驼峰调车场的线束调车信号机,自动闭塞区段,隧道内的通过信号机因受场所的限制,亦可采用矮型信号机。

为了便于司机和有关行车人员确认信号,要求在同一车站或同一车场采用同一类型的信号机。

## 四、信号机设置的要求

**《技规》原文:**信号机设在列车运行方向的左侧或其所属线路的中心线上空。反方向运行进站信号机可设在列车运行方向的右侧;其他特殊地段因条件限制,需设于右侧时，须经铁路局批准。

在确定设置信号机地点时，除满足信号显示距离的要求外，还应考虑到该信号机不致被误认为邻线的信号机。

**条文解释：**本条文是关于信号机设置位置的规定。

我国铁路为左侧行车制，机车司机的位置统一设在左侧，为了便于司机瞭望信号，规定所有信号机均应设在列车运行方向的左侧。装设在信号桥或信号托架上的信号机，可以在线路左侧，也可以在其所属线路的中心线上空。

反方向运行进站信号机受限界等限制可设在列车运行方向的右侧。其他信号机在特殊情况下，如线路左侧没有装设信号机的条件（托架也无法装设）或因曲线、隧道、桥梁等影响，在保证不致使司机误认的条件下，经铁路局批准，也可设于右侧。

在确定信号机设置地点时，除应满足信号显示距离的要求外，还应考虑到信号机不致于被误认为邻线的信号机，装在右侧的信号机更应注意。

## 五、进站信号机的设置要求

**《技规》原文：**车站必须设进站信号机。进站信号机应设在距进站最外方道岔尖轨尖端（顺向为警冲标）不小于 50 m 的地点，因调车作业或制动距离需要延长时，一般不超过 400 m。

双线自动闭塞区间反方向进站信号机前方应设置预告标。

**条文解释：**本条文是关于车站设置进站信号机的规定。

进站信号机的作用是防护车站，指示进站列车的运行条件，保证进站进路的正确和安全可靠，完成有关的联锁任务。所以，凡车站在列车的入口处都必须装设进站信号机。

进站信号机，应尽量避免装设在停车后起动困难的上坡道上、地势险峻地点、隧道内、桥梁上及停车后列车不能全部出清桥隧的停车地点。

在设有轨道电路的车站上，进站信号机应和轨道绝缘设在同一坐标上。如因轨缝移动或因线路改建等原因，不能设在同一坐标上时，允许轨道绝缘设在信号机前方或后方各 1 m 范围内。

为满足调车作业的需要，即一台机车挂一两辆货车，由一股道转向另一股道不致越出进站信号机。所以规定进站信号机应设于距进站道岔尖轨尖端（顺向为警冲标）不小于 50 m 的地点。

经常利用正线进行调车作业的车站，可适当延长进站信号机与进站道岔岔尖或进站道岔警冲标之间的距离,以便进行调车作业时,车列不致越出进站信号机,减少办理越出站界调车的手续。但该距离延长后,将影响车站的通过能力,所以延长的距离一般不得超过 400 m。

双线自动闭塞区间反方向运行,因进站信号机前方未设色灯预告信号机,应在进站信号机外方设预告标。预告标应设在进站信号机外方 900 m、1 000 m 及 1 100 m 处。

## 六、出站信号机的设置要求

**《技规》原文:**在车站的正线和到发线上,应设出站信号机。出站信号机应设在每一发车线的警冲标内方(对向道岔为尖轨尖端外方)适当地点。

在调车场的编发线上,必要时可设线群出站信号机。

**条文解释:**本条文是关于车站和到发线应装设出站信号机的规定。

出站信号机的作用是作为列车占用区间的凭证,指示列车可否进入区间;与车站其他发车进路和敌对进路相联锁,信号开放后保证进路安全可靠;指示列车在站内停车的位置。所以,车站发车线上均应装设出站信号机。

出站信号机应设在每一发车线的警冲标内方(对向道岔为尖轨尖端外方)适当的地点。

设置出站信号机应考虑到少占用股道有效长。当发车线不设轨道电路时,在限界允许的条件下,应缩小与警冲标间的距离;当发车线设有轨道电路时,出站信号机宜与轨道绝缘设在同一坐标处,为了避免和减少在安装信号机时造成串轨、换轨和锯轨等情况,轨道绝缘设置在出站信号机前方 1 m 或后方 6.5 m 的范围内。

调车场内编发线上,根据作业需要,可设线群出站信号机。当信号机开放信号后,为了指示某一线路上的列车出发,防止邻线上的列车误认信号,所以规定在每条线路的警冲标内方适当地点装设发车线路表示器。

发车线路表示器应在线群出站信号机开放和进路开通正确后方能着灯。但线群出站信号机与发车线路表示器之间的非集中操纵道岔无联锁,发车时,发车人员应认真监视进路,保证行车安全。

## 七、通过信号机的设置要求

**《技规》原文:**通过信号机应设在闭塞分区或所间区间的分界处。自动闭塞区段的通过信号机,不应设在停车后可能脱钩、牵引供电分相的处所,也不宜设在起动困难的地点。

自动闭塞区段信号机设置位置和显示关系应根据列车牵引计算确定，并应满足列车运行速度规定的制动距离和线路通过能力的要求。

在自动闭塞区段内，当货物列车在设于上坡道上的通过信号机前停车后起动困难时，在该信号机上应装设容许信号。在进站信号机前方第一架通过信号机上，不得装设容许信号。

在三显示自动闭塞区段的进站信号机前方第一架通过信号机柱上，应涂三条黑斜线；四显示自动闭塞区段的进站信号机前方第一、第二架通过信号机的机柱上，应分别涂三条、一条黑斜线。

**条文解释：**本条文是对自动闭塞区段通过信号机设置要求的规定。

列车紧急制动距离和线路通过能力是进行自动闭塞设计的重要依据。列车的紧急制动距离限值，应符合《技规》第263条的规定。双线自动闭塞区段，列车追踪运行间隔时间宜采用5~6 min。

自动闭塞区段信号机设置位置和显示关系应根据列车牵引计算确定，在此基础上，还应考虑下列因素。

在自动闭塞区段，通过色灯信号机原则上应和轨道绝缘设在同一坐标上。如因钢轨移动或线路改建等原因，轨道绝缘与信号机不能设在同一坐标上时，双线单方向运行线路上的通过色灯信号机和单线双方向运行线路上的单置通过色灯信号机，允许设在信号机前1 m、后6.5 m的范围内；单线双方向运行的并置通过信号机，允许设在信号机前后1 m的范围内。

线路所一般无管辖地段，只设有通过信号机，办理列车的通过。线路所亦可以设管理段，此时入口处信号机采用进站信号机机型，出口信号机采用出站信号机机型。

在线路变坡点的纵断面上看，当列车在变坡点处，由于相邻车辆的相对倾斜，使相邻车钩的中心线上下错动，若超过限定的数值时，就易引起脱钩。自动闭塞区段的通过信号机若设在该处，当停车后有可能造成脱钩的危险。在交流电力牵引区段的牵引供电分相处有无电区，列车一旦在此停车，有可能造成列车无牵引动力。因此规定：自动闭塞区段的通过信号机，不应该设在停车后可能脱钩、牵引供电分相等处所。

为了保证行车安全和提高运输效率，自动闭塞区段的通过信号机，不宜设置在起动困难的地点，以及货物列车在上坡道上停车后起动困难的地点。特殊情况，信号机必须设在上坡道货物列车停车后起动困难的地点时，则在该通过色灯信号机上应装设容许信号。

进站信号机前方的第一架通过信号机,因已接近车站,列车在车站外停车可能性较大,如允许后续列车不停车通过该信号机时,可能发生追尾事故,因此不得在该信号机上装设容许信号。该信号机亦不得设于停车后起动困难的地点。

在三显示自动闭塞区段的进站信号机前方第一架通过信号机柱上涂三条黑斜线,四显示自动闭塞区段的进站信号机前方第一、第二架通过信号机的机柱上分别涂三条、一条黑斜线,与其他通过信号机相区别起到预告作用。

## 八、遮断信号机的设置要求

**《技规》原文:**有人看守道口设遮断信号机;在有人看守的桥隧建(构)筑物及可能危及行车安全的坍方落石地点,根据需要设遮断信号机。该信号机距防护地点不得小于 50 m。

**条文解释:**本条文是关于有人看守的道口和桥隧建(构)筑物及可能危及行车安全的塌方落石地点,装设遮断信号机的规定。

遮断信号机是设于规定的防护地点,平时灭灯不起信号作用,必要时使之亮灯,要求列车停车的信号机。

在人看守的道口,为了在一旦发生危及行车及人身安全的情况时,能立即指示列车在道口外方停车,因此规定应装设遮断信号机。

在桥隧建筑物及可能危及行车安全的坍方落石地点,一般均设有固定值班的看守人员,昼夜巡视。为了在一旦发生危及行车安全的情况时,能及时地向列车发出停车信号,要求列车在障碍地点前方停车,因此规定根据需要装设遮断信号机。

遮断信号机的设置位置,距其防护地点不得少于 50 m。

遮断信号机的设置,应由负责看守单位提出要求,经有关部门批准。

遮断信号机平时灭灯,不起信号作用。当显示一个红灯时,要求列车必须在该信号机前方停车,不准越过该信号机。

为了避免和其他信号机混淆,遮断及其预告信号机采用方形背板,并在机柱上涂以黑白相间的斜线。

## 九、预告信号机的设置要求

**《技规》原文:**半自动闭塞、自动站间闭塞区段,进站信号机为色灯信号机时,设色灯预告信号机或接近信号机。

遮断信号机和半自动闭塞、自动站间闭塞区段线路所通过信号机,设预告信号机。

列车运行速度不超过 120 km/h 的区段,预告信号机与其主体信号机的安装距离不得小于 800 m,当预告信号机的显示距离不足 400 m 时,其安装距离不得小于 1 000 m。

列车运行速度超过 120 km/h 的区段,设置两段接近区段,在第一接近区段和第二接近区段的分界处,设接近信号机,在第一接近区段入口内 100 m 处,设置机车信号接通标。

**条文解释:**本条文是关于半自动闭塞、自动站间闭塞区段,进站信号机、线路所通过信号机和遮断信号机,应装设预告信号机或接近信号机的规定。

在非自动闭塞区段,当列车接近进站信号机时,只有预先了解其显示状态,才能安全高速地行车。

1. 列车运行速度不超过 120 km/h 的区段,当预告信号机显示黄色灯光时,列车必须准备在其主体信号机前停车,预告信号机与主体信号机间的距离规定不得小于 800 m,以满足列车制动距离的要求。当预告或其主体信号机的显示距离不足 400 m 时,为了让司机预先有足够的时间确认信号,规定预告信号机距主体信号机不得小于 1 000 m。

2. 列车运行速度超过 120 km/h 的区段,应设接近信号机,其接近区段的长度按《提速半自动闭塞区段接近信号机设计原则(暂行)》(运基信号〔2005〕111 号)要求确定。列车运行速度超过 120 km/h 的线路,当采用半自动闭塞或自动站间闭塞时,应设置两个接近区段,在两个接近区段的分界处设接近信号机,接近区段的长度及接近信号机的安装位置应根据牵引计算确定。在第一接近区段入口 100 m 处设置“机车信号接通标”。

## 十、信号机间的距离要求

**《技规》原文:**特殊地段因条件限制,同方向相邻两架指示列车运行的信号机(预告、遮断、复示信号机除外)间的距离小于制动距离时,按下列方式处理:

1. 在列车运行速度不超过 120 km/h 的区段,当两架信号机间的距离小于 400 m 时,前架信号机的显示,必须完全重复后架信号机的显示;当两架信号机间的距离在 400 m 及以上,但小于 800 m 时,后架信号机在关闭状态时,则前架信号机不准开放。

2. 在列车运行速度超过 120 km/h 的区段,两架有联系的信号机间的距离小于列车规定速度级差的制动距离时,应采取必要的降级或重复显示措施。

**条文解释:**本条文是关于特殊地段,同方向相邻两架指示列车运行的信号机

(预告、遮断、复示信号机除外)间的距离小于制动距离时,处理方式的规定。

列车运行速度不超过 120 km/h 的区段,当两架指示列车运行的信号机之间的距离小于 400 m 时,为了保证列车在有效制动距离内的行车安全,要求前架信号机必须重复后架信号机的显示,延长了后架信号机的防护距离。当两架信号机的距离在 400 m 及其以上,但小于 800 m 时,后架信号机在关闭状态时,前架信号机不准开放。这主要考虑两架信号机的距离不能满足制动距离要求,在两架信号机开放的情况下,可以反映各自防护区间列车运行情况,但是当后架信号机关闭时,反映了该区间有列车占用。如果允许前架信号机开放,运行列车可进入前架信号机的防护区间,而这个区间正是后架信号机前方不够制动距离的区间,一旦发现后架信号机关闭,保证不了在制动距离内可靠的停车,因此要求在后架信号机关闭的情况下,前架信号机不准开放。

列车运行速度超过 120 km/h 的区段,正线上同方向相邻两架指示列车运行的信号机(预告、遮断、复示信号机除外)间的距离小于规定速度级差制动距离时,应采取必要的降级或重复显示措施。速度级差制动距离是指速度分级后,从一级速度降至低一级速度所需的制动距离。

## 十一、进路表示器的设置要求

**《技规》原文:**出站信号机有两个及以上的运行方向,而信号显示不能分别表示进路方向时,应在信号机上装设进路表示器。

发车进路兼出站信号机,根据需要可装设进路表示器,区分进路方向。

双线自动闭塞区段,有反方向运行条件时,出站信号机设进路表示器。

**条文解释:**本条文是关于装设进路表示器的规定。

当只有两个进路方向而需装设进路表示器时,可用左、右两个灯光的表示器,以区分列车左、右的运行方向。

当进路有三个方向时,需装设三个并排灯光的表示器,可用左、中、右三个并列灯光表示三个列车运行方向。

当有四个以上方向时,设两排进路表示器,上方为三个灯光,下方为一个灯光;当有六个或七个方向时,设两排三灯光的进路表示器。两个灯光组成直线或斜线表示进路开通方向。

发车进路兼出站信号机和兼有出站或发车进路的驼峰辅助信号机,根据需要必须区分进路方向时,也可在该信号机上装设进路表示器。

进路表示器仅在其主体信号机开放后才能着灯,并保证其显示与进路开通方向的一致,不能单独构成信号显示。

当进路表示器显示不良时,可由办理发车人员口头通知司机列车开往的方向之后,列车可凭出站信号机的显示出发。

根据《关于统一六大干线四显示自动闭塞改造工程主要设计原则的通知》(铁建设〔2004〕151号)双线自动闭塞区段,当有反方向运行条件时,出站信号机仅装设反方向的进路表示器,并纳入联锁;三个及以上方向的出站信号机,各方向均装设进路表示器,不纳入联锁。

## 十二、装设发车表示器的要求

**《技规》原文:**发车信号辨认困难的车站,在便于司机瞭望的地点可装设发车表示器。

**条文解释:**本条文是关于装设发车表示器的规定。

因车站设在曲线上或站台设施影响 以及旅客乘降等因素,影响司机瞭望发车信号,应装设发车表示器。

发车表示器必须保证在出站信号机已经开放,车站值班员同意发车的条件下才能着灯。

根据需要可装设供车站值班员使用的控制设备。

## 十三、调车色灯信号机的设置要求

**《技规》原文:**为满足调车作业的需要,应设调车色灯信号机。

在作业繁忙的调车场上,因受地形、地物影响,调车机车司机看不清调车指挥人的手信号时,设调车表示器。

**条文解释:**本条文是关于装设调车色灯信号机和调车表示器的规定。

集中联锁的车站应根据站内调车作业的需要,装设调车信号机。必要时,可设调车表示器。

调车信号机的布置,必须根据车站的技术作业过程和调车作业的繁忙程度确定,并考虑站内必要的平行作业需要和较短的机车走行距离。

1. 出站及接、发车进路信号机可设调车信号显示,满足调车作业需要。

2. 尽头线、机车出库线、机待线、专用线及调车线等通向集中区的入口处,均应装设调车信号机。

3. 在咽喉区,应设置起下列作用的调车信号机:

(1)转线;

(2)平行作业;

(3)减少调机走行距离。

在繁忙的调车场上,如受曲线、建筑物或其他影响,妨碍司机确认调车指挥人员的手信号时,应装设调车表示器,以代替调车指挥人员的手信号。

## 十四、发车线路表示器的设置要求

**《技规》原文:**设有线群出站信号机时,在线群每一条发车线路的警冲标内方适当地点,装设发车线路表示器。

**条文解释:**本条文是关于装设发车线路表示器的规定。

发车场几条线路共用一架线群出站信号机时,当信号机开放后,为了指示某一线路上的列车出发,防止邻线上的列车误认信号,所以规定要在每条线路的警冲标内方的适当地点,均应装设发车线路表示器。

发车线路表示器应在线群出站信号机开放和进路开通正确后,方能着灯。但线群出站信号机与发车线路表示器之间的非集中操纵道岔无联锁。发车时,发车人员应认真监视进路,保证行车安全。

## 十五、进路色灯信号机的设置要求

**《技规》原文:**设有两个及以上车场的车站,转场进路应设进路色灯信号机。

**条文解释:**本条文是关于装设进路色灯信号机的规定。

在有两个及以上车场的车站转场时,为指示列车由一个车场开往另一个车场,应设进路色灯信号机。

进路信号机按其用途分为:

1. 接车进路信号机——对到达列车指示运行条件;

2. 发车进路信号机——对出发列车指示运行条件;

3. 接发车进路信号机——对到达及出发列车指示运行条件。

当同一信号机具有多种意义兼有多种作用时,应称其全名。

## 十六、引导信号的设置规定

**《技规》原文:**进站及接车进路色灯信号机,均应设引导信号。

**条文解释:**本条文是关于装设引导信号的规定。

引导信号是准许列车在信号关闭条件下,按照规定的速度通过该信号机的信号。

在进站及接车进路(包括接发车进路,下同)色灯信号机上,均应装设引导信号。当信号机发生故障、道岔失去表示、轨道电路故障时,色灯信号机不能正常开放;向进站、接车进路信号机联锁范围以外的线路上接车,可利用引导信号引导接车。在进行引导接车时,当列车头部越过引导信号后,即可关闭引导信号。

## 十七、驼峰信号机的设置要求

**《技规》原文**:驼峰应装设驼峰色灯信号机。驼峰色灯信号机可装设驼峰色灯辅助信号机。驼峰色灯信号机或辅助信号机的显示距离不能满足推峰作业要求时,根据需要可再装设驼峰色灯复示信号机。

驼峰色灯辅助信号机,可兼作出站或发车进路信号机,并根据需要装设进路表示器。

**条文解释**:本条文是关于驼峰装设驼峰色灯信号机、驼峰色灯辅助信号机和驼峰色灯复示信号机的规定。

1. 驼峰峰顶应装设驼峰色灯信号机,以满足驼峰机车车辆作业的需要,提高驼峰的调车效率。

2. 当调车场与到达场成纵列式布置时,到达场的到发线上可设驼峰辅助信号机。

驼峰色灯辅助信号机的作用除复示驼峰色灯信号机在《技规》第427条规定的显示外,还兼有驼峰预推(黄色灯光)显示,一般又兼作到达列车的停车信号(红色灯光)和非驼峰推送作业的调车信号显示;在一定的条件下还可能兼作出站及进路信号使用。

驼峰色灯辅助信号机兼作出站或发车进路信号机,必要时可装设进路表示器。

3. 驼峰调车场内当装设一个驼峰色灯辅助信号机还不能满足调车作业需要时,可在到达场每一线路上再分别装设驼峰复示信号机。

驼峰色灯复示信号机平时无显示。当办理驼峰推送进路后,其显示方式与驼峰信号机或驼峰色灯辅助信号机相同;当办理驼峰预先推送进路后,其显示方式与驼峰色灯辅助信号机相同。

## 十八、复示信号机的设置要求

**《技规》原文**:进站、出站、进路信号机及线路所通过信号机,因受地形、地物影响,达不到规定的显示距离时,应设复示信号机。

设在车站岔线入口处的调车色灯信号机,达不到规定的显示距离时,根据需要可设调车复示信号机。

**条文解释:**本条文是关于进站、出站、进路信号机和线路所通过信号机及调车色灯信号机装设复示信号机的规定。

进站、出站、进路信号机及线路所通过信号机,因受地形、地物影响,达不到规定的显示距离时,应在其主体信号机显示能达到的最远处设置复示信号机,以保证信号的连续显示。

以进站复示信号机为例,在地形、地物影响视线的地方,为确保在最坏的条件下显示距离不得小于 200 m,进站复示信号机应根据《解释关于进站复示信号机的显示距离及装设位置问题》[电技字(63)第 1037 号]的规定设置。

1. 复示信号机应装设在进站信号机显示能达到的最远处(小于 200 m),即自复示信号机位置起,进站信号机的显示不得再中断。

2. 进站显示距离以进站信号显示距离加上复示信号显示距离后,能不小于 200 m 为最低限度。如进站信号机显示 140 m,复示信号显示 60 m,共 200 m,即算合格。在极特殊情况下,两种信号显示距离之和仍不足 200 m 时,可以再装第二架复示信号机。

3. 在满足上述两条件的情况下,进站信号机的复示信号机显示距离允许小于 200 m。

4. 在以上情况下,无论复示信号机显示距离多远,预告信号机距进站信号机的距离均不得小于 1 000 m。

为防止进站复示信号机的显示与进站、接车进路及接发车进路信号机的绿色灯光显示相混淆,进站、接车进路及接发车进路信号机复示信号机的显示,采用由三个排列成等边三角形的月白色灯光组成。

出站及发车进路复示信号机的显示仍采用方形背板上一个绿色灯光的复示信号机。

调车复示信号采用方形背板上带月白色灯光。平时无显示,表示调车信号机在关闭信号状态;当调车信号机开放信号时,则调车复示信号机显示一个月白色灯光。

## 十九、道岔表示器的设置要求

**《技规》原文:**非集中操纵的接发车进路上的道岔,装设道岔表示器,集中操纵的道岔、调车场及峰下咽喉的道岔,不装设道岔表示器;其他道岔根据需要装设道岔表示器。

集中联锁调车区进行连续溜放作业的分歧道岔，设道岔表示器。

集中联锁以外的脱轨器及引向安全线或避难线的道岔，设脱轨表示器。

**条文解释**：本条文是关于装设道岔表示器和脱轨表示器的规定。

为了使扳道员和其他有关行车人员便于确认道岔开通位置，集中联锁调车区进行连续溜放作业的分歧道岔、非集中操纵的联锁道岔应装设道岔表示器，以表示道岔开通的方向。集中操纵的道岔，操纵人员可以通过操纵台上的表示设备确认道岔位置；接发列车和调车作业都是由信号机的显示指示运行的，所以不再需要装设道岔表示器。

调车场及峰下咽喉区线间距离较窄，股道密集，道岔较多，若装设道岔表示器会影响调车人员的人身安全，且不便确认，因此规定不装设道岔表示器。

集中联锁以外的脱轨器及引向安全线及避难线的道岔，为了使有关行车人员能确认其位置，所以规定装设脱轨表示器。集中联锁的车站，在操纵台上已能确认脱轨器的位置及引向安全线或避难线道岔的开通方向；在接发列车及调车作业中，当道岔引向安全线、避难线或脱轨器在脱轨状态时，均有信号机的红色灯光防护，所以规定不必再装设脱轨表示器。

## 二十、联锁设备种类

**《技规》原文**：联锁设备分为集中联锁（计算机联锁和继电联锁）和非集中联锁（色灯电锁器联锁和臂板电锁器联锁）。

编组站、区段站和电源可靠的其他车站，采用集中联锁。列车调度指挥系统（TDCS）和调度集中系统（CTC）区段，车站应采用集中联锁。

**条文解释**：本条文是关于联锁设备分类的规定。

站内联锁应采用集中联锁或非集中联锁。

集中联锁包括车站计算机联锁和继电联锁及平面调车区集中联锁。

编组站、区段站、大中型旅客站和电源可靠的其他车站，均应采用集中联锁；列车调度指挥系统（TDCS）区段和调度集中（CTC）区段，车站应设集中联锁；有电力贯通线的区段，应修建成段集中联锁。集中联锁宜采用计算机联锁，在繁忙干线上应采用计算机联锁，枢纽及具备条件的地区宜采用区域计算机联锁，采用一套联锁设备完成多个车站的联锁逻辑运算和集中控制。

无可靠交流电源的车站，可采用非集中联锁。非集中联锁（电锁器联锁）道岔靠人力通过机械扳动，信号机由有关人员通过电气或机械操纵，以电锁器完成联锁关系。

## 第三节 闭 塞

闭塞设备的分类:

**《技规》原文:**闭塞设备分为自动闭塞、自动站间闭塞和半自动闭塞。具体设置条件如下:

1. 在单线区段,应采用半自动闭塞或自动站间闭塞,繁忙区段可根据情况采用自动闭塞;

2. 在双线区段,应采用自动闭塞。

在一个区段内,原则上应采用同一类型的闭塞方式。

**条文解释:**本条文是关于闭塞设备的分类和设置条件的规定。

自动闭塞是根据列车运行及有关闭塞分区状态,自动变换通过信号机显示而司机凭信号行车的闭塞方法。其特征为:把站间划分为若干闭塞分区,有分区占用检查设备,一般设有通过信号机;站间能实现列车追踪;办理发车进路时自动办理闭塞手续,自动变换通过信号机的显示。

目前我国自动闭塞制式一般采用三显示、四显示信号制度。

三显示自动闭塞,其特征为:通过信号机具有 3 种显示;能预告列车前方 2 个闭塞分区状态;分 2 个速度等级,1 个闭塞分区的长度满足从规定速度到 0 的制动距离。三显示自动闭塞中,黄灯是注意信号,表示运行前方有 1 个闭塞分区空闲,1 个闭塞分区的长度能满足从规定速度到 0 的制动距离,可以越过黄灯后再开始制动。

四显示自动闭塞,其特征为:通过信号机具有 4 种显示;能预告列车前方 3 个闭塞分区状态;分 3 个速度等级,2 个闭塞分区的长度满足从规定速度到 0 的制动距离。四显示自动闭塞中,绿黄灯是警惕信号,表示运行前方有 2 个闭塞分区空闲,2 个闭塞分区的长度满足从规定速度到 0 的制动距离,可以越过绿黄灯后再开始减速;黄灯是限速信号,列车越过黄灯时必须减速至规定的限速值,不然就难以保证在下一个红灯前可靠停车。

自动站间闭塞是与集中联锁设备结合使用,目前采用计轴轨道检查装置或轨道电路自动检查区间空闲,随着办理发车进路自动构成站间闭塞,列车凭出站信号显示进入发车进路后,出站信号机自动关闭,待列车出清区间后自动解除闭塞。

半自动闭塞是人工办理闭塞手续,列车凭信号显示发车后,出站信号机自动关闭的闭塞方法。其特征为:站间或所间只准走行一列列车;人工办理闭塞手续;人工确认列车完整到达和人工恢复闭塞。

一个区段是指两个具有机车换挂作业的区段站间的铁路线路。为了便于组织列车运行和有关行车人员熟悉和办理行车闭塞方法，保证行车安全，在同一区段内，原则上应采用同一类型的闭塞方式。

## 第四节　机车信号、列车运行监控装置、轨道车运行控制设备

### 一、机车信号、列车运行监控装置、轨道车运行控制设备使用规定

**《技规》原文：**最高运行速度不超过 160 km/h 的机车，机车信号设备与列车运行监控装置（LKJ）结合使用，轨道车等自轮运转特种设备使用轨道车运行控制设备（GYK）。

**条文解释：**本条文是关于列车运行监控装置、轨道车运行控制设备的规定。

列车最高运行速度不超过 160 km/h 的列车，采用由机车信号和列车运行监控装置（LKJ）构成的系统。轨道车等自轮运转特种设备使用轨道车运行控制设备（GYK）。

### 二、机车信号的分类

**《技规》原文：**机车信号分为连续式和接近连续式。自动闭塞区段应装设连续式机车信号，半自动闭塞和自动站间闭塞区段应装设接近连续式机车信号。

车站正线、到发线应实现电码化或采用与区间同制式轨道电路。

机车信号的显示，应与线路上列车接近的地面信号机的显示含义相符。机车停车位置，应以地面信号机或有关停车标志为依据。

**条文解释：**本条文是关于机车信号的分类及闭塞设备配套相应的机车信号的规定。

机车信号的显示，应与线路上列车接近的地面信号机的显示含义相符。机车信号系统由车载设备和地面设备共同构成。车载设备主要由机车信号接收线圈、信号接收主机、信号显示器组成。地面设备主要是指向车载设备发送信号的轨道电路。

连续式机车信号是指地面装设连续的含有机车信号信息的轨道电路，机车信号车载设备通过机车信号接收线圈获得连续的地面轨道电路机车信号信息。

接近连续式机车信号是地面发送信号的轨道电路，只设在接近区段，当机车进入接近区段时，才能获得机车信号信息。

自动闭塞区段的区间和车站均设有轨道电路，实现向车上连续发送信息，供连

续式机车信号工作。

半自动闭塞区段,区间一般不设轨道电路,只能在车站的接近区段或站内接车进路设轨道电路。自动站间闭塞区段,目前采用的计轴自动站间闭塞还不具备机车信号。因此,半自动闭塞和自动站间闭塞区段,有可靠交流电源时应采用接近连续式机车信号。

机车信号的显示,应与线路上列车接近的地面信号机的“显示含义相符”,而不是“显示相符”,这是因为随着列车运行速度的提高,机车信号信息不断增加并进一步细化,同一种地面信号显示在不同的条件下会有更具体的意义。机车信号各种信息的含义应符合《机车信号信息定义及分配》(TB/T 3060—2002)。

站内电码化应保证机车信号可靠地接收地面信息。正线电码化主要设备宜有冗余措施,应采用叠加预发码方式,侧线采用叠加发码方式,发码设备应与区间设备一致。自动闭塞区段具有条件的宜采用与区间同制式的轨道电路。

站内电码化设计在最不利条件下,入口电流应满足机车信号的工作需要,同时保证电码化信息传输的连续性。

### 三、列车运行监控装置(LKJ)的功能

**《技规》原文:**列车运行监控装置(LKJ)具有监控、记录、显示及报警等功能。

LKJ 软件、基础数据和控制模式设定的管理,按国铁集团有关规定执行。各机车、动车组运用区段车载数据文件的编制和控制模式的设定和调整,应由铁路局专业机构实施,由铁路局实行集中统一管理。

装备在机车上的 LKJ 设备应按高于线路允许速度 2 km/h 报警、3 km/h 卸载、5 km/h 常用制动、8 km/h 紧急制动设置模式曲线。

LKJ 产生的列车运行记录数据是行车安全分析的重要依据,任何单位和人员不得更改。电务维修机构应妥善保存 LKJ 列车运行记录数据。

**条文解释:**本条文规定了列车运行监控装置的管理要求。

1. 列车运行监控装置(LKJ)包括装设于机车、动车组上的主机、人机界面单元以及与之配套的速度和压力传感器、信息输入、输出和连接设备等,具有监控、记录、显示及报警等功能。

2. LKJ 的基础数据、控制模式以及软件等管理,按国铁集团《列车运行监控装置(LKJ)运用维护规则》(铁总运〔2014〕107 号)执行。各机车、动车组运用区段的车载数据文件的编制、控制模式的设定和调整,应由铁路局 LKJ 专业机构实施,并由铁路局实行集中统一管理。

3. 装备在机车上的LKJ设备应按高于线路允许速度(以及机车、车辆的运行允许速度)2 km/h报警、3 km/h卸载、5 km/h常用制动、8 km/h紧急制动设置模式控制值。通过小半径曲线、道岔侧向、施工限速地点时,装备在机车上的LKJ设备应按等于线路允许速度报警、高于1 km/h卸载、3 km/h常用制动、6 km/h紧急制动设置模式曲线。

4. 动车组按LKJ方式行车时,列车最高运行速度165 km/h,装备在动车组上的LKJ设备应按高于线路允许速度(以及动车组的运行允许速度)2 km/h报警、5 km/h常用制动、10 km/h紧急制动设置模式控制值。

5. LKJ产生的列车运行记录数据是列车运行状况的原始记录,是行车安全分析的重要依据,任何单位和人员均不得更改。按照《列车运行监控装置(LKJ)运用维护规则》(铁总运〔2014〕107号)的规定,LKJ的直接运行记录数据及其格式处理文件由电务段、机务段保存,保存时间不得少于3个月。

## 第五节　电气化区段人身安全规定

**《技规》原文:**为保证人身安全,除专业人员执行有关规定外,其他人员(包括所携带的物件)与牵引供电设备带电部分的距离,不得小于2 000 mm。

在设有接触网的线路上,严禁攀登车顶及在车辆装载的货物之上作业;如确需作业时,须在指定的线路上,将接触网停电接地并采取安全防护措施后,方准进行。

双线电气化铁路实行“V”型天窗作业时,为确保人身安全,应在设备、机具、照明、作业组织等方面采取相应措施。

**条文解释:**本条文是关于安全距离和电气化铁路检修、作业安全要求的规定。

在牵引供电设备带电区域作业时,为了保证人身安全,专业人员在作业时均须按规定的程序和措施进行作业,其他人员(包括所携带的物件)与牵引供电设备带电部分的距离,不得少于2 000 mm,以防触电。

在电气化区段内,如因特殊原因(如整理、苫盖货物),确实需要攀登车顶或在装载货物的车辆上作业时,应将所在线路接触网断电,并做好接地防护措施后,方准进行车顶或车上作业。否则严禁在车顶或车上作业。

双线电气化铁路实行“V”型天窗作业时,一条线路停电检修,邻线接触网仍然带电并可能会有列车运行,所以双线电气化铁路实行“V”型天窗作业,应制定严格的安全保证和防护措施。

## 复习思考题

1. 铁路线路有何规定?
2. 对信号机和信号表示器的类型和用途是如何规定的?
3. 对信号机及表示器在正常情况下的显示距离是如何规定的?
4. 哪些处所应设置矮型色灯信号机?
5. 信号机设置有哪些要求?
6. 对进站信号机的设置有哪些要求?
7. 对出站信号机的设置有哪些要求?
8. 对通过信号机的设置有哪些要求?
9. 对遮断信号机的设置有哪些要求?
10. 对预告信号机的设置有哪些要求?
11. 对信号机间的距离有哪些要求?
12. 对进路表示器的设置有哪些要求?
13. 哪些情况装设发车表示器?
14. 对调车色灯信号机的设置有哪些要求?
15. 对发车线路表示器的设置有何要求?
16. 对进路色灯信号机的设置有何要求?
17. 哪些信号机设置引导信号?
18. 对驼峰信号机的设置有哪些要求?
19. 对复示信号机的设置有哪些要求?
20. 哪些道岔设置道岔表示器?
21. 联锁设备有哪几种?
22. 闭塞设备分为哪些?
23. 在列车运行速度超过120 km/h的区段,两架有联系的信号机间的距离小于列车规定速度级差的制动距离时有何要求?
24. 机车信号、列车运行监控装置、轨道车运行控制设备使用有何规定?
25. 机车信号分为哪些?
26. 列车运行监控装置(LKJ)具有哪些功能?
27. 电气化区段人身安全规定有哪些?

# 第二章

# 《铁路技术管理规程（普速铁路部分）》行车组织

**知识目标**

本章从《铁路技术管理规程(普速铁路部分)》行车组织中挑选出50条规章条款,使“2+1”学员通过学习,掌握国铁集团关于行车组织、编组列车、调车工作、行车闭塞、列车运行的相关规定。

**能力目标**

能够正确理解行车组织基本原理;熟悉行车组织流程;掌握调车作业中关键技术和操作方法,提高应急处置能力。

**素质目标**

提升行车安全意识,充分认识行车安全的重要性;掌握预防和应对行车安全事故的方法和措施。

## 第一节　行车组织与编组列车

### 一、行车指挥的要求

**《技规》原文**:行车工作必须坚持集中领导、统一指挥、逐级负责的原则。

局与局间由国铁集团,局管内各区段间由铁路局,一个调度区段内由本区段列车调度员统一指挥。

车站由车站值班员,线路所由线路所的车站值班员统一指挥。凡划分车场的车站,各车场由该车场的车站值班员统一指挥;车场间接发列车进路互有关联的行车事项,由指定的车站值班员统一指挥。

列车和单机由司机负责指挥。列车或单机在车站时,所有乘务人员应按车站值班员的指挥进行工作。

在调度集中区段,调度集中控制车站有关行车工作由该区段列车调度员直接指挥;但转为车站控制时,由车站值班员指挥。

**条文解释:**铁路行车工作是由多部门、多工种联合进行的,并且是连续不间断的。一个列车往往要经过几个区段,甚至几个铁路局才能到达目的地。如分散领导,多头指挥,各行其是,必然造成行车工作上的混乱和错误,不仅会影响正常工作,降低效率,甚至会发生行车事故,造成重大损失。为使行车各部门、各工种能够步调一致,协调动作,保证安全、迅速、准确、及时地完成运输任务,所以规定行车工作必须坚持集中领导、统一指挥、逐级负责的原则。

铁路运输调度工作,实行分级管理,统一指挥的原则。国铁集团调度指挥中心负责全路、铁路局调度所负责本局的日常调度指挥工作。

1. 局与局之间由国铁集团调度中心,局管内各区段间由铁路局调度所,每个调度区段内(即调度台的管辖范围)由本区段列车调度员统一指挥。国铁集团、铁路局各工种调度及有关人员分别由值班处长、值班主任统一指挥。

2. 列车调度员是一个调度区段的日常运输工作的具体组织者、指挥者,负责组织按图行车、应急处置,以及完成运输工作的数量指标和质量指标。所以,本区段有关行车人员均应严格执行列车调度员的命令和口头指示。

3. 车站行车工作由车站值班员、线路所由线路所的车站值班员统一指挥,直接掌握列车运行与到发线运用情况,有利于保证安全和不间断地接发列车。当一个车站设有几个办理接发列车的车场时,各车场一般独自设有联锁设备,单独办理相应的接发列车进路,这样的车站在各车场都可以分别设车站值班员,单独指挥本车场的行车工作。若各车场间接发列车进路互相关联,各车场车站值班员,除负责指挥本车场行车工作外,遇有与其他车场相互关联的行车工作时,还必须服从指定的车站值班员的统一指挥。车站应明确划分各车场车站值班员的行车工作的职责。

4. 列车和单机由司机负责指挥。司机的主要职责是对列车安全正点运行负责。如遇列车在区间被迫停车、分部运行等情况时,应与列车调度员或有关车站联系,正确组织列车防护、救援等工作。

当列车或单机在车站时,因司机不可能全面了解车站作业、列车运行及设备使用等情况,规定所有乘务人员都应服从车站值班员的指挥。

5. 在调度集中(CTC)区段,列车调度员可以利用设备直接操纵调度集中控制车站的道岔和信号，可以随时了解区段内进路、道岔、信号和列车运行等情况。所以规定在调度集中区段，调度集中控制车站有关行车工作由列车调度员直接指挥，但调度集中设备转为车站控制时，只能由车站值班员操纵车站的道岔和信号，车站的行车工作由车站值班员指挥。

## 二、列车运行的上下行及车次的规定

**《技规》原文：**列车运行，原则上以开往北京方向为上行，反之为下行。

全国各线的列车运行方向，以铁路总公司的规定为准，但枢纽地区的列车运行方向，由铁路局规定。

列车须按规定编定车次。上行列车编为双数，下行列车编为单数。在个别区间，使用直通车次时，可与规定方向不符。

**条文解释：**在行车工作中，为便于管理、指挥、办理作业和运用统计，必须规定列车运行方向。确定列车运行方向的基本原则，是以开往北京方向的列车为上行列车；反之，为下行列车。有些线路按上述原则仍不易确定列车运行方向时，根据线路情况由国铁集团规定，如陇海线、沈大线等。

枢纽地区往往有若干条支线、联络线和环线，列车运行方向较为复杂，而且枢纽地区的线路和车流情况各不相同，为此由铁路局规定。

为区别列车的种类、性质和运行方向，对每一列车必须编定车次，上行列车编为双数，下行列车编为单数。在同一列车运行径路中有不同的运行方向时，为便于掌握，在与整个方向不符的个别区间，准许不改变车次，仍使用原车次。

## 三、调度命令的发布的要求

**《技规》原文：**指挥列车运行的命令（运行揭示调度命令除外）和口头指示，只能由列车调度员发布。列车调度员在发布命令之前，应详细了解现场情况，并听取有关人员意见。

遇表 2-1 所列情况，须发布调度命令。

**表 2-1　行车调度命令项目表**

| 顺序 | 命令项目 | 受令者 | |
|---|---|---|---|
| | | 司机 | 车站值班员 |
| 1 | 封锁、开通区间 | | ○ |
| 2 | 向封锁区间开行救援列车、路用列车 | ○ | ○ |
| 3 | 临时变更或恢复原行车闭塞法 | ○ | ○ |

续上表

| 顺序 | 命令项目 | 受令者 | |
|---|---|---|---|
| | | 司机 | 车站值班员 |
| 4 | 双线反方向行车、由双线改为单线或恢复双线行车 | ○ | ○ |
| 5 | 变更列车径路 | ○ | ○ |
| 6 | 发出在区间内停车或由区间返回的列车 | ○ | ○ |
| 7 | 开往区间内岔线的列车 | ○ | ○ |
| 8 | 发出临时由区间内返回后部补机的列车 | ○ | ○ |
| 9 | 列车需临时降弓运行 | ○ | ○ |
| 10 | 因行车设备故障、灾害或施工,以及列车中挂有限速的机车车辆等,需要使列车临时限速运行(纳入运行揭示调度命令或本务机车、动车组自身设备原因限速时除外) | ○ | ○ |
| 11 | 动车组列车空调失效需打开部分车门限速运行 | ○ | ○ |
| 12 | 车站使用故障按钮、总辅助按钮 | | ○ |
| 13 | 超长列车或列车挂有装载超限货物的车辆 | ○ | ○ |
| 14 | 单机附挂车辆 | ○ | ○ |
| 15 | 半自动闭塞区间,超长列车头部越过出站信号机(未压上出站方面的轨道电路)发车 | ○ | ○ |
| 16 | 在非到发线上接发列车 | ○ | ○ |
| 17 | 调度日(班)计划以外,临时加开或停运列车(单机除外) | ○ | ○ |
| 18 | 双线区间在区间内进行跨线装卸作业时,对开入其邻线的列车 | ○ | ○ |
| 19 | 双线区间在区间内有除雪机、起重机工作时,对开入其邻线的列车 | ○ | ○ |
| 20 | 双线区间在区间内发生冲突、脱轨、火灾、爆炸事故,对开入其邻线的列车 | ○ | ○ |
| 21 | 列尾装置故障(丢失)的货物列车继续运行 | ○ | ○ |
| 22 | 改按天气恶劣难以辨认信号的办法行车或恢复正常行车 | ○ | ○ |
| 23 | 动车组列车转入或退出隔离模式(被救援时除外) | ○ | ○ |
| 24 | 动车组列车在列控车载设备控车和列车运行监控装置控车之间人工转换 | ○ | ○ |
| 25 | 临时利用本务机车调车作业 | ○ | ○ |
| 26 | 利用天窗施工、维修作业 | | ○ |
| 27 | 施工、维修作业较指定时间延迟结束 | | ○ |
| 28 | 运行揭示调度命令与实际限速、行车方式或设备不符时 | ○ | ○ |
| 29 | 正线、到发线接触网停电或送电(接触网倒闸、跳闸后试送电、向中性区送电或弓网故障排查除外) | | ○ |

续上表

| 顺序 | 命令项目 | 受令者 | |
|---|---|---|---|
| | | 司机 | 车站值班员 |
| 30 | 正线、到发线接触网停电后准许登顶作业 | ○ | ○ |
| 31 | 双管供风旅客列车运行途中改为单管供风 | ○ | ○ |
| 32 | 列车调度员认为有必要记录的上述以外的命令 | 有关人员 | |

注：1. 划○者为受令人员。

2. 天窗维修作业在指定的时间内完成并销记后，列车调度员不再发布维修作业结束恢复行车的调度命令。

3. 动车组列车改按列车运行监控装置方式运行需将列控车载设备隔离时，列车调度员仅发布改按列车运行监控装置方式行车的调度命令。

4. 因调车作业动车组控车模式转换，不发布调度命令。自动站间闭塞法行车转为半自动闭塞法行车及转回的调度命令，可不发给司机。

上述调度命令如涉及其他单位和人员时，应同时发给。

列车调度员向司机发布调度命令时，应在列车进入关系区间（车站）前向司机发布或指定车站向司机交付，如来不及时应使列车停车进行发布或交付。

对于需向司机发布的调度命令，列车调度员可使用调度命令无线传送系统或按规定使用语音记录装置良好的列车无线调度通信设备向司机发布。由车站交付的调度命令，车站值班员可使用调度命令无线传送系统或按规定使用语音记录装置良好的列车无线调度通信设备向司机转达。

对跨局的列车，接车铁路局列车调度员可委托发车铁路局列车调度员发布调度命令。更换机车或变更限速条件时，应由有关铁路局列车调度员重新发给相关调度命令。途中乘务人员换班时，应将调度命令内容交接清楚。

使用计算机、传真机、调度命令无线传送系统发布调度命令时，命令接受人员确认无误后应及时反馈回执。使用电话发收调度命令时，应填记“调度命令登记簿”，指定受令人员中一人复诵，并记明发收人员姓名及时刻。

**条文解释**：为确保列车运行安全，调度命令必须在列车进入关系区间（车站）前向司机发布或指定车站向司机交付，使司机明确有关事项；如来不及时，必须使列车停车并向司机发布（交付）调度命令。

随着铁路通信设备的发展，调度命令可使用调度命令无线传送系统或按《铁路运输调度规则》等规定使用语音记录装置良好的列车无线调度通信设备向司机发布（转达）；语音记录装置良好是指列车调度台（车站行车室）配备的列车无线调度通信设备的语音记录装置设备正常。

因机车乘务员值乘距离长，为减少对运输秩序的影响，对跨局的列车，接车铁路局列车调度员可委托发车铁路局列车调度员发布调度命令,提前交付司机,做好准备。遇更换机车或变更限速条件时,为使司机明确有关事项,有关铁路局列车调度员应重新向司机发给相关调度命令。乘务人员在途中换班时,应将调度命令内容交接清楚,防止遗漏。

使用计算机、传真机、调度命令无线传送系统发布调度命令时,已有书面记录,命令接受人无需复诵和抄写,但须确认无误后及时反馈回执。采用电话发布方式时,有关人员必须在"调度命令登记簿"上登记并在命令用纸上抄写交付有关人员,为防止记录错误或口误,须指定受令人员中一人复诵命令内容;在具备调度命令系统记录条件时,允许列车调度员直接使用调度命令系统记录替代填记"调度命令登记簿"。

## 四、有计划的施工,涉及限速、行车方式发生变化或设备变化时的相关规定

**《技规》原文:**有计划的施工,涉及限速、行车方式发生变化或设备变化时应发布运行揭示调度命令,司机按运行揭示调度命令执行。因施工提前、延迟或其他原因造成运行揭示调度命令与实际限速、行车方式或设备不符时,列车调度员应取消前发运行揭示调度命令,向有关车站值班员、司机、施工负责人重新发布全部内容的调度命令。

**条文解释:**为使车站、列车司机提前掌握行车条件,施工调度应依据施工日计划和主管业务处提报的申请,对涉及限速、行车方式变化和设备变化的有计划的施工编制运行揭示调度命令,运行揭示调度命令内容应包括"时间、地点、因由、速度、行车方式变化、设备变化"六要素。

运行揭示调度命令是提前发布的,并将限速数据等行车要求写入了IC卡,因施工提前、延迟等特殊原因导致实际情况与运行揭示调度命令不符时,必须将运行速度限制等行车要求以调度命令方式告知车站、列车司机等相关人员,以确保行车安全。

## 五、列车按运输性质的分类和运行等级顺序的具体内容

**《技规》原文:**列车按运输性质的分类和运行等级顺序如下:

1. 按运输性质分类

(1)旅客列车(动车组列车,特快、快速、普通旅客列车等);

(2)特快货物班列;

(3)军用列车;

(4)货物列车(快速货物班列、快运、重载、直达、直通、冷藏、自备车、区段、摘挂、超限及小运转列车等)；

(5)路用列车。

2. 列车运行等级顺序

(1)动车组列车；

(2)特快旅客列车；

(3)特快货物班列；

(4)快速旅客列车；

(5)普通旅客列车；

(6)军用列车；

(7)货物列车；

(8)路用列车。

开往事故现场救援、抢修、抢救的列车,应优先办理。

特殊指定的列车的等级,应在指定时确定。

**条文解释:**1. 按列车运输性质分类

随着铁路运输事业的发展,为满足旅客和货物运输的不同需要,列车按运输性质主要分为以下五种:

(1)旅客列车:为运送旅客开行的列车。根据旅客列车的车底及运行速度或旅行速度等,可分为动车组、特快、快速、普通旅客列车。

(2)特快货物班列:是指使用行李车或邮政车等客车车辆,根据需要编组,整列装载行李、包裹和邮件等的列车。

(3)军用列车:为运送军队和军用物资开行的列车。

(4)货物列车:为运送货物和排送空货车开行的列车。分为快速货物班列、快运、重载、直达、直通、冷藏、自备车、区段、摘挂、超限及小运转列车。

①快速货物班列:最高运行速度 120 km/h,使用专用货车(如 P65 等)或通用棚车编组,在固定发到站间,有固定车次和运行线,明确的开行周期和运行时刻的货物列车。

②快运货物列车:采用运行速度 120 km/h 的专用车辆,以高附加值货物为重要运输对象的快速列车。

③直达货物列车:通过一个及其以上编组站不进行改编作业的列车。在装车站组成的,叫始发直达列车;在技术站(编组站和区段站的总称)组成的,叫技术直达列车。

④直通货物列车:在技术站组成,通过一个及其以上区段站不进行改编作业的列车。

⑤冷藏货物列车:利用机械冷藏车专门运送鲜活、易腐等需要保持特定温度的货物的列车。

⑥自备车列车:全部用企业自备车编组而成的列车。

⑦区段货物列车:在技术站组成,运行一个区段,在本区段内不进行甩挂作业的列车。

⑧摘挂货物列车:在技术站(或中间站)组成,在区段内进行车辆甩挂或零担货物装卸的列车。

⑨超限货物列车:编挂有超限货物车辆的列车。

⑩小运转列车:在区段规定范围内或枢纽地区几个车站间开行的列车。

⑪其他列车。

(5)路用列车:不以营业为目的,专为完成铁路本身任务而开行的列车。如试验列车,运送铁路器材、路料的列车,因施工、检修需要开行的轨道车、接触网作业车、大型养路机械车组等。

除上述五种列车以外,还有为执行任务而开行的特殊用途列车,如专运、救援列车等。

2. 按列车运行等级顺序分类

根据我国铁路列车分类和不同种,为适应技术设备条件、满足客货服务水平,在编制列车运行图、制定日常列车运行计划及调度调整运行秩序时,列车运行等级顺序原则上按速度等级从高到低的顺序调整,同速度等级的列车原则上按以下等级顺序调整。

(1)动车组列车为固定编组,运行速度和行车要求比其他列车高。

(2)特快旅客列车一般运行于大城市之间,停站少且旅行速度快,最高运行时速达到 160 km。

(3)特快货物班列使用最高允许时速达到 160 km 的机车和行邮车底,按特快旅客列车运行标尺运行。

(4)快速旅客列车一般运行于大中城市之间,停站较少且旅行速度较快,最高运行时速为 120~160 km。

(5)普通旅客列车一般运行于城乡之间,停站较多,方便各地群众乘降,最高运行时速不超过 120 km。

(6)军用列车为运送军事人员及军用物资的专用列车。

(7)货物列车运送铁路承运的各类货物。

(8)路用列车。

由于自然灾害、设备故障或铁路交通事故等原因,须开往现场救援、抢修、抢救的列车,包括救援车和除雪机等,应优先办理,不受列车等级的限制。

由于特殊目的开行的列车(如专列或其他列车等),以及新增加列车的种类,因其性质及任务不同,缓急程度不同,应根据具体情况在指定开行时确定其等级。

特快货物班列按运输性质分类次于旅客列车,但因其使用最高允许时速 160 km 的机车和专用车底、按特快旅客列车运行标尺运行,因此在列车运行等级顺序中仅低于动车组和特快旅客列车而高于其他列车。

## 六、行车有关人员的任职的要求

**《技规》原文**:行车有关人员,在任职、提职、改职前,必须按照铁路职业技能培训规范要求,进行拟任岗位资格性培训,并经职业技能鉴定和考试考核,取得相应职业资格证书和岗位培训合格证书后,方可任职。

在任职期间,须按照铁路职业技能培训规范等规定,定期参加岗位适应性培训和业务考试,考试不合格的,不得继续履职。

**条文解释**:依据《铁路职工教育培训规定》,明确了岗位资格性培训的办法,并要求在任职、提职、改职前及任职期间,按照铁路职业技能培训规范要求进行有关培训和考试。

## 七、行车有关人员的要求

**《技规》原文**:行车有关人员,接班前须充分休息,严禁饮酒,如有违反,立即停止其所承担的任务。

**条文解释**:行车工作,事关人民生命财产安全,为保证行车人员精力充沛,能够正确操纵设备,落实有关规章制度,本条规定了行车有关人员作业前休息与禁止饮酒的要求。

## 八、列尾装置安装的规定

**《技规》原文**:动车组以外的旅客列车应安装列尾装置。特殊情况下,无法安装或使用列尾装置时,应制定具体办法。

半自动闭塞区段货物列车尾部须挂列尾装置,其他区段货物列车尾部宜挂列尾装置。货物列车尾部未挂列尾装置时应以吊起尾部车辆软管代替尾部标志。尾部车辆软管的吊起,有列检作业的列车由列检人员负责,无列检作业的列车由车务人员负责。

**条文解释:**1. 旅客列车列尾装置是保证列车运行安全的重要装备,因此规定动车组以外的旅客列车均应安装列尾装置,旅客列车安装列尾装置后,原运转车长需保留的部分职能分别由司机、车辆乘务员、车站人员担当。对于特殊情况无法安装或使用列尾装置时,应另行制定具体办法。

2. 半自动闭塞区间没有列车占用检查设备,因此规定半自动闭塞区段货物列车须挂列尾装置;其他区段应根据线路实际情况确定货物列车是否挂列尾装置。对按规定应挂货列尾的列车,遇特殊情况无法加挂货列尾时,比照货列尾故障(丢失)办理。自动闭塞、自动站间闭塞区段不挂列尾装置时,如其中有个别区间为半自动闭塞时,为统一行车组织方式,货物列车在该区间可不挂列尾装置,但应有其他确认列车完整到达车站的手段。货物列车尾部未挂列尾装置时,为便于作业人员确认列车完整,规定以吊起尾部车辆软管代替尾部标志。对有列检作业的列车,因列检需进行列车自动制动机的试验等作业,为提高作业效率,规定尾部车辆软管的吊起,有列检作业的列车,由列检人员负责;对无列检作业的列车,则由车务人员负责。

## 第二节 列车中机车车辆的编挂和连挂

### 一、工作机车附挂的规定

**《技规》原文:**工作机车应挂于列车头部,正向运行(牵引小运转、路用、救援列车的机车除外);无转向设备的,可逆向运行。

双机或多机牵引时,本务机车的职务由第一位机车担当。

补机原则上应挂于本务机车的前位或次位,在特殊区段或需途中返回时,经铁路局批准,可挂于列车后部,如后部补机不接软管时,由铁路局规定保证安全办法。

**条文解释:**工作机车应挂于列车头部,正向运行。因为机车在设计和制造时,其技术性能和作业条件主要是按正向运行考虑的。这便于乘务员瞭望,又能充分发挥机车的最大牵引效能。但无转向设备或担当小运转、救援及路用列车的机车,因客观条件限制及工作性质的需要,允许逆向运行。

双机或多机牵引时,为了保证运行安全,由第一位机车担当本务,负责操纵列车;第二位及以后的机车应根据本务机车的要求进行操纵。

补机原则上挂于本务机车的前位或次位，主要是便于彼此联系、配合，防止发生挤坏车辆或断钩事故。如补机挂于列车头部，所属补机也应该执行本务机车的职务。这样有利于司机瞭望和操纵列车，对列车平稳运行，防止事故均有好处。在特殊区段或补机需途中返回时，经铁路局批准，可将补机挂于列车后部，但应接通软管，加强相互间的联系与配合，做到同步操作以及列车平稳运行，保证列车安全。对需要途中返回的补机（包括越过一个区间），可不连结软管，以避免区间停车摘管造成列车起动困难或降低通过能力，此项行车办法和安全措施，由铁路局规定。

## 二、列车中关门车的规定

**《技规》原文：**列车中的机车和车辆的自动制动机，均应加入全列车的制动系统。

货物列车中因装载的货物规定需停止制动作用的车辆，自动制动机临时发生故障的车辆，准许关闭截断塞门（简称关门车），但列检作业场所在站编组始发的列车中，不得有制动故障关门车。编入列车的关门车数不超过现车总辆数的6%（尾数不足一辆按四舍五入计算）时，可不计算每百吨列车重量的换算闸瓦压力，不填发制动效能证明书；超过6%时，按第261条规定计算闸瓦压力，并填发制动效能证明书交与司机。关门车不得挂于机车后部三辆车之内；在列车中连续连挂不得超过两辆；列车最后一辆不得为关门车；列车最后第二、三辆不得连续关门。对于不适于连挂在列车中部但走行部良好的车辆，经列车调度员准许，可挂于列车尾部，以一辆为限，如该车辆的自动制动机不起作用时，须由车辆人员采取安全措施，保证不致脱钩。

旅客列车、特快货物班列不准编挂关门车。在运行途中（包括在站折返）如遇自动制动机临时故障，在停车时间内不能修复时，准许关闭一辆，但列车最后一辆不得为关门车，120 km/h速度等级及编组小于8辆的140 km/h、160 km/h速度等级列车按规定关门时需限速运行，车辆乘务员须向司机递交限速证明书。

**条文解释：**1. 为保证列车在施行制动时有足够的制动能力，确保列车在规定的制动距离内停车，列车中机车和车辆的制动机均应加入全列车的制动系统。

在列检作业场所在站编组始发的列车中，不得有制动故障关门车。如遇有因装载的货物规定需停止制动作用的车辆或在运行中自动制动机临时发生故障而一时不能修复的车辆时，允许关闭截断塞门的辆数，不得超过现车总辆数的6%（尾数不足一辆按四舍五入计算）。这样，制动能力一般可以保证每百吨列车重量的闸瓦压力。如关门车数不超过现车总辆数的6%时，为方便起见，可不计算每百吨列车重量的闸瓦压力,不填发制动效能证明书。

2. 为保证列车运行安全,列车必须有充分可靠的制动性能,因此规定了列车中对车辆制动机关门的限制。

(1)机后三辆之内和列车中连续连挂关门车,对全列车的制动作用和紧急制动作用可靠性有较大的影响,且列车中部关门,制动时列车的纵向冲动大。根据车辆制动阀的制动性能,规定机后三辆之内不得有关门车和列车中不得连续关门超过二辆。

(2)为避免列车尾部纵向冲动过大,造成最后一辆车脱轨,并防止列车最后一辆车分离后溜逸,规定列车最后一辆车不得为关门车,最后第二、三辆车不得连续关门。

(3)当车辆发生制动主管故障、通风不良、车钩故障等情况,但转向架技术状态良好时,考虑到对全列车制动作用的不利影响,不适于连挂在列车中部,在必要时可挂于列车尾部,此时对全列车制动作用的影响最小。如车辆的自动制动机不起作用时,必须对该车及相邻车辆连结的车钩采取防止车钩分离的安全措施,保证不发生车钩分离。

(4)基于安全性的要求,旅客列车、特快货物班列不准编挂关门车。在运行途中(包括在站折返)如遇自动制动机临时故障,在停车时间内不能修复时,准许关闭一辆,但为避免列车尾部纵向冲动过大,并防止列车最后一辆车分离后溜逸,规定列车最后一辆不得为关门车。

## 三、相互连挂车辆车钩中心水平线的高度差的规定

**《技规》原文:**动车组以外的列车中相互连挂的车钩中心水平线的高度差,不得超过 75 mm。

**条文解释:**75 mm 高度差是根据车钩中心线水平线距轨面的高度范围规定 815~890 mm 而定,是为保证列车中各车辆连挂时车钩高度的一致性。动车组为固定编组,正常情况下不分解。

车钩的高度差,主要是由于车辆的空重、弹簧的强弱、车轮踏面的圆周磨耗、心盘垫板的厚薄,以及线路的状况等原因所造成的。

如果车钩高度差超过规定的范围,当列车运行至道岔、路基松软地段时,车辆上下颠簸,尤其在陡坡线路上,容易发生脱钩而造成列车分离,并且高差过大时,使车钩钩舌牵引面变小,局部钩舌的拉力承受不了牵引力,易发生断钩。

测量两车钩中心水平线高度差的方法如图 2-1 所示。

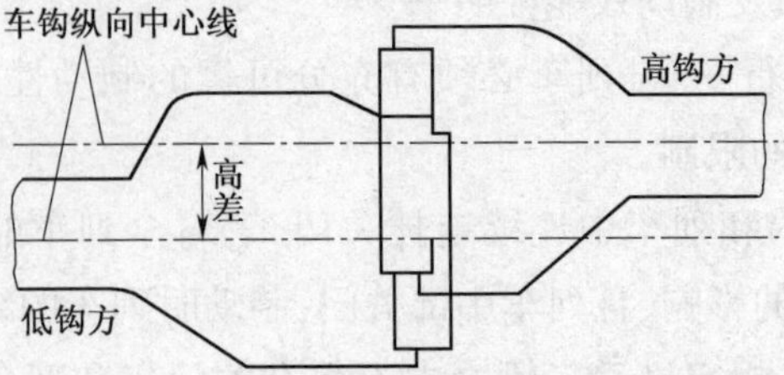


图 2-1　车钩中心水平低高度差示意图

## 四、列车中车辆连挂和软管连接的规定

**《技规》原文：**列车中车辆的连挂，由调车作业人员负责。软管的连结，有列检作业的始发列车由列检人员负责；无列检作业的，由调车作业人员负责。

动车组采用机车调车作业时，随车机械师或动车段（所）胜任人员负责过渡车钩和专用风管的安装与拆卸、电气连接线的连结与摘解并打开车门，调车人员负责车钩连结与摘解、软管摘结。

动车组无动力回送或被救援时，过渡车钩、专用风管的安装与拆卸由随车机械师负责，司机配合。

**条文解释：**考虑列车编组车辆相关作业（调车、列检）程序，明确了车辆与车辆之间车钩连挂、软管连结的工作分工。车辆间的连挂，由调车作业人员负责。车辆软管的连结，凡有列检作业的始发列车，由列检人员负责；无列检作业的列车由调车作业人员负责。

动车组采用机车调车、无动力回送及救援时，须加装过渡车钩，过渡车钩和专用风管的安装与拆卸、电气连接线的连结与摘解均由随车机械师负责，在动车段（所）内调车而无随车机械师时，由动车段（所）指派胜任人员负责。动车组无动力回送或被救援时，过渡车钩、专用风管的安装与拆卸由随车机械师负责，司机配合。

## 五、列车中机车与第一辆车的连挂与摘解，软管的连结与摘结责任分工的规定

**《技规》原文：**列车机车与第一辆车的连挂，由机车乘务员负责。单班单司机值乘的由列检人员负责；无列检作业的列车，由车辆乘务员负责；无车辆乘务员的列车，由车站人员负责。

列车机车与第一辆车的车钩摘解、软管摘结，由列检人员负责。无列检作业的列车，车钩、软管摘解由机车乘务员（单班单司机值乘的由车辆乘务员）负责，软管连结由车辆乘务员负责；无车辆乘务员的列车，由机车乘务员（单班单司机值乘的

由车站人员)负责。

列车机车与第一辆车电气连接线的连结与摘解由客列检作业人员负责,无客列检作业人员时,由车辆乘务员负责。

货物列车本务机车在车站调车作业时,无论单机或挂有车辆,与本列的车辆摘挂和软管摘结,均由调车作业人员负责。

旅客列车在途中摘挂车辆时,车辆的摘挂和软管摘结,由调车作业人员负责,密封风挡和电气连接线的连结与摘解由车辆乘务员负责,其他由列检作业人员负责,无列检作业人员时,由车辆乘务员负责,必要时打开车门,以便于调车作业。装有密接式车钩的客车车辆摘挂时,过渡车钩的安装与拆卸由列检人员负责,无列检人员时由车辆乘务员负责。

列车机车与动车组过渡车钩的连结与摘解、软管摘结、电气连接线的连结与摘解,由随车机械师负责。

**条文解释**:本条文明确了列车中机车与车辆之间车钩连挂、软管(指制动软管)及电气连接线摘结的工作分工。

1. 机车与第一辆车的车钩连挂分工:由机车乘务员负责。但是遇单班单司机值乘的,由列检人员负责;无列检作业的列车,由车辆乘务员负责;无车辆乘务员的列车,由车站人员负责。

2. 机车与列车第一辆车的车钩摘解分工:由列检人员负责。无列检作业的列车,由机车乘务员负责;单班单司机值乘的,由车辆乘务员负责,无车辆乘务员的,由车站人员负责。

3. 机车与第一辆车的软管摘解、连结分工:由列检人员负责。无列检作业的列车,软管摘解由机车乘务员负责,单班单司机值乘的由车辆乘务员负责,无车辆乘务员的,由车站人员负责;软管连结由车辆乘务员负责,无车辆乘务员的列车,由机车乘务员负责,单班单司机值乘的由车站人员负责。

4. 双机或多机挂车:机车重联时,车钩的摘挂及软管的摘结工作,均由前位机车乘务组负责(如3台机车重联,2、3两台间由第2台机车负责,以此类推)。

5. 机车与第一辆车电气连接线的连结与摘解分工:电气连接线是对旅客列车而言,其摘结由客列检作业人员负责。无客列检作业人员时,由车辆乘务员负责。

6. 货物列车本务机车在车站调车(指车站利用本务机车进行调动车辆作业):货物列车本务机车在车站进行调车作业时,无论单机或带有车辆,与本列的车辆连挂,车钩的摘挂和软管摘结工作,均由调车作业人员负责。

7. 列车在途中摘挂车辆:旅客列车在途中因故摘挂车辆时,车辆车钩的摘挂和软管摘结，由调车作业人员负责，密封风挡和电气连接线的连结与摘解由车辆乘务员负责，其他由客列检作业人员负责，无客列检作业人员时，由车辆乘务员负责，必要时应打开相应车门，以便调车作业。

8. 装有密接式车钩的客车车辆摘挂：过渡车钩的安装和拆卸均由客列检人员负责，无客列检作业人员时，由车辆乘务员负责。

9. 列车机车连挂动车组：机车与动车组连挂时，须加装过渡车钩，机车与过渡车钩的连结与摘解、软管摘结、电气连接线的连结与摘解，由随车机械师负责。

列车到达车站停车时，机车乘务员必须使列车保持制动状态。摘开机车前，有关作业人员必须确认列车停妥、车列保持制动状态后，方可摘解软管和提钩摘车。需采取其他防溜措施时，按有关规定办理。

## 第三节　调车工作

### 一、调车作业对显示信号的要求

**《技规》原文**：调车作业时，调车人员必须正确及时地显示信号；机车乘务人员要认真确认信号，并回示。

推进车辆连挂时，要显示十、五、三车的距离信号，没有显示十、五、三车的距离信号，不准挂车，没有司机回示，应立即显示停车信号。

推送车辆时，要先试拉。车列前部应有人瞭望，及时显示信号。

当调车指挥人确认停留车位置有困难时，应派人显示停留车位置信号。

调车人员不足2人，不准进行调车作业。

**条文解释**：调车作业时，调车组、扳道组、信号操纵人员等所有调车作业人员，显示信号或使用无线调车灯显设备发出指令时要正确、及时；机车乘务人员须不间断地确认地面固定信号和调车人员显示的手信号（无线调车灯显设备发出指令），并须及时回示，表示确已了解。

推进连挂车辆时，调车指挥人应根据停留车位置的距离，显示“十、五、三车”距离信号或发出相应的指令。在调车车列前端距离被连挂车辆十车（约110 m）时，显示十车信号或发出“十车”指令；距离五车（约55 m）时，显示五车信号或发出“五车”指令；距离三车（约33 m）时，显示三车信号或发出“三车”指令。如距离不足十车时，仅显示“五、三车”信号或发出“五、三车”指令；不足五车时，仅显示“三车”信号或发出“三车”指令；不足三车时，仅显示接近连挂信号或发出相应指令。

接近连挂信号比照向显示人稍行移动信号显示。

推进连挂车辆时,司机须时刻注意确认"十、五、三车"距离信号或无线调车灯显设备的指令,并回示。同时,应按信号或指令的要求正确控制速度。为避免司机误认,调车指挥人在距停留车十车以内,不要再显示减速信号。调车指挥人显示"十、五、三车"距离信号或发出指令后,如发现司机未回示或没有按规定减速时,应立即显示停车信号或发出紧急停车指令。调车作业中往往会出现很多意外情况,调车人员除应认真瞭望信号、注意调车车列及周围情况外,处理好紧急情况也是一项重要的要求。以往调车作业中发生过很多因处理突发事件不妥当而发生的调车事故,主要是调车人员执行这一规定不坚决、不果断所致,也有部分人员在紧急情况下,忙中出错,忘记或不知道显示停车信号或发出紧急停车指令。

单机挂车时,因司机视线不受影响,所以调车指挥人可不显示"十、五、三车"距离信号,使用无线调车灯显设备时可不发出"十、五、三车"指令。

推进车辆时,要先试拉,以检查车钩连挂状态,防止车钩没有挂好,导致推进中车辆溜走。在同一线路内,连续连挂车辆时,可不停车连挂,但要确认连挂状态,车组间距超过十车以上时,必须顿钩或试拉。一批作业过程中牵出后折返推进时,不需进行试拉。被连挂车辆距警冲标较近时,须采取相应安全措施。列车编组完了最后一钩,应进行试拉。推进车辆运行或连挂其他车辆时,调车指挥人确认前方进路和"十、五、三车"距离有困难时,可指派制动员、连结员在推进车辆的前部进行瞭望确认,有关人员须及时显示信号或发出指令,推进车辆较多时应派中转人员按规定中转信号,调车长应掌握显示信号或发出指令情况,发现盲目推进等情况时,要及时采取减速或停车措施。

遇有天气不良、照明不足或地形地物影响,调车指挥人看不清停留车位置时,应派人在停留车的连结一端显示停留车位置信号。

调车作业是一项复杂的工作,涉及到进路、信号的确认,停留车及线路的检查,防溜措施的采取与撤除及机车车辆的移动等,一个人很难完成上述工作,同时为保证调车作业安全和人身安全,更好的完成调车任务,参加作业的调车组人员必须达到 2 人及以上时,方准进行调车作业。

## 二、调车作业进路确认责任分工的规定

**《技规》原文**:在调车作业中,单机运行或牵引车辆运行时,前方进路的确认由司机负责;推进车辆运行时,前方进路的确认由调车指挥人负责,如调车指挥人所在位置确认前方进路有困难时,可指派调车组其他人员确认。

没有看到调车指挥人的起动信号，不准动车（但单机返岔子或机车出入段时，可根据扳道员显示的道岔开通信号或调车信号机显示的允许运行的信号动车）。无扳道员和调车信号机时，调车指挥人确认道岔开通正确（如为集中操纵的道岔，还须与操纵人员联系）后，向司机显示起动信号。

非集中区调车作业时，要认真执行要道还道制度。扳道员之间的要道还道办法及集中区与非集中区间的作业办法，在《站细》内规定。连续溜放和驼峰解散车辆时，第一钩应实行要道还道制度（集中联锁设备除外），从第二钩起，按调车作业通知单的要求扳动道岔。

**条文解释：**调车作业就是将机车车辆有目的进行移动，因此调车进路的正确与否对调车作业的安全与效率有着直接的影响。调车作业中调车人员必须确认调车信号机的显示状态或扳道人员的开通信号。

为了明确司机和调车指挥人确认进路的责任分工，根据作业中他们所处的位置和所具备的瞭望条件，规定单机运行或牵引车辆运行时，前方进路的确认由司机负责；推进车辆运行时，前方进路的确认由调车指挥人负责。在推进车辆运行中，调车指挥人应站在既易于确认前方进路，又能使司机看见其显示信号的位置。如两者不能兼顾时，调车指挥人应站在能使司机看见其显示信号的位置，车列前部再指派其他调车人员确认进路，并及时向调车指挥人显示信号或使用无线调车灯显设备发出指令。

司机须凭调车指挥人显示的信号或无线调车灯显设备的指令动车，以便其他调车作业人员做好各项工作，保证作业安全。遇无扳道员和调车信号机时，调车指挥人确认道岔开通正确（如为集中操纵的道岔，调车指挥人还应与操纵人员联系确认）后，向司机显示起动信号或发出起动指令，司机凭调车指挥人的起动信号或起动指令动车。

单机（包括重联机车）返岔子或机车出入段，由于无调车指挥人参加作业，可根据扳道员的道岔开通信号或调车信号机显示的允许运行的信号动车。

为保证调车进路的正确，防止调车作业中挤岔子或进入异线等事故的发生，非集中区调车作业时，调车有关人员要认真执行“要道还道”制度。

要道的方法有两种：一是单机或牵引运行时，由司机要道；二是推进车辆运行时，由车列前端的调车人员要道。还道时扳道员必须在确认进路准备正确、道岔尖轨密贴后，方可显示道岔开通信号。为避免误认，扳道员应先显示开通的股道号码，再显示道岔开通信号。当同一个进路由多名扳道员准备时，扳道员间在准备好进路后，先行对道，然后一般由来车方向的第一个扳道员向调车组人员或司机还道。由于设备的不同,扳道员间的要道还道办法应在《站细》内规定。

由集中区到非集中区或由非集中区到集中区的调车作业,应制定要道还道或作业联系办法,由于集中区作业繁忙,涉及到接发列车等多项作业,由非集中区到集中区,必须提前做好联系,合理安排,减少作业等待及其他不安全因素。根据各站设备的不同,具体的要道还道办法和非集中区与集中区间的联系办法应在《站细》内规定。

随着无线调车设备的广泛采用,为保护环境,减少噪声干扰,要道还道可以通过无线调车设备进行,具体办法和用语应在《站细》内规定。

要道还道时,应统一为"出×道要×道""进×道要×道"。考虑到连续溜放和驼峰解散车辆作业的特点,规定连续溜放和驼峰解散车辆时,第一钩应实行要道还道制度,从第二钩起,按"调车作业通知单"的要求扳动道岔。集中联锁的调车区,装设了调车信号机,调车作业按信号机显示的要求进行,因此第一钩可不执行要道还道制度。

## 三、线路两侧货物堆放距离的规定

**《技规》原文:**线路两旁堆放货物,距钢轨头部外侧不得小于 1.5 m。站台上堆放货物,距站台边缘不得小于 1 m。货物应堆放稳固,防止倒塌。

不足上述规定距离时,不得进行调车作业。

**条文解释:**为保证调车工作的安全与作业方便,线路两旁堆放货物,距钢轨头部外侧,不得少于 1.5 m。如图 2-2 所示。

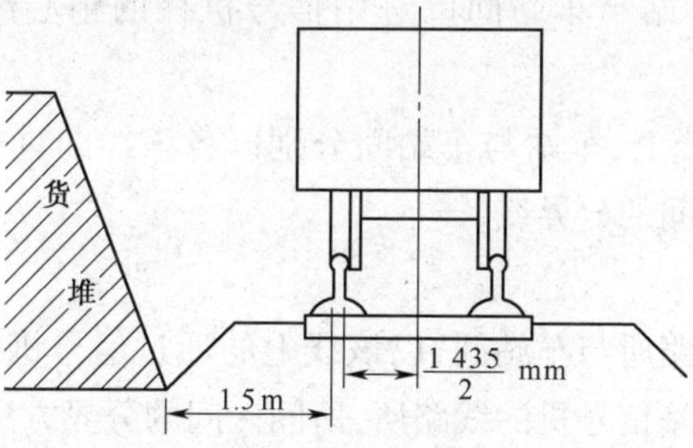


图 2-2 线路旁堆放货物距离示意图

从图中可以看出,由线路中心线起至堆放货物的距离为:轨距 1 435 mm 的二分之一,加钢轨头部宽(50 kg 或 43 kg 轨)70 mm,再加钢轨头部外侧至堆放货物距离 1.5 m,即

$$1\ 435\times1/2+70+1\ 500=2\ 288(\text{mm})$$

由线路中心起至堆放货物距离，减去机车车辆限界自线路中心线计算1 700 mm，为堆放货物与机车车辆间的距离，即

$$2\ 288-1\ 700=588(\text{mm})$$

这个距离为调车人员走行与显示信号所必须的空间。在一般情况下，一个人的身宽为500 mm，588 mm的间隔距离，是保证调车人员安全通行的最低要求。

站台上堆放货物时，考虑调车人员及其他有关作业人员作业条件，保证人身安全，防止货物倒塌掉在线路上，影响行车安全，所以规定站台上堆放货物，距站台边缘不得少于1 m。

货运人员要经常检查货物堆放距离，堆放的稳固程度保证距离够，不倒塌。

货物堆放，不足上述规定距离时，不得进行调车作业。

# 第四节　行车闭塞

## 一、区间及闭塞分区界限的规定

**《技规》原文：**列车运行是以车站、线路所所划分的区间及自动闭塞区间的通过信号机所划分的闭塞分区作间隔。

区间及闭塞分区的界限，按下列规定划分：

1. 站间区间

(1)在单线上，车站与车站间以进站信号机柱的中心线为车站与区间的分界线；

(2)在双线或多线上，车站与车站间分别以各该线的进站信号机柱或站界标的中心线为车站与区间的分界线。

2. 所间区间

两线路所间或线路所与车站间，以该线上的通过信号机柱的中心线为所间区间的分界线。设有进站信号机的线路所，所间区间的分界方法与站间区间相同。

3. 闭塞分区

自动闭塞区间同方向相邻的两架色灯信号机间，以该线上的通过信号机柱的中心线为闭塞分区的分界线。

**条文解释：**本条文明确列车运行的间隔，明确区间及闭塞分区的界限。为列车运行、调度指挥、车站技术管理等提供依据。

为保证列车运行的安全,使同方向列车不致发生追尾冲突,对向列车不致发生迎面相撞,列车运行必须有间隔;同时,在满足列车长度、速度、密度、制动力和信号显示距离等条件下,划分列车运行间隔有利于提高铁路通过能力。

目前,保持列车运行之间有一定的间隔距离的办法有两类:

1. 空间间隔法——以车站、线路所所划分的区间,自动闭塞区间的通过信号机所划分的闭塞分区,作为两列车间隔的行车方法。即在正常情况下,每个区间(或闭塞分区),在同一时间内,只准有一个列车占用。

2. 时间间隔法(又称隔时续行法)——按一定的时间间隔开行续行列车。即第一列车发车后,经过一定的时间,再发出下一列列车。

我国铁路列车运行采用空间间隔法。只有在一切电话中断的特殊情况下,才准许采用时间间隔法,而且要有安全保证措施。

区间及闭塞分区的界限划分

1. 站间区间——车站与车站间的线段。

(1)单线站间区间,以进站信号机柱中心线为车站与区间的分界线,如图 2-3 所示。

图 2-3 单线区段站间区间界限示意图

(2)双线或多线站间区间:分别以各该线的进站信号机柱或站界标的中心线为车站与区间的分界线,如图 2-4 所示。

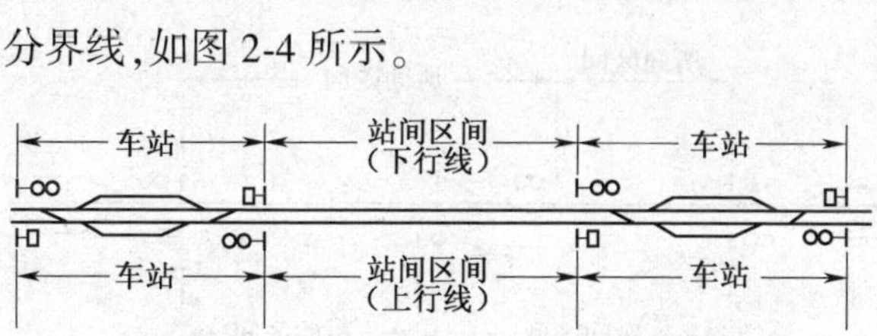


图 2-4 双线区段站间区间界限示意图

2. 所间区间——两线路所间或线路所与车站间的线段。

(1)单线所间区间,以该线上的线路所通过信号机柱的中心线为所间区间的分界线。设有进站信号机的线路所,所间区间的分界方法与站间区间相同。

线路所只设有通过信号机,无管辖地段的,如图 2-5 所示。

线路所设有进、出站信号机,并有管辖地段的,如图 2-6 所示。

(2)双线所间区间,其划分方法与单线所间区间相同。

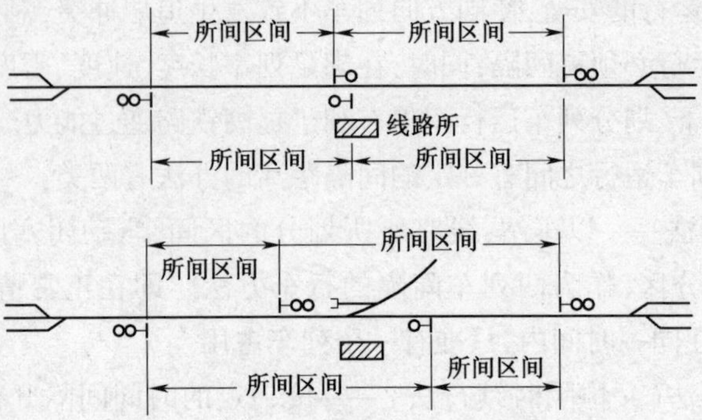


图 2-5　单线区间只设有通过信号机的所间区间界限示意图

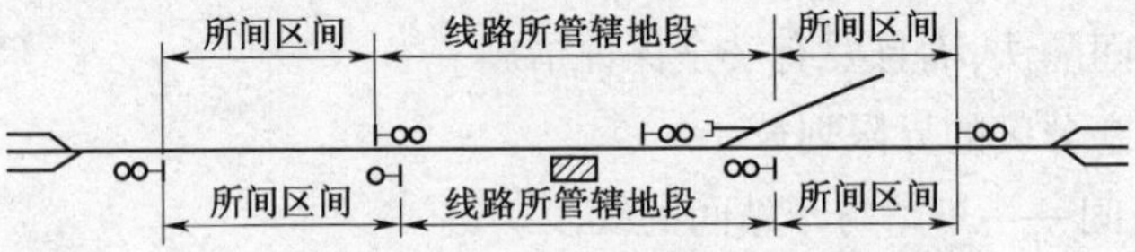


图 2-6　单线区间设有进、出站信号机的所间区间界限示意图

线路所只设有通过信号机，无管辖地段的，如图 2-7 所示。

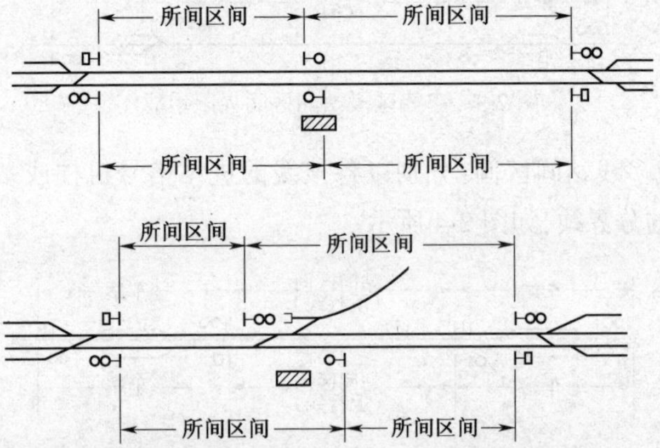


图 2-7　双线区间设有通过信号机所间区间界限示意图

线路所设有进、出站信号机，并有管辖地段的，如图 2-8 所示。

3. 闭塞分区——自动闭塞区间同方向相邻的两架通过色灯信号机间或进站信号机与通过色灯信号机间的线段。

自动闭塞区间的闭塞分区，以该线上同方向相邻的两架通过色灯信号机柱的中心线为分界线。

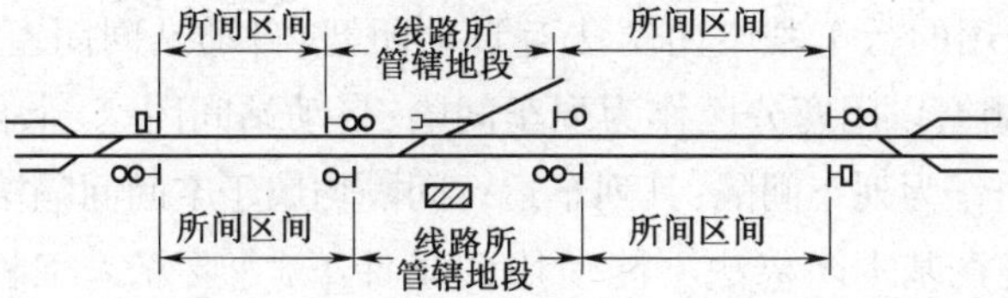


图 2-8 双线区间设有进、出站信号机的所间区间界限示意图

单线区间闭塞分区分界线,如图 2-9 所示。

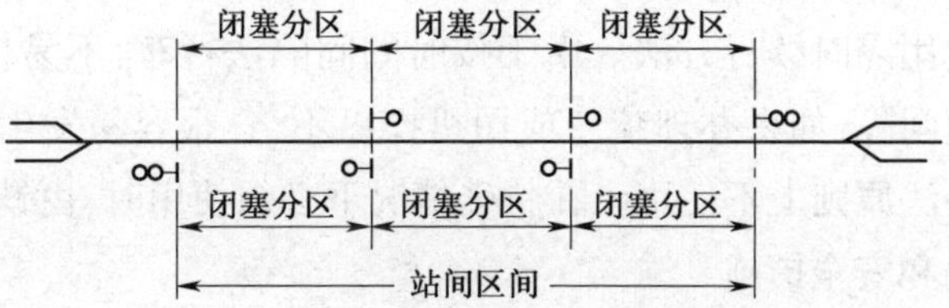


图 2-9 单线区间闭塞分区界限示意图

双线区间闭塞分区分界线,如图 2-10 所示。

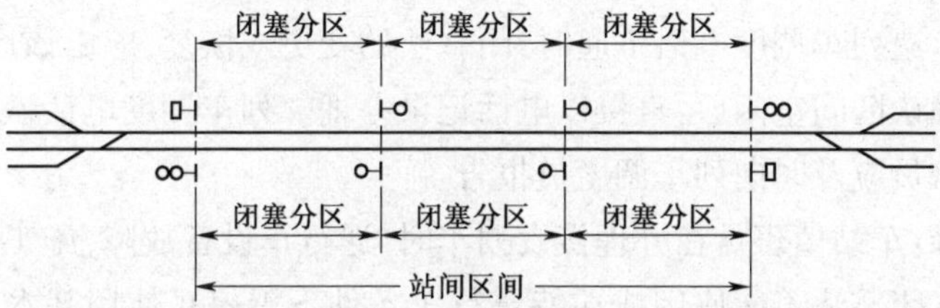


图 2-10 双线区间闭塞分区界限示意图

## 二、行车闭塞方式的分类

**《技规》原文:** 车站均须装设基本闭塞设备。行车基本闭塞法采用下列三种:

1. 自动闭塞;
2. 自动站间闭塞;
3. 半自动闭塞。

电话闭塞法是当基本闭塞法不能使用时所采用的代用闭塞法。

原则上不使用隔时续行办法,如必须使用时,由铁路局规定。

**条文解释:** 基本闭塞设备是控制一个区间(或闭塞分区)同一时间内,只准许一个列车运行的设备。通过调度所、相邻车站、线路所、闭塞分区的设备或人为控制,使列车与列车相互间保持一定间隔,以保证列车安全运行的行车方法,称为行车闭塞法。

我国铁路采用的行车基本闭塞法有自动闭塞、自动站间闭塞、半自动闭塞三种。其中：自动闭塞以闭塞分区作为列车间隔；自动站间闭塞、半自动闭塞都是以站间(所间)区间作为列车间隔；其列车运行间隔均属于空间间隔法。

电话闭塞是在基本闭塞法不能使用的条件下，主要靠人工检查确认和联系制度来保证实现列车运行空间间隔的代用闭塞方法。使用电话闭塞法行车须有列车调度员的命令，并按有关电话闭塞接发列车规定的程序、制度办理行车作业。

原则上不使用隔时续行方法。由于按时间间隔法行车，不易保持后行列车和前行列车的安全间隔，如果办理疏忽或司机操纵不当，很容易发生尾追事故，因此规定隔时续行办法原则上不使用。在特殊情况下必须使用时，由铁路局规定，并制定具体行车办法和安全措施。

## 三、基本闭塞法不能使用时的规定

**《技规》原文：**当基本闭塞法不能使用时，应根据列车调度员的命令采用电话闭塞法行车。遇列车调度电话不通时，闭塞法的变更或恢复，应由该区间两端站的车站值班员确认区间空闲后，直接以电话记录办理。列车调度电话恢复正常时，两端站车站值班员应及时向列车调度员报告。

**条文解释：**车站值班员在办理接发列车时，遇行车设备故障、施工、自然灾害等情况造成基本闭塞法不能使用或在特定行车条件下需停止使用基本闭塞法时，须向列车调度员报告。列车调度员详细了解现场情况后，向有关处所和人员发布停止使用基本闭塞法改按电话闭塞法行车的调度命令。

行车闭塞法的变更或恢复，列车调度员须发布调度命令。但遇特殊情况列车调度电话不通(指两端站列车调度电话都不通)时，为减少对运输秩序的影响，由该区间两端车站值班员共同确认区间空闲后，直接以电话联系办理，并发出电话记录号码。

## 四、停止使用基本闭塞法，改用电话闭塞法行车的有关要求

**《技规》原文：**遇下列情况，应停止使用基本闭塞法，改用电话闭塞法行车：

1. 基本闭塞设备发生故障导致基本闭塞法不能使用、自动闭塞区间内两架及以上通过信号机故障或灯光熄灭时；

2. 无双向闭塞设备的双线区间反方向发车或改按单线行车时；

3. 发出由区间返回的列车，或发出挂有由区间返回后部补机的列车时；

4. 自动站间闭塞、半自动闭塞区间,由未设出站信号机的线路上发车,或超长列车头部越过出站信号机并压上出站方面轨道电路发车时;

5. 在夜间或遇降雾、暴风雨雪,为消除线路故障或执行特殊任务,开行轻型车辆时。

自动站间闭塞设备故障,半自动闭塞设备良好时,可根据调度命令改按半自动闭塞法行车。

**条文解释:**1. 基本闭塞设备发生故障导致基本闭塞法不能使用、自动闭塞区间内两架及其以上通过信号机故障或灯光熄灭时。

(1)自动闭塞设备发生故障导致基本闭塞法不能使用,不能保证列车按自动闭塞方式行车时,应停止使用改按电话闭塞法行车。

自动闭塞区间两架及其以上通过信号机发生故障或灯光熄灭,如按《技规》第316条组织行车,势必造成列车在区间一再停车,不仅会降低列车运行速度,而且危及行车安全。因此,遇两架及其以上通过信号机故障或灯光熄灭时,改按电话闭塞法行车。

(2)半自动闭塞设备故障,如:出站信号机内方轨道电路故障、出站信号机故障或灯光熄灭,由于不能形成半自动闭塞控制条件或不能开放出站信号机作为列车占用区间的行车凭证,因此,应停止使用,改按电话闭塞法行车。

(3)自动站间闭塞设备故障,导致自动站间闭塞、半自动闭塞法均不能使用时,如不能开放出站信号机作为列车占用区间的行车凭证,应停止使用自动站间闭塞改按电话闭塞法行车。

2. 无双向闭塞设备的双线区间反方向发车或改按单线行车时。

无双向闭塞设备的双线区间反方向发车时,由于反方向无闭塞设备,必须改用电话闭塞法行车。无双向闭塞设备的双线区间改按单线行车时,虽然正方向闭塞设备可以使用,但反方向行车时无闭塞设备保证安全,办理上容易混淆,极易引发错误,所以也要停止使用基本闭塞法改按电话闭塞法行车。

3. 发出由区间返回的列车,或发出挂有由区间返回后部补机的列车时。

发出由区间返回的列车时,在其返回前,车站无法从设备上控制不再向该区间放行列车,为防止人为失误造成严重后果,应停止基本闭塞法改按电话闭塞法行车。发出挂有由区间返回后部补机的列车,车站无法从设备上控制在列车到达前方站后、补机返回前不再向该区间放行列车,为防止人为失误造成严重后果,因此,应停止基本闭塞法,改按电话闭塞法行车。

4. 自动站间闭塞、半自动闭塞区间,由未设出站信号机的线路上发车,或超长列车头部越过出站信号机并压上出站方面轨道电路发车时。

自动站间闭塞、半自动闭塞列车占用区间的行车凭证，为出站信号机显示的允许运行的信号。由未设出站信号机的线路上发车，或超长列车头部越过出站信号机压上出站方向轨道电路发车时，因无法取得占用区间的行车凭证，须改按电话闭塞法行车。

5. 在夜间或遇降雾、暴风雨雪，为消除线路故障或执行特殊任务，开行轻型车辆时。

轻型车辆装有绝缘车轴，不能通过轨道电路确定其位置，为确保安全，轻型车辆仅限昼间封锁施工作业时使用，此时不按列车办理；同样为确保安全，在夜间或遇降雾、暴风雨雪等天气不良瞭望条件不好的情况下，为消除线路故障或执行特殊任务须使用轻型车辆时，应按列车办理，此时应停止基本闭塞法，改按电话闭塞法行车。

6. 自动站间闭塞设备故障，半自动闭塞设备良好时，可根据调度命令改按半自动闭塞法行车。

部分自动站间闭塞是在半自动闭塞的基础上，增加了计轴设备自动检查区间空闲，从而实现了自动站间闭塞，此时，仅计轴设备故障停用，半自动闭塞设备仍作用良好时，可使用另一基本闭塞法——半自动闭塞法组织列车运行，但必须得到列车调度员准许并发布调度命令。

### 五、使用自动闭塞法行车时，列车进入闭塞分区的行车凭证的规定

**《技规》原文：**使用自动闭塞法行车时，列车进入闭塞分区的行车凭证为出站或通过信号机显示的允许运行的信号。

自动闭塞区段的车站，办理发车前应向接车站预告；单线自动闭塞区段的车站，还须得到列车调度员的同意（列车调度员已下达列车运行调整计划时除外）。已向接车站预告，但列车不能出发时，发车站须通知接车站取消预告。

**条文解释：**1. 使用自动闭塞法行车时，列车是根据进出站信号机和通过信号机的显示运行的，在运行过程中通过轨道电路检查闭塞分区的占用与空闲，并通过信号机显示的不同颜色的灯光指示后续列车的运行，由此来自动完成闭塞作用。这种方式不需要办理闭塞手续，又可以在同一区间内开行多列追踪运行的列车，并有必要的空间间隔，既保证了行车安全又提高了区间通过能力。

目前，我国自动闭塞区段大多采用四显示的通过色灯信号机，当其显示一个绿色灯光时，表示列车运行前方至少有三个闭塞分区空闲，准许列车进入闭塞分区后

按规定速度运行;当其显示一个绿色和一个黄色灯光时,表示列车运行前方有两个闭塞分区空闲,准许列车进入闭塞分区后按规定速度运行,要求注意准备减速;当其显示一个黄色灯光时,表示列车运行前方只有一个闭塞分区空闲,要求列车注意或减速运行,按规定限速要求越过该信号机;当其显示一个红色灯光时,要求列车应在该信号机前停车。

部分自动闭塞区段采用三显示的通过色灯信号机,当其显示一个绿色灯光时,表示列车运行前方至少有两个闭塞分区空闲,准许列车进入闭塞分区后按规定速度运行;显示一个黄色灯光时,表示前方只有一个闭塞分区空闲,要求列车注意或减速运行按规定限速越过该信号机;当其显示一个红色灯光时,要求列车应在该信号机前停车。

2. 自动闭塞区段,出站或通过信号机的显示,能表示出闭塞分区空闲或占用的情况,不同的信号显示对列车运行速度分别有不同的限制,按信号显示行车可以保证列车的运行安全,所以规定以出站或通过信号机显示的允许运行的信号作为列车占用闭塞分区的行车凭证。

3. 自动闭塞区段的车站控制台上,在四显示和三显示区段分别有邻近车站的三或二个闭塞分区的占用情况表示,即四显示区段有第一、第二、第三接近和第一、第二、第三离去,三显示区段有第一、第二接近和第一、第二离去,车站值班员可以了解列车在邻近闭塞分区的占用情况。出站信号机的开放受第一离去占用的限制。车站值班员在开放出站信号机发出列车前,须确认第一离去分区的空闲情况。当闭塞分区空闲符合列车发车条件后,即可开放出站信号机准备发车。发车站在办理发车前,应向接车站通报列车车次,以使接车站做好接车准备,在接车站因特殊情况不能接车时,发车站可以及时停止发车,以防止列车在区间停车等待,造成运输堵塞。

在单线自动闭塞区段,列车是双方向运行的,为保持列车运行秩序或不影响某些重要列车的运行,车站值班员发车之前,应得到列车调度员同意,但列车调度员已下达列车运行调整计划时,可根据列车运行调整计划组织行车,不需再征得列车调度员同意。

无论在双线或单线自动闭塞区段,发车站在办理发车预告后,即确定了列车进入区间的顺序,接车站也应按此顺序做好接车准备。因此在列车预告后因特殊原因不能发出时,必须通知接车站取消发车预告,避免造成后续发出的列车与前次列车混淆,造成接车站接错车等事故的发生;避免接车站为接车做好准备后,却无列车到达,影响接车站的其他作业。

## 六、使用绿色许可证发车的有关规定

**《技规》原文**：自动闭塞区段遇下列情况发车的行车凭证见表 2-2。

**表 2-2　自动闭塞区段特殊情况行车凭证表**

<table>
<tr><th>列车出发情况</th><th>行车凭证</th><th>发给行车凭证的依据</th><th>附带条件</th></tr>
<tr><td>1. 出站信号机故障时发出列车</td><td rowspan="3">绿色许可证<br>（附件 2）</td><td rowspan="3">1. 监督器表示第一个闭塞分区空闲，不表示时为接到前次列车到达邻站的通知或前次列车发出后不少于 10 min 的时间<br>2. 确认道岔位置正确及进路空闲<br>3. 单线须取得对方站确认区间内无迎面列车的电话记录号码</td><td rowspan="3">从监督器上不能确认第一个闭塞分区空闲时，车站应发给司机书面通知（附件 8），司机以在瞭望距离内能随时停车的速度，最高不超过 20 km/h，运行到第一架通过信号机，按其显示的要求执行</td></tr>
<tr><td>2. 由未设出站信号机的线路上发出列车</td></tr>
<tr><td>3. 超长列车头部越过出站信号机发出列车</td></tr>
<tr><td>4. 发车进路信号机发生故障时发出列车</td><td rowspan="2">绿色许可证<br>（附件 2）</td><td rowspan="2">确认道岔位置正确及进路空闲</td><td rowspan="2">列车到达次一信号机按其显示的要求执行</td></tr>
<tr><td>5. 超长列车头部越过发车进路信号机发出列车</td></tr>
<tr><td>6. 自动闭塞作用良好，监督器故障时发出列车</td><td rowspan="2">出站信号机显示的允许运行的信号</td><td></td><td>与邻站车站值班员及本站信号员联系</td></tr>
<tr><td>7. 双线双向闭塞设备的车站，反方向发出列车</td><td>1. 区间占用表示灯表示区间空闲<br>2. 双线反方向行车的调度命令</td><td>反方向发车进路表示器显示正确（进路表示器故障时通知司机）</td></tr>
</table>

注：在四显示区段，因设备不同，执行上述条款困难的，可按铁路局规定办理。

**条文解释**：第 2-2 表规定的各项内容，为自动闭塞区段特殊情况下发车的行车凭证、发给行车凭证的根据及附带条件等。自动闭塞与半自动闭塞和自动站间闭塞在部分设备故障或特殊情况下行车的最大不同，就是不需停止基本闭塞法，采用一些特殊的方式发出列车，进入区间后按自动闭塞法行车，提高运输效率。

1. 表中的第 1、2、3 项是在出站信号机不能开放或未设出站信号机的情况下发出列车，此时发车进路与信号机间失去了联锁关系或无联锁关系。车站值班员必须在做好下列工作后，方准填写绿色许可证，组织发出列车。

（1）确认监督器表示第一个闭塞分区空闲，不表示时为接到前次列车到达邻站的通知或前次列车发出后不少于 10 min 的时间。

(2)确认道岔位置正确及进路空闲。

(3)单线区间须取得对方站确认区间内无迎面列车的电话记录号码,并填记在《行车日志》记事栏内。

因为出站信号机不能开放,如果从监督器不能确认第一个闭塞分区空闲时,第一闭塞分区情况不明,此时发车人员必须发给司机书面通知(附件 8),要求列车以在瞭望距离内能随时停车的速度运行,最高不超过 20 km/h,确保安全。当列车运行到第一架通过信号机时,按其显示的要求执行。当列车运行到第一架通过信号机时,按其显示的要求执行。

2. 表中的第 4、5 项,是指发车进路信号机(同一发车进路上一架或多架进路信号机)因故不能开放的情况下发出列车时,车站值班员确认发车进路空闲、进路道岔位置正确并按规定加锁后,填发绿色许可证发出列车的作业方式。

3. 表中的第 6 项,是指在自动闭塞作用良好,出站信号机能正常显示允许运行的信号,但监督器对离去闭塞分区的占用与空闲因故不能表示或表示不明时,发出列车。在此种情况下,由于出站信号机能够正常开放,自动闭塞设备可以确认闭塞分区的占用与空闲状态,车站值班员与邻站车站值班员联系确认区间列车运行情况,和本站信号员联系确认自动闭塞及监督器设备状态和发出列车情况后,即可组织按出站信号机的显示发出列车。

4. 表中的第 7 项,是指在双线自动闭塞区间装设有双向闭塞设备,列车在正方向运行线路上运行时,可自动追踪运行,在线路反方向运行时,按站间间隔运行。由于我国铁路在双线区间实行左侧单方向行车制度,反方向行车时,应发布调度命令,在发车前必须确认反方向运行的线路上无迎面列车运行,区间空闲,在控制台上确认区间占用表示灯表示区间空闲后,办理改变列车运行方向手续,排列反方向发车进路,组织反方向发出列车,列车进入区间的行车凭证为出站信号机显示的允许运行的信号。

为使发车人员和司机明确区别正、反方向发车进路,在出站信号机的正下方设有反方向发车进路表示器,当排列了反方向发车进路后,显示规定的白色灯光,外部发车人员和列车司机在反方向发车前必须确认显示正确。如遇反方向发车进路表示器故障时,发车人员应口头通知司机,使司机明确列车运行方向。

在四显示区段,由于自动闭塞设备不同,执行第 2-2 表中的各项规定有困难时,可由铁路局规定行车办法。

### 七、自动闭塞区间通过信号机显示停车信号(包括显示不明或灯光熄灭)时的行车办法

**《技规》原文：**自动闭塞区间通过信号机显示停车信号(包括显示不明或灯光熄灭)时,列车必须在该信号机前停车,司机应使用列车无线调度通信设备通知车辆乘务员(随车机械师)。停车等候2 min,该信号机仍未显示允许运行的信号时,即以遇到阻碍能随时停车的速度继续运行,最高不超过20 km/h,运行到次一通过信号机(进站信号机),按其显示的要求运行。在停车等候同时,必须与车站值班员、列车调度员联系,如确认前方闭塞分区内有列车时,不得进入。

装有容许信号的通过信号机,显示停车信号时,准许铁路局规定停车后起动困难的货物列车,在该信号机前不停车,按上述速度通过。当容许信号灯光熄灭或容许信号和通过信号机灯光都熄灭时,司机在确认信号机装有容许信号时,仍按上述速度通过该信号机。

装有连续式机车信号的列车,遇通过信号机灯光熄灭,而机车信号显示允许运行的信号时,应按机车信号的显示运行。

司机发现通过信号机故障时,应将故障信号机的号码通知前方站(列车调度员)。车站值班员(列车调度员)发现或得到区间通过信号机故障的报告后,在故障修复前,对尚未进入区间的后续列车,改按站间组织行车。

**条文解释：**自动闭塞区间内的通过信号机显示停车信号及显示不明或灯光熄灭的原因主要有以下几项：

1. 显示红色灯光时,可能是前方闭塞分区内有列车或机车、车辆占用;也可能是由于线路上有障碍物引起轨道电路短路或钢轨折断;还可能是轨道电路故障所致;还可能是通过信号机的灯泡断丝而引起的灯光转移等。

2. 信号显示不明,可能是因天气关系,如灯光被飘雪、扬沙所遮盖等;也可能是自动闭塞系统发生故障。

3. 灯光熄灭,可能是灯泡断丝或灯泡松动,也可能是临时断电。

通过信号机显示停车信号及显示不明或灯光熄灭时均视为停车信号,列车如果贸然进入前方闭塞分区,有危及行车安全的可能性,因而列车必须在该信号机前停车,同时司机应使用列车无线调度通信设备通知车辆乘务员(随车机械师)停车原因。

由于是自动闭塞区间,列车追踪运行,作业十分繁忙,同时由于通过信号机处于区间,修复时间将会延长,如果列车长时间在显示停车信号(包括显示不明或灯

光熄灭)的通过色灯信号机前停车,将使后续列车在区间停车,打乱运行秩序,造成运输工作的混乱,也不利于列车的运行安全。因此规定,在列车停车等候 2 min 后,该通过信号机仍未显示允许运行的信号时,即以遇到阻碍能随时停车的速度进入该通过信号机防护的闭塞分区继续运行,但最高运行速度不得超过 20 km/h。停车等候 2 min,如该闭塞分区有前行列车被迫停车不能继续运行时,有关人员有一定的时间按规定设置防护和作业联系;而要求列车在该闭塞分区内以最高不超过 20 km/h 的速度运行,即使进入闭塞分区后发现有列车或有危及行车安全的情况时,可随时停车,不致发生事故。

在这种情况下,列车限速进入闭塞分区后,必须在整个闭塞分区内限速运行,不能在见到前方通过信号机显示允许运行的信号时,就立即恢复相应速度运行。

列车在显示停车信号及显示不明或灯光熄灭的通过信号机前停车等候的同时,司机必须使用列车无线调度通信设备与车站值班员或列车调度员进行联系,车站值班员、列车调度员应通过控制台、TDCS 设备等确认该闭塞分区内有无列车,在确认有列车占用后,车站值班员、列车调度员须通知司机不得进入该闭塞分区;同时,司机还应通过目视确认前方闭塞分区内是否有列车占用。司机如通过以上方式确认有列车占用时,不得进入该闭塞分区。如司机使用列车无线调度通信设备与车站值班员、列车调度员联系不上,又无法目视确认前方闭塞分区内是否有列车占用时,在停车等候 2 min 后,如该信号机仍未显示允许运行的信号,即以遇到阻碍能随时停车的速度,最高不超过 20 km/h 进入该闭塞分区,司机应加强瞭望,运行中发现前方有列车占用或有危及行车安全的情况时,立即停车。

装有容许信号的通过色灯信号机显示停车信号时,准许停车后起动困难的货物列车不停车通过该信号机。由于各种货物列车牵引重量不完全相同,因此铁路局必须根据该区段使用的机车类型和线路坡度等情况,经过计算和试验,规定准许按容许信号运行的货物列车重量标准。装设容许信号的目的,主要是避免超过规定牵引重量的货物列车在此停车后起动困难,甚至请求救援打乱运行秩序。因此,当容许信号灯光熄灭时,只要司机确认信号机装有容许信号,仍可按上述规定,不停车通过该信号机。列车通过该信号机后,必须在整个闭塞分区以遇到阻碍能随时停车的速度运行,但最高运行速度不得超过 20 km/h,到达次一通过色灯信号机后,再按其显示的要求运行。

连续式机车信号的显示和通过信号机的显示,是通过同一个轨道电路传输的,通过信号机灯光熄灭而机车信号显示允许运行的信号时,表示前方闭塞分区处于空闲状态,因此,作为一种特殊的行车组织时,准许列车按机车信号的显示运行。

司机发现通过信号机故障时，应将该信号机的号码通知前方站（列车调度员），以便由车站（列车调度员）通知设备部门检查修理，并组织后续列车的运行。车站值班员（列车调度员）发现或得到区间通过信号机故障的报告后，在故障修复前，对尚未进入区间的后续列车，该按站间组织行车。此时不改变原基本闭塞法，人工控制按站间间隔放行列车。

## 八、自动站间闭塞法进入区间行车凭证的规定

**《技规》原文**：使用自动站间闭塞法行车时，列车凭出站信号机或线路所通过信号机显示的允许运行的信号进入区间。

自动站间闭塞须与集中联锁设备结合使用，自动检查区间空闲，发车站办理发车进路后即自动构成站间闭塞。列车到达接车站或返回发车站并出清区间后，自动解除闭塞。

发车站在办理发车进路前，须确认区间空闲、接车站未办理同一区间的发车进路，并向接车站预告。发车站已向接车站预告，但列车不能出发时，在取消发车进路后，须通知接车站。

**条文解释**：1. 自动站间闭塞是在半自动闭塞基础上发展起来的新型闭塞设备，区间两端站的出站信号机（线路所通过信号机）和轨道检查装置构成联锁关系，自动检查区间空闲，列车以站间（所间）区间为间隔运行，通过办理发车进路和检查列车出清区间的方式，自动实现区间闭塞和区间开通。

自动检查区间主要通过计轴设备或区间长轨道电路来实现。

(1)计轴设备通过设置在区间（所间）两端站的计轴磁头，对进入区间和车站（线路所）的列车轴数进行记录，并经过传输线路将两端站（线路所）所记录的轴数进行核对，当两端站（线路所）记录的轴数一致时，即确认列车整列到达，区间空闲，自动开通区间。发出由区间返回的列车时，由发车站自行检查。当计轴设备记录进出区间的列车轴数不一致时，即判定区间占用。当计轴设备发生故障不能正常计轴或判定区间占用时，不能自动解除闭塞。

(2)区间长轨道电路由三部分组成，包括上、下行接近区段轨道电路（双线时为接近和发车区段轨道电路）和中间区段轨道电路，通过轨道电路对区间是否占用、线路是否良好进行检查。在这三部分轨道电路都空闲时，排列发车进路，开放出站信号，自动完成闭塞；在列车到达前方站（返回发车站）三部分轨道电路都空闲后，自动开通区间。当区间任何一段轨道电路处于占用状态时，不能开放出站信号机；列车虽已到达前方站（返回发车站），但不能解除闭塞开通区间。出站信号

机开放后,如果区间轨道电路因故障等原因处于占用状态时,便自动关闭。

2. 使用自动站间闭塞法发出列车时,由于列车按站间间隔运行,列车进入区间的行车凭证为出站信号机或线路所通过信号机显示的允许运行的信号。

3. 由于自动站间闭塞发车前不需办理闭塞手续,排列发车进路开放出站信号后,即可发出列车,同时列车需按站间间隔行车,因此发车站在办理发车进路前,须确认区间空闲和接车站未办理同一区间的发车进路。为使接车站做好接车准备工作,发车站应向接车站发出预告。

4. 自动站间闭塞区间,发车站办理预告后,接车站必须做好接车准备。如果列车预告后因特殊情况不能发出时,发车站必须通知接车站取消预告。避免长时间占用区间,方便接车站进行其他作业,也能为其他列车运行提供条件。

## 九、半自动闭塞法进入区间行车凭证的规定

**《技规》原文:**使用半自动闭塞法行车时,列车凭出站信号机或线路所通过信号机显示的允许运行的信号进入区间。

开放出站信号机或通过信号机前,双线区段必须得到前次列车到达前方站的到达信号;单线区段必须得到接车站的同意闭塞信号。

发车站办理闭塞手续后,列车不能出发时,应将事由通知接车站,取消闭塞。

**条文解释:**半自动闭塞是指通过两个相邻车站(线路所)的闭塞机、出站信号机(线路所通过信号机)和轨道电路构成的联锁关系。使用半自动闭塞设备时,出站或线路所通过信号机显示允许运行的信号,即表示区间已空闲、发车进路已被锁闭,当出发的列车压上出站方面的轨道电路,出站或通过信号机就立即自动关闭,在该列车运行到接车站,压上接车轨道电路之前,出站或通过信号机不能再开放。由于上述联锁关系,可以保证列车运行的安全,因此规定使用半自动闭塞方法行车时,列车凭出站或通过信号机显示的允许运行的信号进入区间。

1. 出站(线路所通过)信号机的开放条件:

(1)双线半自动闭塞区间,发车站(线路所)必须在闭塞机上得到前次列车到达前方站(线路所)的到达信号后,才有权发车。因为前次列车驶过接车站接车轨道电路,闭塞机就可以解锁并开通区间。所以发车站(线路所)只要在闭塞机上得到前次列车到达前方站(线路所)的到达信号后,就可以开放出站或线路所通过信号机发车。

(2)单线半自动闭塞区间,发车站(线路所)必须在闭塞机上得到接车站(线路所)的同意闭塞信号后,才能开放出站或线路所通过信号机。而接车站(线路所)

只能在区间空闲时，才能在闭塞机上发出同意闭塞信号，并在其发出同意闭塞信号后，该站（线路所）向该区间的出站或线路所通过信号机不能开放。这样就可避免同时向同一区间发出对向的列车。所以，在单线半自动闭塞区间任何一端车站（线路所），在开放出站或线路所通过信号机前，必须得到接车站的同意闭塞信号。

2. 半自动闭塞取消闭塞的办法

(1) 双线半自动闭塞的车站取消闭塞

集中联锁的车站，开放出站信号后如需取消发车时，车站值班员须通知发车人员、司机，确认列车没有出发，关闭出站信号，发车进路解锁后，将事由通知接车站，即可取消闭塞。

电锁器联锁的车站，开放信号后因故需取消闭塞时，车站值班员须通知发车人员、司机，确认列车没有出发，关闭出站信号，按下闭塞按钮使发车表示灯亮黄灯，即可通知接车站取消闭塞；然后由接车站值班员登记破封，拉出故障按钮，再拉出闭塞按钮，办理区间复原。

(2) 单线半自动闭塞的车站取消闭塞

如发车站已请求发车（发车表示灯亮黄灯），需要取消闭塞时，经两站车站值班员联系同意后，由发车站拉出闭塞按钮（或按下复原按钮），两站表示灯熄灭，闭塞机复原。

如接车站已按下闭塞按钮（发车表示灯亮绿灯），但发车站未开放出站信号机时，亦由发车站拉出闭塞按钮（或按下复原按钮），闭塞表示灯熄灭，闭塞机复原。

如开放出站信号机后，需取消闭塞时，集中联锁的车站，经两站联系，发车站值班员确认列车没有出发，关闭出站信号机，拉出闭塞按钮（或按下复原按钮），双方闭塞表示灯熄灭，闭塞机复原；电锁器联锁的车站，双方站车站值班员确认列车没有出发，由发车站值班员，登记破封，使用事故按钮办理复原。

## 十、半自动闭塞区段，遇超长列车头部越过出站信号机而未压上出站方面轨道电路时的规定

**《技规》原文：**半自动闭塞区段，遇超长列车头部越过出站信号机而未压上出站方面的轨道电路发车时，行车凭证为出站信号机显示的允许运行的信号，并发给司机调度命令；遇发车进路信号机故障或超长列车头部越过发车进路信号机发车时，列车越过发车进路信号机的行车凭证为半自动闭塞发车进路通知书（附件9）。

**条文解释：**超长列车头部越过出站信号机，而未压上出站方面轨道电路时，因能使用半自动闭塞法，所以列车占用区间的行车凭证仍然为出站信号机显示的允

许运行的信号,但应发给司机准许列车头部越过出站信号机发车的调度命令。

如果列车头部压上出站方面轨道电路,因无法办理闭塞,所以必须停止基本闭塞法,改用电话闭塞法行车,列车占用区间的行车凭证为路票。

因跨局运行的机车交路较为普遍,为方便司机确认发车进路信号机故障时、超长列车头部越过发车进路信号机的行车凭证,所以对列车越过发车进路信号机的行车凭证进行了统一,统一规定为半自动闭塞发车进路通知书。

## 十一、使用电话闭塞法时行车凭证的规定

**《技规》原文:**使用电话闭塞法行车时,列车占用区间的行车凭证为路票(附件1)。当挂有由区间返回的后部补机时,另发给补机司机路票副页。

单线或双线反方向发车(正方向首列发车)时,根据《行车日志》查明区间已空闲,并取得接车站承认的电话记录号码,在发车进路准备妥当后,方可填发路票。双线正方向发车(首列除外)时,根据收到的前次发出的列车到达的电话记录号码,在发车进路准备妥当后,即可填发路票。

**条文解释:**电话闭塞法是当基本闭塞法不能使用时,根据列车调度员命令所采用的代用闭塞法。

由于此种闭塞方法全由人工控制,所以两站间的闭塞手续,必须在查明区间空闲后,方可办理。

使用电话闭塞法行车时,列车占用区间的行车凭证,不论单线或双线均为路票。填写路票时,当发出挂有由区间返回后部补机的列车时,应填写一式两份(仅编号顺序不同),其中交给后部补机的路票的右上角须加盖"㊖"字戳记作为路票副页,作为补机司机返回发车站的凭证。

为避免相对方向的两端站同时发出迎面列车,规定单线或双线反方向发车时,除根据《行车日志》等查明区间空闲外,还必须取得接车站的承认后,方可填发路票。双线正方向首列发车时,为保证安全,除查明区间空闲外,也应取得接车站的承认后,方可填发路票。

在双线正方向发车时(首列除外),不必取得接车站的承认,但应根据收到前次发出的列车已到达接车站的电话记录在发车进路准备妥当后,方可填发路票。

## 十二、路票填写的规定

**《技规》原文:**路票应由车站值班员或指定的助理值班员填写。

对于填写的路票,车站值班员应根据《行车日志》的记录,进行认真核对,确认

无误，并加盖站名印后，方可送交司机。

双线反方向行车使用路票时，应在路票上加盖“反方向行车”章；两线、多线区间使用路票时，应在路票上加盖“××线行车”章。

**条文解释：**路票是使用电话闭塞法行车时列车占用区间的凭证。路票填写的正确与否，关系到列车是否能够安全运行。为了防止错填路票，原则上应由车站值班员亲自填写。因车站值班员作业繁忙或助理值班员室距离过远等原因时，可由《站细》指定的助理值班员填写，但应经车站值班员审核（可使用电话复诵核对，具体由《站细》规定），方可交付使用。

填写路票时，要内容齐全，字迹清楚，不得涂改。当填写错误时，应在路票上划“×”注销，重新填写。

使用路票必须选准使用的区间，正确填写电话记录号码、车次并加盖站名印。为防止双线反方向、两线或多线区间电话闭塞法行车时，错误办理列车方向，双线反方向行车时，应在路票上加盖“反方向行车”章，两线、多线区间使用路票时，应在路票上加盖“××线行车”章。

对由区间折回的列车，路票应填写往返车次。当发出挂有需由区间返回的后部补机的列车，应填路票一式两份（仅编号顺序不同），发给补机的路票右上角须加盖“㊖”字戳记作为副页，作为补机司机由区间返回时占用区间的行车凭证。

## 十三、车站行车室内一切电话中断后行车办法的规定

**《技规》原文：**车站行车室内一切电话中断，单线行车按书面联络法，双线行车按时间间隔法，列车进入区间的行车凭证均为红色许可证（附件3）。

在双线自动闭塞区间，如闭塞设备作用良好时，列车运行仍按自动闭塞法行车，但车站与列车司机应以列车无线调度通信设备直接联系（说明车次及注意事项等）。如列车无线调度通信设备故障时，列车必须在车站停车联系。

**条文解释：**1. 车站行车室内一切电话中断是指车站行车室内的行车闭塞电话、调度电话、自动电话全部中断，使车站值班员无法使用电话办理行车联系事项。

2. 由于自然灾害或其他原因，车站行车室内的一切电话中断，与邻站及列车调度员均无法用电话联系时，必须采用特定的方法保证不间断行车，并发给列车占用区间的特定凭证。这种特定行车方法，就是单线行车按书面联络法，双线行车按时间间隔法。特定的凭证就是红色许可证。

3. 由于单线区间是双向行车制，两相邻站都可以向同一区间发车，因此必须通过书面联络来确定列车的开行。双线区间是上、下行分别按正方向行车，而且由

于一切电话中断,列车调度员不能发布调度命令,不能办理列车反方向运行,所以可按时间间隔法行车。在这种情况下,不论单线或双线,列车进入区间的凭证均为红色许可证。红色许可证,既是列车占用区间的凭证,又附有与邻站联络行车的通知书,同时还具有提醒司机注意行车的作用。

4. 一切电话中断后,在双线自动闭塞区间,如闭塞作用良好时,从设备上能保证行车安全。车站值班员从监督器上也能确认和监督列车运行情况,列车运行仍按自动闭塞法行车,不使用红色许可证。车站可通过列车无线调度通信设备与列车司机直接联系,了解后续列车的运行情况等,列车在车站可不停车。当列车无线调度通信设备临时故障时,为加强联系,向司机交待情况,说明注意事项,列车需在车站停车。

### 十四、一切电话中断时,禁止发出哪种列车的规定

**《技规》原文:**一切电话中断时,禁止发出下列列车:

1. 在区间内停车工作的列车(救援列车除外);
2. 开往区间岔线的列车;
3. 须由区间内返回的列车;
4. 挂有须由区间内返回后部补机的列车;
5. 列车无线调度通信设备故障的列车。

**条文解释:**一切电话中断时,行车组织指挥和站间联系困难,行车安全缺乏保证,只能开行一些必要的列车。所以禁止向一切电话中断车站相邻的区间发出可能引起不安全因素的列车。

1. 禁止发出在区间内停车工作的列车。由于一切电话中断后,对列车在区间运行的情况很难掌握,如果发出在区间停车工作的列车,就可能影响邻站待发的重要列车出发。因此,这种列车禁止开行。但准许发出到区间救援的列车。

2. 禁止发出开往区间岔线的列车。开往区间岔线的列车开出后,如待其返回或继续开往前方站,再发出其他列车,占用区间的时间太长。从岔线返回时,也很难和车站联系。因此这种列车禁止开行。

3. 禁止发出须由区间返回的列车。因为这种列车要在区间内停车进行某种作业,占用区间时间长,返回时间不易掌握,将会影响待发的其他列车。

4. 禁止发出挂有须由区间返回的后部补机的列车。由于邻站无法掌握补机返回发车站的时间,邻站发出待发列车时,就不能确保行车安全。

5. 禁止发出列车无线调度通信设备故障的列车。在车站一切电话中断情况

下，如果再发出列车无线调度通信设备故障的列车，会明显增加不安全因素。

### 十五、单线向不应答车站发出列车时无人应答车站的相关规定

**《技规》原文：**单线区间的车站，经以闭塞电话、列车调度电话或其他电话呼唤5 min无人应答时，由列车调度员查明该站及其相邻区间确无列车（包括单机、大型养路机械及重型轨道车）后，可发布调度命令，封锁相邻区间，按封锁区间办法向不应答站发出列车。

该列车应在不应答站的进站信号机外停车，判明不应答原因及准备好进路后，再行进站。司机或车站值班员应将经过情况报告列车调度员。

**条文解释：**单线区间车站电话良好，而对某个车站用各种电话呼唤5 min得不到应答，为了避免发生列车堵塞，规定由列车调度员查明该站及两相邻区间确无列车后（包括单机、大型养路机械、重型轨道车），方可向不应答站的两端邻站发出封锁相邻区间的调度命令，按封锁区间的办法向不应答车站办理行车。并以调度命令作为进入区间的凭证。

向不应答车站发出的列车，由于事先无法了解该站接车进路是否已准备，是否发生事故、灾害或其他情况等，为确保安全，不论进站信号机是否开放，必须在进站信号机外停车，待判明情况，并确认接车进路已准备妥当后再进入站内。列车进站后，司机或该站的车站值班员，应将经过情况及时报告列车调度员。此时，不应答站的车站值班员如能恢复正常工作，就失去了再继续封锁区间的必要性，列车调度员应以命令开通封锁区间，恢复正常行车。

## 第五节　列车运行

### 一、何谓列车

**《技规》原文：**列车是指编成的车列并挂有机车及规定的列车标志。动车组列车为自走行固定编组列车。

单机、大型养路机械及重型轨道车，虽未完全具备列车条件，亦应按列车办理。

旅客列车的尾部标志应使用电灯，动车组以外的旅客列车尾部标志灯的摘挂、保管，由车辆部门负责。对中途转向的动车组以外的旅客列车应有备用标志灯，以备转向时使用。

**条文解释：**按照列车编组计划、列车运行图和《技规》等有关规定编挂在一起

的车列,并挂有机车及规定的列车标志,称为列车。动车组列车为自走行固定编组列车。

单机(包括单机挂车)、大型养路机械及重型轨道车,因运输需要,需要发往区间时,由于其编组内容较一般列车简单,因而部分条件可以简化,不必完全具备列车条件,即没有车列或部分列车标志,但其他运行条件,仍须符合《技规》的规定。并在办理闭塞、接发列车手续和要求上,在服从调度指挥及发生事故处理等方面,均应按照列车运行的规定办理。

为了保证旅客列车的运行安全,便于后行列车确认,列车尾部标志应使用电灯。为了加强灯具的保管、维修,规定动车组以外的旅客列车尾部标志灯的摘挂、保管由车辆部门负责。对中途转向的动车组以外的旅客列车,为了节省换挂标志灯的时间,应有备用标志灯,确保列车能正点运行。动车组尾部标志灯不能摘挂,不需要对尾部标志灯进行摘挂、保管。

## 二、汛期暴风雨行车应急处理的规定

**《技规》原文:**汛期暴风雨行车应急处理:

1. 列车通过防洪重点地段时,司机要加强瞭望,并随时采取必要的安全措施。

2. 当洪水漫到路肩时,列车应按规定限速运行;遇有落石、倒树等障碍物危及行车安全时,司机应立即停车,排除障碍并确认安全无误后,方可继续运行。

3. 列车遇到线路塌方、道床冲空等危及行车安全的突发情况时,司机应立即采取应急性安全措施,并立刻通知追踪列车、邻线列车及邻近车站。配备列车防护报警装置的列车应首先使用列车防护报警装置进行防护。

**条文解释:**为确保列车在汛期的运行安全,司机要认真了解担当区段的水害特点和防洪重点地段,做到心中有数。对暴风雨可能引起的洪水、泥石流、落石等应急预案要认真学习、掌握,值乘中认真瞭望,按规定速度运行,根据运行地段情况采取安全措施,遇线路塌方、道床冲空等危及行车安全的突发情况时应立即采取应急性安全措施。同时立刻以列车无线调度通信设备通知追踪列车、邻线列车及邻近车站。配备列车防护报警装置的列车可通过该装置对一定范围内的列车进行报警,所以配备列车防护报警装置时应首先使用该装置进行防护。

## 三、引导接车的规定

**《技规》原文:**进站、接车进路信号机不能使用时,应开放引导信号。引导信号不能开放或无进站信号机时,应派引导人员接车。

引导接车时，列车以不超过20 km/h速度进站，并做好随时停车的准备。由引导人员接车时，应在引导员接车地点标处(未设的，引导人员应在进站信号机、进路信号机或站界标外方)，显示引导手信号接车。列车头部越过引导信号，即可关闭信号或收回引导手信号。

在无联锁的线路上接发列车时，车站值班员除严格按接发列车手续办理外，并应将进路上无联锁的有关对向道岔及邻线上防护道岔加锁。进路上无联锁的分动外锁闭道岔无论对向或顺向，均应对密贴尖轨、斥离尖轨和可动心轨加锁。具体加锁办法，由铁路局规定。

**条文解释：**车站使用引导信号或派引导人员接车时，有以下几种情况：

1. 进站、接车进路信号机发生故障或因联锁失效不能开放使用时；
2. 向进站、接车进路信号机联锁范围以外的线路上接车时；
3. 双线区段接入反方向开来的列车而无进站信号机时。

在使用引导信号或派引导人员接车时，为保证列车进站安全，列车应以不超过20 km/h的速度进站，并做好随时停车的准备，以防进路准备错误或进路上有障碍物时，可以在短距离内立即停车。

进站、接车进路信号机不能使用，设有引导信号时应开放引导信号接车。当引导信号不能开放或无进站信号机时，应派引导人员接车，由引导人员接车时，为了便于司机确认，引导人员应站在引导员接车地点标处(未设的，应站在进站信号机、进路信号机或站界标外方)，正确显示引导手信号。当列车头部越过引导信号或引导手信号后，即可关闭引导信号或收回引导手信号。

在无联锁的线路上接发列车时，由于无设备保证进路正确及不能锁闭敌对进路，容易发生意外，为了保证列车出入站的安全，进路上无联锁的对向道岔及邻线上能够进入该进路的无联锁的防护道岔应加锁，进路上有联锁的道岔及邻线上有联锁的防护道岔应在控制台上锁闭，以防意外扳动造成列车进入异线、脱轨或其他机车车辆闯入接车进路发生冲突事故。

对接发列车进路上的分动外锁闭道岔，由于结构不同于普通道岔，活动部分多，锁闭工具、加锁位置也与普通道岔不同，要求在进路上无论对向和顺向，都必须对密贴尖轨，斥离尖轨和可动心轨加锁。具体加锁办法，在《技规》中不统一规定，由铁路局根据道岔、加锁工具及劳动组织等情况规定。

### 四、进站、出站、进路及线路所通过信号机发生故障时的规定

**《技规》原文：**进站、出站、进路及线路所通过信号机发生故障时，应置于关闭

状态,进站信号机及线路所通过信号机发生不能关闭的故障时,应将灯光熄灭或遮住。在将灯光熄灭或遮住以及信号机灭灯时,于夜间应在信号机柱距钢轨顶面不低于 2 m 处,加挂信号灯,向区间方面显示红色灯光。

**条文解释**:进站、出站、进路及线路所通过信号机发生故障时,为防止错误指示列车运行,应及时将其置于关闭状态,即显示红色灯光。

进站信号机及线路所通过信号机发生不能关闭的故障,此时应将灯光熄灭或遮住。信号机在灯光熄灭或遮住以及信号机灭灯后,为便于司机确认该信号机位置,于夜间应在信号机柱距钢轨顶面不低于 2 m 处加挂信号灯(具体加挂人员由铁路局规定),向区间方面显示红色灯光。

## 五、出站信号机发生故障发车时的规定

**《技规》原文**:出站信号机发生故障时,除按规定交递行车凭证外,对通过列车应预告司机,并显示通过手信号。装有进路表示器或发车线路表示器的出站信号机,当该表示器不良时,由办理发车人员通知司机后,列车凭出站信号机的显示出发。

**条文解释**:出站信号机发生故障时,应预告通过列车司机,接车人员除按规定交递行车凭证外,应显示通过手信号,列车可不停车通过车站。出站信号机的进路表示器的显示,只表示列车经由的进路及其准备状况,不作为行车凭证。发车线路表示器,只是在一个线群中数条股道共用一个出站信号机时,用来指示线群内哪一股道的列车可以出发,也不是行车凭证。因此,当上述这两种表示器发生故障时,发车人员只要口头通知司机后,列车就可凭出站信号机显示的允许的信号出发。

## 六、列车在区间被迫停车不能继续运行时司机的处理方式

**《技规》原文**:列车在区间被迫停车不能继续运行时,司机应立即使用列车无线调度通信设备通知两端站(列车调度员)及车辆乘务员(随车机械师),报告停车原因和停车位置,根据需要迅速请求救援。需要防护时,列车前方由司机负责,列车后方由车辆乘务员(随车机械师)负责,无车辆乘务员(随车机械师)为列车乘务员负责。配备列车防护报警装置的列车应首先使用列车防护报警装置进行防护。单班单司机值乘的列车防护作业办法由铁路局规定。

如遇自动制动机故障,动车组以外的旅客列车司机应通知车辆乘务员立即组织列车乘务人员拧紧全列人力制动机,以保证就地制动;其他列车司机应立即采取安全措施,并向车站值班员(列车调度员)报告,请求救援。

对已请求救援的列车，不得再行移动，并按规定对列车进行防护。

车站值班员（列车调度员）接到司机通知后，应将区间内列车运行情况通知司机，并立即使用列车无线调度通信设备转告区间内有关列车。在停车原因消除前不得再放行追踪、续行列车。

需组织旅客疏散时，车站值班员得到列车调度员准许后，扣停邻线列车并通知司机，司机通知有关作业人员办理。

**条文解释：**列车在区间被迫停车是指，列车在区间因线路中断、接触网停电、动车组（电力机车）停在分相无电区、制动失效及其他机车车辆故障等原因，导致列车不能按信号显示（行车凭证）继续向前运行的情况。列车在区间因作业需要、信号（包括地面信号和车载信号）显示停车信号或显示不明、接到停车的通知而停车，以及发现线路上有行人、异物等而临时停车，不属于列车在区间被迫停车。列车被迫停车不能继续运行时，司机应立即使用列车无线调度通信设备通知两端站车站值班员或列车调度员及车辆乘务员（随车机械师），报告停车原因及停车位置。司机应根据具体情况请求救援。根据区间列车运行情况及救援方向，需要防护时，列车前方由司机负责，列车后方由车辆乘务员（随车机械师）负责，无车辆乘务员（随车机械师）为列车乘务员负责。配备列车防护报警装置的列车应首先使用列车防护报警装置进行防护，再按上述规定进行防护。单班单司机值乘方式不具有全路普遍性，列车防护作业办法由铁路局结合本局实际情况进行规定。

被迫停车后，如遇自动制动机发生故障时，动车组以外的旅客列车司机应立即通知车辆乘务员迅速组织列车乘务人员拧紧全列车辆的人力制动机，以使列车就地制动。其他列车的司机，应立即采取一切安全措施，如放置铁鞋、组织人员拧紧人力制动机等。并向列车调度员报告，请求救援。

车站值班员在接到被迫停车司机的报告后，应停止向区间放行列车，立即使用列车无线调度通信设备通知该区间内运行的有关列车，并将该区间内列车运行的情况通知被迫停车司机。已请求救援的列车，不得移动位置，并按规定进行防护。

需组织旅客疏散时，车站值班员应根据申请，在报告列车调度员并得到准许后，扣停邻线列车后，通知司机，由司机通知列车长（或通过车辆乘务员通知列车长）组织旅客疏散。

## 七、列车被迫停车可能妨碍邻线时司机的处理方式

**《技规》原文：**列车被迫停车可能妨碍邻线时，司机应立即用列车无线调度通信设备通知邻线上运行的列车和两端站（列车调度员），并与车辆乘务员（随车机

械师)分别在列车的头部和尾部附近邻线上点燃火炬;在自动闭塞区间,还应对邻线来车方向短路轨道电路。配备列车防护报警装置的列车应首先使用列车防护报警装置进行防护。司机应亲自或指派人员沿邻线一侧对列车进行检查,发现妨碍邻线时,应立即派人按规定防护。如发现邻线有列车开来时,应鸣示紧急停车信号。

单班单司机值乘的列车防护作业办法由铁路局规定。

车站值班员(列车调度员)接到列车被迫停车可能妨碍邻线的通知后,应立即通知邻线有关列车停车,在原因消除前不得向邻线放行列车。

**条文解释**:列车发生脱轨,颠覆等事故或其他原因被迫停车时,司机及车辆乘务员(随车机械师)应认真观察,注意是否妨碍邻线。可能妨碍邻线时:

1. 配备列车防护报警装置的列车应首先使用列车防护报警装置进行防护。

2. 司机应立即用列车无线调度通信设备通知邻线上运行的列车;并通知区间两端车站车站值班员或列车调度员。

3. 司机与车辆乘务员(随车机械师)分别在列车头部和尾部附近邻线上点燃火炬;自动闭塞区间还应对邻线来车方向短路轨道电路。火炬的燃烧时间一般为8 min左右,在这一段时间内,已进入区间的列车运行到被迫停车的列车附近时,即可看到火炬的火光,从而采取停车措施,也给司机等人下车察看是否妨碍邻线的工作留出时间。

4. 司机亲自或指派人员沿邻线一侧对列车进行检查,发现妨碍邻线时,立即派人按规定防护,如发现邻线有车开来时,司机应鸣示紧急停车信号,其他人应向列车显示停车信号。

5. 车站值班员接到列车被迫停车可能妨碍邻线的通知后,应立即通知邻线有关列车停车,在原因消除、确认不再妨碍邻线前不得向邻线放行列车。

单班单司机值乘方式不具有全路普遍性,列车防护作业办法由铁路局结合本局实际情况进行规定。

## 八、列车在区间被迫停车后，放置响墩防护的规定

**《技规》原文**:列车在区间被迫停车后,根据下列规定放置响墩防护:

1. 已请求救援时,从救援列车开来方面(不明时,从列车前后两方面),距离列车不小于300 m处防护;

2. 一切电话中断后发出的列车(持有附件3通知书1的列车除外),应于停车后,立即从列车后方按线路最大速度等级规定的列车紧急制动距离位置处防护;

3. 对于邻线上妨碍行车地点,应从两方面按线路最大速度等级规定的列车紧急制动距离位置处防护,如确知列车开来方向时,仅对来车方面防护;

4. 列车分部运行,机车进入区间挂取遗留车辆时,应从车列前方距离不小于300 m处防护。

防护人员设置的响墩待停车原因消除后可不撤除(运行动车组列车的区段除外)。

**条文解释**:为保证列车运行安全,列车被迫停车后,应使用响墩对列车进行防护。

响墩设置方法:每组为三枚,其中两枚扣在来车方向的左侧钢轨上,一枚扣在右侧钢轨上,彼此间隔20 m。当机车压上响墩后,司机一侧可先听到响墩爆炸声,便于司机采取停车措施。每个响墩放置间隔20 m,是为了使其爆炸声分清三响,不致与其他爆炸声相混。

在不同情况下放置响墩的要求是:

1. 已请求救援的列车,应在救援列车开来方向(不明时,从列车前后两方面)距停留车列不少于300 m处放置响墩,如图2-11所示。

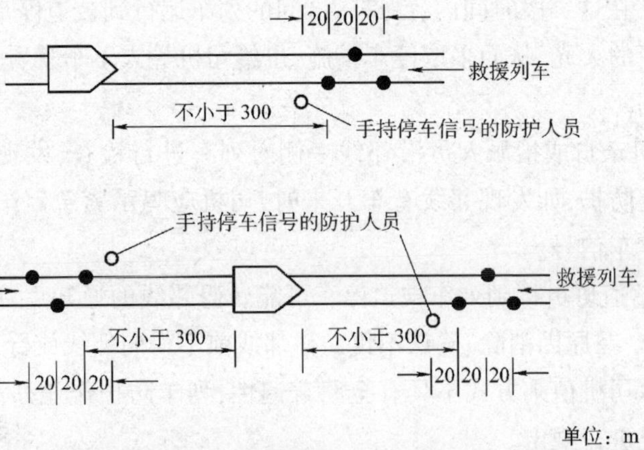


图2-11　已请求救援列车的防护

规定300 m,是因为已请求救援,列车调度员已在命令中指明了被迫停车列车的所在位置,所以救援列车司机心中有数,可以提前减速,能在300 m内停车。

2. 一切电话中断后发出的列车有两种,一种是持有《技规》附件3红色许可证通知书之1的列车(后面无续行列车);一种是持有红色许可证通知书之2的列车(后面有续行列车)。在后面有续行列车的情况下,因续行列车对前行列车在区间停车没有准备,因此列车后部防护距离应不少于列车制动距离,此制动距离为该线路最大速度等级规定的列车紧急制动距离。如该线路最大速度为 160 km/h,则制动距离为 1 400 m。防护距离应不少于 1 400 m,如图 2-12 所示。

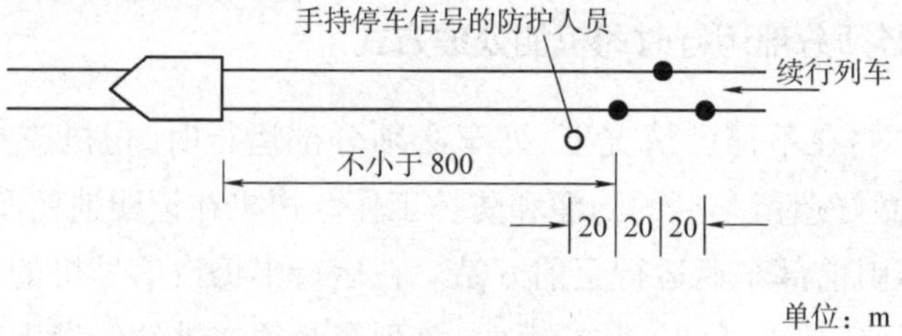


图 2-12　有续行列车运行的防护

3. 列车被迫停车后,如妨碍邻线行车时,为防止邻线列车开来发生冲突,应在邻线上放置响墩防护。在不能确认来车方向时,考虑邻线可能反方向行车,应从两端进行防护。如确知来车方向,可仅对来车方向进行防护。由于邻线运行的列车没有停车准备,故放置响墩的距离不应少于线路最大速度等级规定的列车紧急制动距离。防护方法如图 2-13 所示。

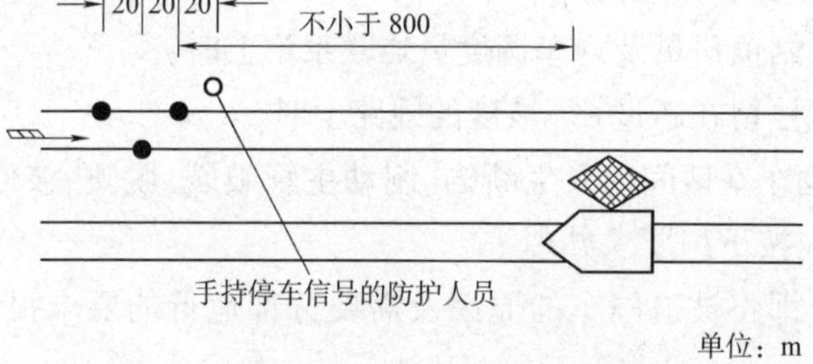


图 2-13　妨碍邻线的防护

4. 列车分部运行,机车进入区间挂取遗留车辆时,因其已知停留车地点,能提前减速及停车,故在车列前方不少于 300 m 处放置响墩防护,如图 2-14 所示。

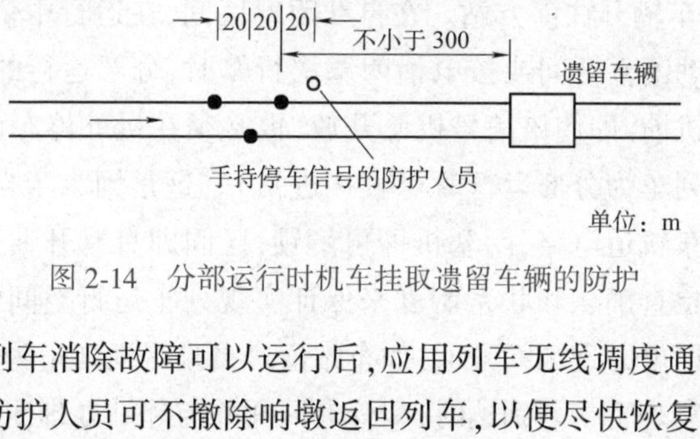


图 2-14　分部运行时机车挂取遗留车辆的防护

被迫停车的列车消除故障可以运行后,应用列车无线调度通信设备通知防护人员返回。此时防护人员可不撤除响墩返回列车,以便尽快恢复列车运行。但在列车运行图规定开行动车组列车的区段,考虑到动车组运行速度高,列车轴重轻,不撤除响墩不利于动车组运行安全,所以必须撤除响墩。

## 九、列车必须分部运行时司机的处理方式

**《技规》原文**:在不得已情况下,列车必须分部运行时,司机应报告前方站(列车调度员),并做好遗留车辆的防溜和防护工作。司机在记明遗留车辆辆数和停留位置后,方可牵引前部车辆运行至前方站。在运行中仍按信号机的显示进行,但在半自动闭塞区间或按电话闭塞法行车时,该列车必须在进站信号机外停车(司机已报告前方站或列车调度员列车为分部运行时除外),将情况通知车站值班员后再进站。车站值班员应立即报告列车调度员封锁区间,待将遗留车辆拉回车站,确认区间空闲后,方可开通区间。

下列情况列车不准分部运行:

1. 采取措施后可整列运行时;

2. 对遗留车辆未采取防护、防溜措施时;

3. 遗留车辆无人看守时;

4. 司机与车站值班员及列车调度员均联系不上时;

5. 遗留车辆停留在超过6‰坡度的线路上时。

**条文解释**:列车在区间内发生断钩、制动主管破裂、脱轨、坡停等被迫停车,必须分部运行时,应按下列要求办理:

1. 司机应立即将被迫停车的原因及需要分部运行的要求报告前方站或列车调度员。

2. 组织和指挥有关人员做好遗留车辆的防溜工作,并按规定做好防护。

3. 遗留车辆派人看守。

4. 记明遗留车辆辆数和停留位置。

5. 牵引前部车辆开往前方站。在自动闭塞区间,在运行中仍应按信号机的显示运行。在半自动闭塞区间或按电话闭塞法行车时,分部运行的前部车列运行至接车站进站信号机前,即使该信号机已开放,也必须在机外停车(司机已报告前方站或列车调度员列车为分部运行时可直接进站)。这是因为半自动闭塞区间机车车辆只要压上接车轨道电路,闭塞机即可解锁,区间即具有开通条件,电话闭塞法行车是通过人工检查确认和联系制度来保证实现列车运行空间间隔,列车到达发出电话记录号码即可办理区间开通;如车站值班员未得到列车为分部运行的通知,又未认真确认列车是否整列到达时,即开通区间并与邻站办理闭塞手续,就可能构

成向占用区间开行列车,与区间遗留车列发生冲突。

6. 机车牵引的前部车辆整列进入车站后,车站值班员将情况报告列车调度员,列车调度员发布调度命令封锁区间。

7. 救援列车到达或返回车站,车站值班员确认遗留车辆全部取回、区间空闲后,向列车调度员报告。列车调度员发布调度命令开通区间。

列车在区间发生断钩,制动主管破裂,脱轨及坡停等情况,可采用分部运行办法。但以下情况不准分部运行:

1. 经采取措施可整列运行时:如发生坡停后,派救援机车以双机牵引或后部补推的方式运行至车站,或在区间因车辆故障停车后,可由车辆乘务人员对车辆进行临修后继续运行等。

2. 遗留车辆未采取防护、防溜措施时,可能造成停留车辆溜逸等,酿成事故。

3. 遗留车辆无人看守时,由于路外闲杂人员的破坏,可能撤除遗留车辆的防护、防溜措施,或损坏车辆、货物。

4. 司机与两端站及列车调度员均无法取得联系,不能分部运行。此时,联系方式不仅限于列车无线调度通信设备。

5. 遗留车辆停留在超过6‰坡度的线路上时,即使采取防溜措施,但也存在车辆溜逸的风险,因此也不能分部运行。该处超过6‰坡度是指遗留车辆所在线路的实际坡度。

## 十、列车发生火灾、爆炸应急处理的办法

**《技规》原文**:列车发生火灾、爆炸应急处理:

1. 列车发生火灾、爆炸时,须立即停车(停车地点应尽量避开特大桥梁、长大隧道等,选择便于旅客疏散的地点),车站不再向区间放行列车,并通知邻线及后续相关列车停车。电气化区段,现场需停电时,应立即通知供电部门停电。

2. 列车需要分隔甩车时,应根据风向及货物性质等情况而定。一般为先甩下列车后部的未着火车辆,再甩下着火车辆,然后将机后未着火车辆拉至安全地段。

对甩下的车辆,在车站由车站人员负责采取防溜措施;在区间由司机、车辆乘务员负责采取防溜措施。

**条文解释**:1. 列车发生火灾、爆炸时,应立即停车(使列车停车的方法:当车厢内设有紧急制动阀时,列车乘务员等有关人员应立即使用就近的紧急制动阀或紧急制动装置,使列车停车。当车厢内无紧急制动阀或紧急制动装置时,应报告司机停车)。机车乘务员发现火灾、爆炸情况或接到列车发生火灾、爆炸的通知时应立

即停车。停车地点应尽量不在特大桥梁或长大隧道内，选择便于旅客疏散的地点，避免因地形限制，导致救援工作不易开展。此时，列车发生火灾、爆炸后已经影响邻线列车运行的安全，因此车站除了不再向区间放行列车，还要通知邻线及后续相关列车停车。

电气化区段立即停电不利于电力机车及动车组应急处置，因此规定根据现场需要停电时，应立即通知供电部门停电。

2. 列车停车后应利用当地条件就地灭火，需要分隔甩车时，应根据风向及装载货物性质确定分隔甩车位置。根据经验，一般为先甩下列车后部的未着火车辆，再甩下着火车辆，然后将机次未着火车辆拉至安全地段。

3. 对甩下的车辆，在车站由车站人员负责采取防溜措施；在区间由司机、车辆乘务员负责采取防溜措施。

## 十一、列车（动车组列车除外）运行途中发生车辆故障的应急处理规定

**《技规》原文**：列车（动车组列车除外）运行途中发生车辆故障应急处理：

1. 发现客车车辆轮轴故障、车体下沉（倾斜）、车辆剧烈振动等危及行车安全的情况时，须立即采取停车措施。由车辆乘务员检查，对抱闸车辆应关闭截断塞门，排除工作风缸和副风缸中的余风，确认安全无误后，方可继续运行；如车轮踏面损坏超过限度或车辆故障不能继续运行时，应甩车处理。

2. 列车调度员接到热轴报告后，应按热轴预报等级要求果断处理。必要时，立即安排停车检查（司机应采用常用制动，列车停车后由车辆乘务员负责检查，无车辆乘务员的由司机确认能否继续安全运行）或就近站甩车处理。

3. 遇客车安全监控系统报警或其他故障需要列车限速运行时，车辆乘务员应使用列车无线调度通信设备通知司机，司机根据要求限速运行并报告车站值班员（列车调度员）。

**条文解释**：1. 旅客列车（动车组列车除外）运行中，列车乘务人员发现车辆剧烈振动、轮轴故障、车体下沉倾斜等危及行车安全时，应使用紧急制动阀或报告司机停车，然后由车辆乘务员对车辆进行检查。当对抱闸车辆采取关闭截断塞门的处理措施时，应注意执行关门车数量、位置和限速的规定，抱闸车辆为列车最后一辆时，应甩车处理。

2. 列车热轴报告可能来自区间的轴温探测器，也可能来自旅客列车（客车车厢中安装有轴温报警装置），也可能来自车站接发车人员。列车调度员应按热轴预报等级迅速果断处理。

3. 旅客列车在运行中遇安全监控系统报警或其他故障需列车限速时,车辆乘务员应使用列车无线调度通信设备报告司机。司机立刻按限速要求运行并报告车站值班员(列车调度员)。

## 十二、列车退行的规定

**《技规》原文:**在不得已情况下,列车必须退行时,车辆乘务员或随车机械师(无车辆乘务员或随车机械师时为指派的胜任人员)应站在列车尾部注视运行前方,发现危及行车或人身安全时,应立即使用紧急制动阀(紧急制动装置)或使用列车无线调度通信设备通知司机,使列车停车。

列车退行速度,不得超过 15 km/h。未得到后方站(线路所)车站值班员准许,不得退行到车站的最外方预告标或预告信号机(双线区间为邻线预告标或特设的预告标)的内方。

车站接到列车退行的报告后,除立即报告列车调度员外,根据线路占用情况,可开放进站信号机或按引导办法将列车接入站内。

下列情况列车不准退行:

1. 按自动闭塞法运行时(列车调度员或后方站车站值班员确认该列车至后方站间无列车,并准许时除外);

2. 在降雾、暴风雨雪及其他不良条件下,难以辨认信号时;

3. 一切电话中断后发出的列车(持有附件 3 通知书 1 的列车除外)。

挂有后部补机的列车,除上述情况外,是否准许退行,由铁路局规定。

**条文解释:**列车在区间在不得已情况下必须退行时,应执行下列要求:

1. 退行时,车辆乘务员或随车机械师(无车辆乘务员或随车机械师时为指派的胜任人员)应站在列车尾部,注视运行前方(不显示信号),发现危及行车或人身安全情况时,应立即使用紧急制动阀(紧急制动装置),或使用列车无线调度通信设备通知司机,使列车停车。

2. 列车退行速度,不得超过 15 km/h,以便发现危及行车或人身安全的情况能随时停车。

3. 退行列车未得到后方站(线路所)车站值班员的准许,不得越过后方车站(线路所)最外方预告标或预告信号机(双线区间为邻线预告标或特设的预告标),以防止与越出站界或跟踪出站调车的机车车辆发生冲突。列车退行到该处停车后,应立即向车站值班员报告,得到后方站(线路所)车站值班员准许后方可凭进站信号机的显示的允许运行的信号进站。如事先已取得列车调度员或后方站车站值班员准许，可不在预告信号机外停车，凭进站信号机的进行显示或引导信号直接进站。

4. 车站值班员接到退行报告后，除立即向列车调度员报告外，还应根据车站线路占用情况，准备进路，开放进站信号机或用引导办法，将列车接入站内。

以下情况不准退行：

1. 自动闭塞区段，列车是以出站和通过色灯信号机显示的允许运行的信号作为进入闭塞分区的行车凭证，在区间实行追踪运行，在这种情况下，列车退行有与后方开来的追踪列车发生冲突的危险，因此不准退行。列车只有在列车调度员或后方站车站值班员确认至后方站间无追踪列车，并准许后方可退行。

2. 在降雾、暴风雨雪及其他不良条件下，司机难以辨认信号，直接危及行车安全，所以不准退行。

3. 一切电话中断后发出除持有附件 3 通知书之 1 的列车，由于车站将发出续行列车，而续行列车是按时间间隔发出的，如果列车退行，就有可能与后行列车发生冲突，所以不准退行。

4. 挂有后部补机的列车，补机在区间内返回时，由于补机途中可能停车，如列车退行时，有与补机发生冲突的危险，除以上三种情况外是否准许退行，由铁路局规定。

## 十三、开行救援列车的规定

**《技规》原文：**车站值班员接到司机或工务、电务、供电等人员的救援请求后，应立即报告列车调度员。需封锁区间派出救援列车时，列车调度员应向有关车站发布命令封锁区间，并派出救援列车。

向封锁区间发出救援列车时，不办理行车闭塞手续，以列车调度员的命令，作为进入封锁区间的许可。

当列车调度电话不通时，应由接到救援请求的车站值班员根据救援请求办理，救援列车以车站值班员的命令，作为进入封锁区间的许可。

司机接到救援命令后，必须认真确认。命令不清、停车位置不明确时，不准动车。

救援列车进入封锁区间后，在接近被救援列车或车列 2 km 时，要严格控制速度，同时，使用列车无线调度通信设备与请求救援的机车司机进行联系，或以在瞭望距离内能够随时停车的速度运行，最高不得超过 20 km/h，在防护人员处或压上响墩后停车，联系确认，并按要求进行作业。

**条文解释:**当区间发生冲突、脱轨、颠覆等行车事故,机车车辆等发生故障不能继续运行,以及遇自然灾害危及行车安全时,为了尽快恢复正常行车,必须迅速救援。因此,车站值班员接到司机或工务、电务、供电等部门人员救援请求后,应立即报告列车调度员,列车调度员根据实际需要封锁区间,派出救援列车。

向封锁区间发出救援列车时,因为区间已发生事故、行车设备故障或危及行车安全的灾害,不能按正常闭塞手续办理行车,以列车调度员的命令,作为进入封锁区间的行车凭证。调度命令应指明救援列车进入封锁区间往返的运行车次、被救援列车停车地点或抢修抢救停车地点、任务及注意事项等。

救援列车是指为事故救援、抢修抢救而开行的列车,包括专用救援列车、单机、重型轨道车等。

当列车调度电话不通,准许由接到救援请求的车站值班员,通知邻站封锁区间,向救援列车发布书面命令(命令内容与上述调度命令内容相同)。救援列车可凭车站值班员的命令进入封锁区间。

司机接到救援命令后,应认真确认命令内容,明确救援任务,不能因救援时间紧迫而匆忙动车。对停车地点要做到心中有数,进入封锁区间后,要随时注意运行公里数,在接近被救援目标 2 km 时,严格控制速度,同时使用列车无线调度通信设备与请求救援司机进行联系,或以在瞭望距离内能随时停车的速度运行,最高不超过 20 km/h,在防护人员处停车或在压上响墩后停车,按要求进行救援。

## 十四、采用机车救援动车组的规定

**《技规》原文:**采用机车救援动车组时,应进行制动试验。具备升弓取电条件时,允许动车组升弓取电。

**条文解释:**为了确保机车救援动车组时列车运行安全,防止由于制动试验不彻底发生危及动车组列车运行安全的情况,所以规定采用机车救援动车组时,连挂妥当后必须进行制动试验。部分动车组当蓄电池电压低于规定值时,会自动抱死车轮,造成动车组无法运行,同时,动车组不升弓取电会影响车内相关设备设施的正常使用,所以规定具备升弓取电条件时,允许动车组升弓取电。

## 十五、施工特定行车办法的规定

**《技规》原文:**遇有施工又必须接发列车的特殊情况时,可按以下施工特定行车办法办理:

1. 车站采用固定进路的办法接发列车。施工开始前，车站须将正线进路开通，并对进路上所有道岔按规定加锁（集中联锁良好的道岔可在控制台上进行单独锁闭）。有关道岔密贴的确认及具体的加锁办法，由铁路局规定。

2. 引导接车并正线通过时，准许列车司机凭特定引导手信号的显示，以不超过 60 km/h 速度进站。

3. 准许车站不向司机递交书面行车凭证和调度命令。但车站仍按规定办理行车手续，并使用列车无线调度通信设备（其语音记录装置须作用良好）将行车凭证号码（路票为电话记录号码、绿色许可证为编号）和调度命令号码通知司机，得到司机复诵正确后，方可显示通过手信号。列车凭通过手信号通过车站。

其他具体安全行车办法，由铁路局规定。

**条文解释：**因车站线路、信号设备施工引起信联闭设备停用，但在正线具备列车通行条件时，可按施工特定行车办法行车。施工中采用施工特定行车办法行车时，应在施工计划内明确。

1. 采用施工特定行车办法时，所有列车必须固定通过进路、固定在车站正线上办理到发或通过。车站施工开始前必须固定正线进路，并在整个采用施工特定行车办法的过程中不许变更进路，并对进路上所有对向道岔、顺向道岔及邻线上的防护道岔按规定进行加锁。集中联锁良好时，在控制台上通过设备对正线进路上的道岔进行锁闭，可起到与现场加锁同样的目的，有利于运输效率的提高。由于部分分动外锁闭道岔、提速道岔设备不同，有关道岔密贴的确认及具体的加锁办法，由铁路局规定。

当车站部分线路、信号设备施工，只影响进站或出站信号机之一时，可以开放出站或进站信号机发车或接车。开放出站信号机发车时，列车凭出站信号机显示的允许运行的信号发车；开放进站信号机接车时，列车凭进站信号机显示的进入正线准备停车的信号进站。

2. 采用施工特定行车列车由车站正线通过时，须使用特定引导手信号接车，列车司机凭引导员显示的特定引导手信号，以不超过 60 km/h 的速度进站。与引导接车不同的是列车进站速度有了较大提高，主要是在施工开始前车站的接发车进路已固定正线，所有道岔均已按规定加锁，并且规定在施工当中不再改变进路，因而在接发列车进路方面已有了安全保证。为适应列车运行密度加大、速度提高，特别是繁忙线路运输能力紧张的状况，要求列车司机以不超过 60 km/h 的速度进站，降低施工对行车的干扰，有利于运输效率的提高。

3. 由于出站信号机不能开放，在车站发出列车时，一般需向列车司机递交书面行车凭证和调度命令。递交书面行车凭证和调度命令时,列车需降低运行速度甚至停车,为保证列车在车站有较高的通过速度,达到使用施工特定行车办法的目的,准许车站不再向司机递交书面行车凭证和调度命令。

为了保证行车安全,避免车站简化作业程序,不办理发车作业盲目发出列车,规定车站仍按规定标准办理发车有关作业,填写行车凭证。车站值班员在行车凭证办理完毕后,须使用列车无线调度通信设备将行车凭证号码(路票为电话记录号码、绿色许可证为编号)和调度命令号码通知司机,并听取司机复诵。车站值班员在确认司机复诵正确后,方可通知接车人员显示通过手信号。列车凭接车人员显示的通过手信号通过车站。

使用施工特定行车办法行车时,车站的语音记录装置的记录功能必须良好,保证对通话过程有正确的记录。

4. 施工特定行车办法,是为施工时提高列车运行速度、减少施工对行车的干扰而制定的,适用于行车量较大、施工繁忙的线路或区段,各铁路局应根据行车工作的特点和施工的需要,规定施工特定行车的具体安全行车办法,以保证列车运行和施工的安全。

## 十六、向施工封锁区间开行路用列车时的规定

**《技规》原文:**向施工封锁区间开行路用列车时,列车进入封锁区间的行车凭证为调度命令。该命令中应包括列车车次、停车地点、到达车站的时刻等有关事项,需限速运行时在命令中一并注明。

向施工封锁区间开行路用列车,原则上每端只准进入一列,如超过时,其安全措施及运行办法由铁路局规定。

**条文解释:**当路用列车运行在非封锁区间时,仍按该区间的行车闭塞法行车。路用列车进入施工封锁区间时,不办理行车闭塞手续,不开放出站信号机,以调度命令作为进入施工封锁区间的许可。这样,一方面区别于正常列车,另一方面则可引起路用列车的注意,必须按调度命令的要求运行,命令中应包括列车车次、停车地点、到达车站的时刻等有关事项,需限速运行时在命令中一并注明。

为保证行车安全,原则上封锁区间的两端站,每端只准进入一列路用列车(包括线路施工机械)。此时,列车必须在停车手信号前停车,使两端站同时进入的路用列车间有一隔开地段,不致发生正面冲突。因工作需要,如一端进入两列及其以上路用列车时,同向列车的间隔、前后列车的运行速度等安全措施及运

行办法由铁路局制定,以防区间有数台机车、重型轨道车或线路施工机械作业,发生相互冲突。

## 十七、放置作业标的规定

**《技规》原文:**在区间线路上进行不影响行车的作业,不需要以停车信号或移动减速信号防护,应在作业地点两端500~1 000 m处列车运行方向左侧(双线在线路外侧)的路肩上设置作业标,设立位置如图2-15所示,列车接近该作业标时,司机须长声鸣笛注意瞭望,在非限鸣区域,司机须长声鸣笛;在限鸣区域,除遇危及行车安全等情况,限制鸣笛,装备机车限鸣示警系统的应开启灯显示警设备。

**条文解释:**在不需要以停车信号或移动减速信号防护的区间线路上作业,应按本条规定设置作业标。其目的是引起列车司机注意运行和使施工人员及机具能及时撤出线路。司机看到作业标时须长声鸣笛,注意瞭望,施工人员应掌握列车运行情况,注意倾听列车鸣笛,及时撤出机具,人员下道避车。因施工撤出机具与人员下道所需时间不同,故根据作业需要,作业标设在距施工地点500~1 000 m处。

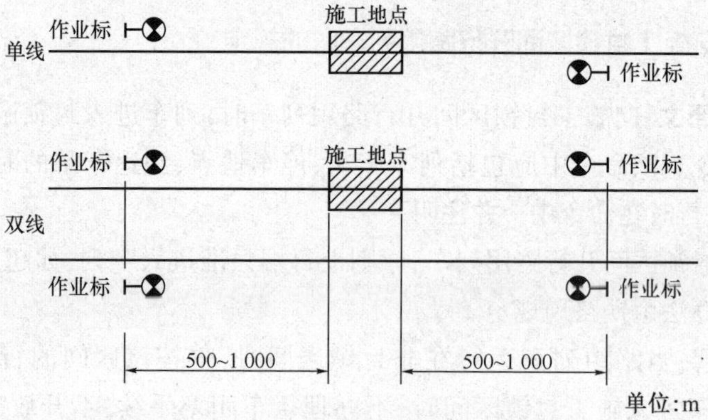


图2-15 作业标放置地点

## 十八、线路发生故障时防护办法的规定

**《技规》原文:**线路发生故障时的防护办法如下:

1. 应立即使用列车无线调度通信设备通知车站值班员或列车司机紧急停车,同时在故障地点设置停车信号。

2. 当确知一端先来车时,应急速奔向列车,用手信号旗(灯)或徒手显示停车信号。

3. 如不知来车方向,应在故障地点注意倾听和瞭望,发现来车,应急速奔向列车,用手信号旗(灯)或徒手显示停车信号。

设有固定信号机时,应先使其显示停车信号。

站内线路、道岔发生故障时,应按规定设置停车信号防护。

**条文解释:**线路发生故障,危及行车安全时,沿线有关人员应立即采取防护措施。

1. 列车无线调度通信设备使通报线路故障及所采取的安全措施更快捷、准确。因此,发生线路故障时应立即使用列车无线调度设备等通信工具,迅速通知车站值班员或列车司机紧急停车,区间设有固定信号机时,应先使其显示停车信号防护故障地点。同时在故障地点设置停车信号。

2. 当确知一端先来车时,为争取时间,应急速奔向列车,用手信号旗(灯)或徒手显示停车信号。

3. 不能判明哪个方向先来列车时,应通过倾听或站在高处瞭望迅速予以判明。当判明来车方向时,应急速奔向列车,用手信号旗(灯)或徒手显示停车信号。

如在自动闭塞区间,可用导电物体短路轨道电路,使防护闭塞分区的通过信号机显示停车信号,防护办法快捷、可靠和安全。

站内线路、道岔发生故障时,应按规定设置移动停车信号防护。

## 十九、铁路职工或其他人员发现设备故障危及行车和人身安全时的处置

**《技规》原文:**铁路职工或其他人员发现设备故障危及行车和人身安全时,应立即向开来列车发出停车信号,并迅速通知就近车站、工务、电务或供电人员。

**条文解释:**为了保证列车运行和人民生命财产的安全,铁路职工和其他人员发现线路塌方、钢轨折断、钢轨变形、线路桥梁遭受自然灾害、信号机柱或电杆倒斜侵入限界、线路有障碍物、接触网异常等危及行车和人身安全的故障时,均有义务通知铁路有关部门,并积极采取保证行车安全的措施和协助做好故障地点的防护工作。通知时应利用一切可利用的通信工具,如无线调度通信设备、移动或固定电话、无线对讲设备等,或前往就近的车站、工区等处所通知。遇有紧急情况,发现已有列车开来,来不及通知时,应迎上前去,向开来的列车发出紧急停车信号,并注意自身的人身安全。有条件的,昼间用红旗、夜间用红灯防护。没有防护用具的,昼间可向列车开来方向两臂高举头上向两侧急剧摇动;夜间用白色灯光上、下急剧摇动,或在线路旁点燃篝火,迫使列车在故障地点前方停车,然后设法通知就近车站、工务、供电或电务人员。

## 复习思考题

1. 对行车指挥有哪些要求？

2. 对列车运行的上下行及车次是如何规定？

3. 列车按运输性质的分类和运行等级顺序的内容有哪些？

4. 对行车有关人员的要求是如何规定的？

5. 工作机车附挂有何规定？

6. 对列车中关门车有何规定？

7. 对相互连挂车辆车钩中心水平线的高度差是如何规定的？

8. 对列车中车辆的连挂和软管的连接是如何规定的？

9. 列车中机车与第一辆车的连挂与摘解，软管的连结与摘结责任分工是如何规定的？

10. 对参加调车作业的人员有哪些要求？

11. 调车作业进路的确认责任分工有何规定？

12. 对线路两侧货物堆放距离有何规定？

13. 对区间及闭塞分区的界限是如何规定的？

14. 行车闭塞方式有哪些？

15. 哪些情况应停止使用基本闭塞法，改用电话闭塞法行车？

16. 使用自动闭塞法行车时，列车进入闭塞分区的行车凭证是什么？

17. 自动闭塞区间通过信号机显示停车信号（包括显示不明或灯光熄灭）时，司机应如何处理？

18. 对自动站间闭塞法行车的凭证是如何规定的？

19. 对半自动闭塞法行车的凭证是如何规定的？

20. 使用电话闭塞法时的行车凭证是什么？

21. 何谓列车？

22. 汛期暴风雨行车应急处理是如何规定的？

23. 引导接车是如何规定的？

24. 对出站信号机发生故障发车时有何规定？

25. 列车在区间被迫停车不能继续运行时司机应如何处理？

26. 列车被迫停车可能妨碍邻线时司机应如何处理？

27. 列车在区间被迫停车后，如何放置响墩防护？

28. 列车必须分部运行时司机应如何处理？

29. 列车发生火灾、爆炸应急处理办法有哪些?

30. 列车退行有何规定?

31. 对开行救援列车有何规定?

32. 施工特定行车办法有何规定?

33. 向施工封锁区间开行路用列车时有何规定?

34. 线路发生故障时的防护办法是如何规定的?

35. 铁路职工或其他人员发现设备故障危及行车和人身安全时应如何处置?

# 第三章

# 《铁路技术管理规程（普速铁路部分）》信号显示

**知识目标**

本章从《铁路技术管理规程(普速铁路部分)》信号显示中挑选出53条规章条款,使“2+1”学员通过学习,掌握国铁集团关于信号分类及显示要求的相关规定。

**能力目标**

能够掌握铁路信号显示的基本原理;了解各种信号机、信号灯及手信号的显示含义和规定。

**素质目标**

增强铁路运输安全的认识;树立服从命令、听从指挥,按号行车的安全理念。

## 第一节　信号分类

### 一、《技规》中铁路信号的分类

**《技规》原文:**铁路信号分为视觉信号和听觉信号。

视觉信号的基本颜色:

红色——停车;

黄色——注意或减低速度;

绿色——按规定速度运行。

听觉信号:号角、口笛、响墩发出的音响和机车、自轮运转特种设备的鸣笛声。

**条文解释:**本条规定了视觉信号的基本含义和听觉信号的种类。

铁路信号包括视觉信号和听觉信号两大类。用信号机、信号旗、信号灯、信号牌、信号表示器、信号标志及火炬等显示的信号均属视觉信号。用号角、口笛、机车及自轮运转特种设备的鸣笛及响墩等发出的信号均属听觉信号。

视觉信号的基本颜色规定为红、黄、绿三种。这三种颜色是根据光学原理经过长期研究和实践所确定下来的。视觉信号除基本颜色外,还可以包含图形、文字、闪动等特征。

光的可见光谱有红、橙、黄、绿、青、蓝、紫七种颜色。其中红色光的波长最长,紫色光的波长最短。光的波长越长,穿透周围介质(如空气、水等)的能力也越大。在光的强度相同的条件下,红色比蓝色显示要远得多,同时人对红色的感觉最敏感,所以采用红色作为停车信号。

黄色光的波长仅次于红光,黄色玻璃透过光线的能力最大,显示距离也较远,所以采用黄色作为注意或减低速度的信号。

绿色和红色区别最大,容易分辨。同时绿光的波长除红、橙、黄以外,是比较长的一种色光,也可得到较远的显示距离,所以采用绿色作为按规定速度运行的信号。

因不同条件或场景的限制,在列车运行(或调车作业)过程中,有各自的最高限速值。这些"条件或场景"主要有:

(1)天气状况、环境因素。如风霜雨雪雾、洪水等不良的气候类型,人员密集场所等环境因素,列车通过车站站台等运营场景。

(2)线路状况。如钢轨类型、道岔类型,线路平纵断面状况(坡道、曲线)等。

(3)机车车辆(动车组)的性能、特点。如动车组、普通旅客列车,快运货物列车、普通货物列车,以及装载特殊货物、超限货物的货物列车等,其性能特点各有不同。

(4)电气化区段接触网的情况。

(5)其他特殊情况。如因施工作业等造成的临时性速度限制,调度命令给出的速度限制等。

"信号显示"以"绿色灯光"指示按"规定速度"运行时,是指上述各种条件或场景给出的最高限速值中的最低值。

色灯信号机用电灯作为光源,用红、黄、绿作为信号的基本颜色,用月白色和蓝色作为调车信号和辅助信号的颜色。为使信号显示能区分列车进入进路时的始端速度和终端速度，除使用三种基本颜色外，还使用灯光的其他特征，以满足信号显示的要求，如采用数目、位置、闪光等特征。

由于闪光易与断续遮挡的信号混淆，因此闪光信号应严格控制使用。

为易于辨认信号，信号机上同时点亮的基本颜色灯光不应超过两个（附加灯光除外，如进路表示器）。

听觉信号有两种作用：一种是以长短声有一定规律的音响，反映行车的作业要求，如《技规》第460条、第461条、第462条所作规定；另外一种听觉信号起警报作用，提醒有关人员注意，如司机鸣笛示警，提醒有关人员注意人身安全。听觉信号的鸣示方式，应按《技规》规定执行。

听觉信号音源中的“号角”和“口笛”，目前现场通常使用喇叭和口哨。

## 二、《技规》中视觉信号的技术要求

**《技规》原文：**视觉信号分为昼间、夜间及昼夜通用信号。在昼间遇降雾、暴风雨雪及其他情况，致使停车信号显示距离不足1 000 m，注意或减速信号显示距离不足400 m，调车信号及调车手信号显示距离不足200 m时，应使用夜间信号。

隧道内只采用夜间或昼夜通用信号。

铁路沿线及站内，禁止设置妨碍确认信号的红、黄、绿色的装饰彩布、标语和灯光。如已装有妨碍确认信号灯光的设备时，应拆除或采取遮光措施。

在规定的信号显示距离内，不得种植影响信号显示的树木。对影响信号显示的树木，其处理办法由铁路局规定。

**条文解释：**本条根据昼间信号、夜间信号及昼夜通用信号显示对行车影响的不同程度，规定了使用条件及禁止妨碍确认信号的物体的设置。

以物体的形状、颜色、位置、灯光及其数量来指示铁路行车的条件，通过在眼睛的视网膜上成像，构成铁路行车的视觉信号。

视觉信号分为：

1. 昼间（从日出至日落）信号：根据信号设备的不同形状、数目、颜色或位置来表示信号意义，如臂板信号机的臂板、道岔表示器的标板等。

2. 夜间（从日落至日出）信号：根据信号设备的不同灯光颜色、灯的数目来显示信号意义，如臂板信号机及道岔表示器的灯光。

3. 昼夜通用信号：昼夜信号显示方式一致，如色灯信号机的灯光显示，灯列信号的排列位置、灯的数目等的灯光显示。

在昼间遇有降雾、暴风雨雪及其他情况，影响信号显示，调车信号及手信号达不到本条规定的显示距离时,应及时使用夜间信号。因为昼间信号是以物体的形状、位置为显示方式,它要借助其他光源(主要是太阳光)的反射。当遇有上述情况,其他光源照度降低,信号的形状、位置就反射不出来。而夜间信号为一点光源,不需反射其他光源的光,而能清晰地看到,为保证行车安全,提高运输效率,所以要使用夜间信号。

因隧道内无阳光照射,光线较暗,用昼间信号机不易瞭望,故规定隧道内采用夜间信号或昼夜通用信号,以提高信号显示距离。在条件许可,有较好的供电条件时,应优先采用昼夜通用信号。夜间点灯的信号(自动点灯的除外),由车站值班员(或指定人员)负责按时点灯,以保证不间断地使用。

良好的信号显示条件,除设备固有技术条件外,背景及信号与确认人之间的物体是影响信号显示的重要条件。因此,在铁路沿线和车站内,为防止行车有关人员误认信号,禁止设置妨碍确认信号的红、黄、绿的装饰彩布、标语和灯光,有些灯光在不同介质条件下,常常呈现黄、绿颜色,有的光太强,影响行车人员确认。对这样的灯光,应予拆除或采取遮光措施。

信号显示必须达到规定距离,这是对信号设备性能的基本要求。因此,在司机视野范围内,不得有任何物体和树木遮挡信号显示。种植树木涉及部门较多,由于树木生长很快,其处理方法,应由铁路局规定,并应明确规定在任何情况下均不得影响信号显示。

在电气化区段,接触网支柱的设置也不得影响信号的显示距离。

## 第二节 固定信号

### 一、《技规》中信号机定位的规定

**《技规》原文:**进站、出站、进路、调车、驼峰、驼峰辅助信号机均以显示停车信号为定位;线路所的通过信号机以显示停车信号为定位,其他通过信号机以显示进行信号为定位。

接近信号机、进站预告信号机、非自动闭塞区段通过信号机的预告信号机及通过臂板,以显示注意信号为定位。

遮断、遮断预告、复示信号机以无显示为定位。

在自动闭塞区段内的车站(线路所),如将进站、正线出站信号机及其直向进路内的进路信号机转为自动动作时,以显示进行信号为定位。

**条文解释**：本条根据不同信号机的用途，规定了其定位显示状态。

进站信号机、接车进路信号机、接发车进路信号机、调车信号机、驼峰信号机及驼峰辅助信号机、线路所的通过信号机的显示是指示列车由区间进入分界点（车场）或防护处所起防护作用的信号机。

出站信号机、发车进路信号机是起防护作用的信号机，其显示是指示列车能否向区间（或车场）发车。

调车信号机是起防护作用的信号机，其显示是指示调车车列能否向信号机防护的进路调车。

上述各种信号机，对行车安全有着重要作用，所以规定均以显示停车信号为定位。

通过信号机主要有两类：自动闭塞区段一般的区间通过信号机、线路所（辅助所）的通过信号机。

1. 自动闭塞区段一般的通过信号机设于闭塞分区的分界处，不防护区间道岔，一般采用“绿—红—黄”三灯位机构型式，可能装设容许信号机构。一般未加特殊说明者，“通过信号机”所指即为该类。

2. 线路所（辅助所）的通过信号机设于所间区间的分界处，用于防护线路所（辅助所）。该线路所（辅助所）既可能位于非自动闭塞区段的站间区间，也可能位于自动闭塞区段的站间区间；既可能设有分歧道岔，也可能没有分歧道岔。

区间设有分歧道岔时，可实现列车转线运行；两相邻车站之间距离较长时，可提高运输效率。防护分歧道岔时采用进站信号机的机构型式（封闭引导信号）；不防护分歧道岔时，在非自动闭塞区段一般采用“绿—红”二灯位机构型式，在自动闭塞区段一般采用“绿—红—黄”三灯位机构型式，均不装设容许信号机构。该信号机应由列车调度员（车部值班员）办理方可开放允许信号。

除线路所的通过信号机外，自动闭塞区段的一般通过信号机均是其后方信号机的预告信号机。它是根据列车运行在不同闭塞分区而自动变换信号显示的。为提高通过能力，保证列车经常能在绿色灯光下运行，故规定该信号机以显示进行信号为定位。

预告信号机共有三类：进站预告信号机、非自动闭塞区段通过信号机的预告信号机、遮断预告信号机。前两者以显示注意信号为定位，后者常态不点灯。

接近信号机、进站预告信号机及通过臂板，是附属于主体信号机的，仅能表示主体信号的显示状态。因主体信号机以显示停车信号为定位，故规定它们均以显示注意信号为定位。

线路所(辅助所)通过信号机的预告信号机亦以显示注意信号为定位。

为提高区段通过能力,减少车站值班员办理进路的次数,在自动闭塞区段内的车站(线路所),当进站信号机、正线出站信号机及其直向进路内的进路信号机转为自动动作时,该信号机即以显示进行信号为定位。此处“直向进路”是指从进站信号机到正线出站信号机的进路内无道岔或均开通直向位置。

信号机的定位,是指无列车运行的条件下,信号机经常保持的显示状态。使用完毕后须立即恢复到规定的显示状态,即定位显示。

停车信号也称禁止信号,是指禁止列车或调车车列越过信号机的信号。

注意信号是指准许列车以准备在前方预定地点停车的速度运行的信号。

进行信号也称允许信号,是指准许列车或调车车列运行的各种信号显示的总称。

## 二、《技规》中信号机关闭时机的规定

**《技规》原文:**信号机的关闭时机规定如下:

1. 集中联锁车站的进站、进路、出站信号机,通过信号机,当机车或车辆第一轮对越过该信号机后自动关闭。

2. 调车信号机在调车车列全部越过调车信号机后自动关闭;当调车信号机外方不设轨道占用检查装置或虽设轨道占用检查装置而占用时,应在调车车列全部出清调车信号机内方第一轨道区段后自动关闭,根据需要也可在调车车列第一轮对进入调车信号机内方第一轨道区段后自动关闭。

3. 引导信号应在列车头部越过信号机后及时关闭。

4. 非集中联锁车站的进站信号机及线路所通过信号机,在列车进入接车线轨道区段后自动关闭,出站信号机应在列车进入出站方面轨道区段后自动关闭。

5. 非集中联锁车站,由手柄操纵的信号机:进站信号机在确认列车全部进入接车线警冲标内方,出站信号机在列车全部越过最外方道岔并确认列车全部进入出站方面轨道区段后,恢复手柄,关闭信号。

特殊站(场)执行上述规定有困难时,由铁路局规定。

**条文解释:**本条针对不同性质的信号机,对其关闭时机作出了规定。

信号机关闭的时机,对行车安全、效率有直接关系。

1. 第1款

在自动闭塞区段或集中联锁的车站,均设有轨道占用检查装置(如轨道电路),当机车车辆第一轮对越过进站信号机、进路信号机、出站信号机、通过信号机

等列车信号机,进入其内方轨道区段时,信号机即自动关闭,以确保行车安全。

本款中的“通过信号机”包括线路所(辅助所)的通过信号机和自动闭塞区段一般的通过信号机。

2. 第 2 款

调车作业比较复杂,经常有推送作业,调车机车乘务员瞭望运行前方的调车信号机显示应处于开放状态,因此调车信号机应在调车车列全部越过调车信号机后自动关闭;取送车辆作业时,在股道、货物线上(可能未设轨道占用检查装置)会留有车辆,而设备本身无法判断“调车车列全部越过调车信号机”这一过程,因此当调车信号机外方(信号机灯光显示的线路方向为信号机外方,亦称信号机前方,如图 3-1 所示)不设轨道占用检查装置或虽设轨道占用检查装置而占用时,在调车车列全部出清调车信号机内方(信号机防护的线路方向为信号机内方,亦称信号机后方,如图 3-1 所示)第一轨道区段后自动关闭。根据需要也可在调车车列第一轮对进入调车信号机内方第一轨道区段后自动关闭,例如在专用的机走线和机务段出口处以及机待线上的调车信号机。

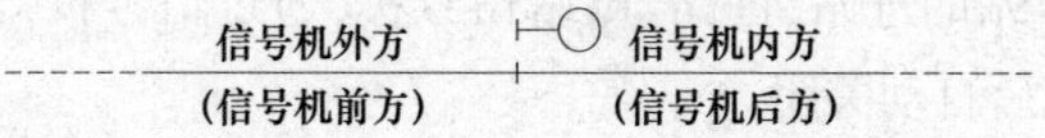


图 3-1

由本规程第 426 条可知,起阻挡列车运行作用的调车信号机,可能增加红色灯光(即具有红、蓝、白三个灯位)。对于此种调车信号机,当列车越过时,其蓝色灯光将自动变为红色灯光,该变化时机执行的是本条第 1 款的规定(即“机车或车辆第一轮对越过”)。

3. 第 3 款

引导信号也是指挥行车的列车信号,其关闭的时机与第 1 款要求相同,应在列车头部越过信号机后及时关闭。

4. 第 4 款

在非集中联锁车站,道岔区一般不设轨道占用检查装置,道岔的锁闭关系是通过信号开放或关闭实现的。若关闭信号机过早,就会造成列车进路中的道岔解锁,敌对信号机可能开放,不能保证行车安全;若关闭信号机过迟,将影响续行列车的接发或调车作业,降低运输效率。所以应按规定及时关闭。在半自动闭塞区段的车站,出站信号机的开放是人工操纵的,出站信号机的关闭是自动的,因此称为半自动闭塞。当列车进入出站方面轨道区段时,出站信号机即自动关闭,实行区间闭塞,表示列车已占用区段,从而可以保证行车安全。

5. 第5款

在非集中联锁车站,为避免半自动闭塞出站信号机的操纵手柄恢复过早,造成闭塞上的错误或进路上的道岔提前解锁,因此规定半自动闭塞出站信号机的手柄,必须在列车全部越过最外方道岔,并确认列车全部进入出站方面轨道区段后,才能恢复。

6. 需要说明的问题

在情况复杂的大站(场)执行上述规定有困难时,信号机恢复定位的时机难以统一规定,应由铁路局规定。

文中所述"信号自动关闭"以"机车车辆第一轮对"、"列车头部"越过信号机作为判定,主要是考虑了司机行车时的实际操作习惯。

在信号控制电路中,以轨道占用检查装置的输出条件与信号自动关闭发生联锁,这就涉及信号机的安装位置和轨道区段边界点之间的相互关系。

轨道区段边界点(钢轨绝缘)与信号机并列安装,对于列车运行、维护管理,以及信号系统确定轨道区段的联锁关系等,均较为有利。但在工程实践中,钢轨绝缘受钢轨结构类型、轨道电路技术参数等影响,信号机的设置位置则受安装限界、显示距离等影响,两者有时难以做到严格并置。

为避免和减少安装信号机时串轨、换轨和锯轨等工作,《铁路信号设计规范》(TB 10007—2006)等相关文件规定:进站信号机、接车进路信号机、接发车进路信号机及自动闭塞区间并置的通过信号机处,钢轨绝缘可设在信号机前方1 m或后方1 m的范围内;出站信号机(包括出站兼调车)或发车进路信号机、自动闭塞区间单置通过信号机处,钢轨绝缘可设在信号机前方1 m或后方6.5 m的范围内;调车信号机处的钢轨绝缘可设在其信号机前方或后方各1 m的范围内,当该信号机设在到发线上时,钢轨绝缘可设在信号机前方1 m或后方6.5 m的范围内。在区间,当采用无绝缘移频轨道电路(以ZPW-2000A为例)时,通过信号机设于调谐区的起点、距调谐单元(BA)1 m处。

针对不同类型的机车,考虑司机与机车第一轮对的前后关系,在6502继电联锁中,站内列车信号机的列车信号继电器(LXJ)励磁后遇关闭条件时,设置了一定的缓放时间(2.5~3 s)适度后延信号机关闭的时间,以避免低速运行的列车越过信号机的允许信号时,司机可能短时间看见过早显示红灯的信号。计算机联锁亦沿用了该设计思路。

综上,本条规定的"信号机的关闭时机"考虑了上述工程实践情况。

## 三、《技规》中除了信号机显示红灯以外，哪些情况下视为停车信号

**《技规》原文**：进站、出站、进路和通过信号机的灯光熄灭、显示不明或显示不正确时，均视为停车信号。

进站预告信号机或接近信号机的灯光熄灭、显示不明或显示不正确时，均视为进站信号机为关闭状态；非自动闭塞区段通过信号机的预告信号机的灯光熄灭、显示不明或显示不正确时，视为通过信号机为关闭状态。

**条文解释**：本条针对信号机灯光熄灭、显示不明或显示不正确时，其显示含义作出了规定。

进站信号机、出站信号机、进路信号机、通过信号机等，对车站（场）、区间或铁路线路平面交叉处所起防护作用。当防护区间、车站等处所的信号机没有清晰准确的指示可以进入时，均不准列车进入该信号机内方，否则将可能造成严重后果。所以规定当以上信号机的灯光熄灭、显示不明或显示不正确时，均应视为停车信号，列车不准越过该信号机，以保证行车安全。

非自动闭塞区段的通过信号机不同于自动闭塞区段普通的通过信号机，一般均设有预告信号机。该预告信号机和进站预告信号机类似，用于预告主体信号机的状态。接近信号机亦可预告进站信号机的状态。

当上述信号机没有清晰准确的预告主体信号机是在开放状态时，应准备在主体信号机前停车，否则将可能造成严重后果。所以当其灯光熄灭、显示不明或显示不正确时，均视为主体信号机为关闭状态。

## 四、《技规》中无效信号机的规定

**《技规》原文**：新设尚未开始使用及应撤除尚未撤掉的信号机，均应装设信号机无效标，并应熄灭灯光；如为臂板信号机，并须将臂板置于水平位置。

信号机无效标为白色的十字交叉板。高柱色灯信号机的无效标装在机柱上，矮型色灯信号机的无效标装在信号机构上，臂板信号机的无效标装在臂板上（如图3-2所示）。

在新建铁路线上，新设尚未开始使用的信号机（进站信号机暂用作防护车站时除外），可撤下臂板或将色灯机构向线路外侧扭转90°，并熄灭灯光，作为无效。

**条文解释**：本条针对尚未开始使用及应撤除尚未撤掉的信号机装设无效标等措施作出了规定。

在运营线路上，司机对信号的设置位置、显示方式均已熟悉。在施工期间由于

图 3-2

新旧信号机交错设置,为防止司机误认信号,保证行车安全,所以规定对新设尚未使用或应撤除尚未撤掉的信号机,均应按规定装设信号机无效标,并应表示明显、正确。不得将色灯信号机构向线路外侧扭转90°作为无效标,因为这样容易使司机误认为是信号机无显示而按停车信号对待,既影响运输效率也不安全。矮型信号机、信号托架或信号桥上的信号机无效标,可装在机构上。

新建铁路因尚未正式运营,行车较少,所以规定新设尚未开始使用的信号机(进站信号机暂用作防护车站时除外)不装设无效标。如系色灯信号机,可将色灯信号机构向线路外侧扭转90°,并熄灭灯光,作为无效标志。

## 五、进站色灯信号机显示方式及意义

**《技规》原文:**进站色灯信号机显示下列信号:

1. 三显示自动闭塞、半自动闭塞、自动站间闭塞区段进站色灯信号机

(1)一个绿色灯光——准许列车按规定速度经正线通过车站,表示出站及进路信号机在开放状态,进路上的道岔均开通直向位置(如图3-3所示);

(2)一个绿色灯光和一个黄色灯光——准许列车经道岔直向位置,进入站内越过次一架已经开放的信号机准备停车(如图3-4所示);

(3)一个黄色灯光——准许列车经道岔直向位置,进入站内正线准备停车(如图3-5所示);

(4)一个黄色闪光和一个黄色灯光——准许列车经18号及以上道岔侧向位置,进入站内越过次一架已经开放的信号机且该信号机防护的进路经道岔直向位置或18号及以上道岔侧向位置(如图3-6所示);

图 3-3

图 3-4

图 3-5

图 3-6

(5)两个黄色灯光——准许列车经道岔侧向位置[但不满足上述第(4)项条件]进入站内准备停车(如图 3-7 所示)；

(6)一个红色灯光——不准列车越过该信号机(如图 3-8 所示)。

2. 四显示自动闭塞区段进站色灯信号机

(1)一个绿色灯光——准许列车按规定速度经道岔直向位置进入或通过车站，表示运行前方至少有三个闭塞分区空闲(如图 3-3 所示)；

(2)一个绿色灯光和一个黄色灯光——准许列车按规定速度经道岔直向位置进入站内，表示次一架信号机经道岔直向位置开放一个黄灯(如图 3-4 所示)；

图 3-7

图 3-8

(3)一个黄色灯光——准许列车按限速要求经道岔直向位置进入站内正线准备停车(如图 3-5 所示);

(4)一个黄色闪光和一个黄色灯光——准许列车经 18 号及以上道岔侧向位置,进入站内越过次一架已经开放的信号机且该信号机防护的进路经道岔直向位置或 18 号及以上道岔侧向位置(如图 3-6 所示);

(5)两个黄色灯光——准许列车按限速要求越过该信号机,经道岔侧向位置[但不满足上述第(4)项条件]进入站内准备停车(如图 3-7 所示);

(6)一个红色灯光——不准列车越过该信号机(如图 3-8 所示)。

**条文解释:**本条对进站色灯信号机的各种显示含义作了详细描述。

进站信号机、接车进路信号机、接发车进路信号机以及防护区间分歧道岔的线路所通过信号机均采用"双机构带引导"的机构型式,其显示含义较为完备,能指示入口速度和进路的"直弯",是我国铁路信号显示制式由"进路式"向"进路—速差式"发展的典型代表。以下条文说明中的"接车信号机"泛指上述各类信号机。

接车信号机信号显示的速度含义见表 3-1。

由《技规》第 409 条的条文说明,进站信号机以"绿"或"绿黄"指示列车按"规定速度"运行时,是指由不同条件或场景给出的最高限速值中的最低值。

进站信号机的显示方式,即是根据上表的原则确定的,这样司机就可以根据不同显示作出判断,按不同速度运行。

表 3-1　接车信号机信号显示的速度含义

| 信号显示 | | 绿 | 绿黄 | 黄 | 黄闪黄 | 黄黄 | 红白 | 红 |
|---|---|---|---|---|---|---|---|---|
| 速度意义 | 三显示 | $v_{规}/v_{规}$ | $v_{规}/v_{规}$ 或 $v_{规}/v_{岔}$ | $v_{规}/0$ 或 $v_{规}/v_{岔}$ | $v_{大}/v_{规}$ 或 $v_{大}/v_{大}$ | $v_{岔}$/— | $v_{引}$/— | 0/— |
| | 四显示 | $v_{规}/v_{规}$ | $v_{规}/v_{黄}$ | $v_{黄}/0$ 或 $v_{黄}/v_{岔}$ | $v_{大}/v_{规}$ 或 $v_{大}/v_{大}$ | $v_{岔}$/— | $v_{引}$/— | 0/— |

表中：

$v_{规}$——规定速度(规定的允许最高速度)；

$v_{黄}$——黄灯限速(四显示自动闭塞的黄灯限速)；

$v_{大}$——18 号或以上道岔侧向限速(18 号道岔侧向限速一般为 80 km/h)；

$v_{岔}$——道岔侧向限速；

$v_{引}$——引导限速(20 km/h)；

$v_{规}/v_{规}$——始端速度/终端速度,其他类同。

1. 第 1 款:非四显示自动闭塞区段的进站信号机

(1)第(1)项:一个绿色灯光指示列车经正线直向通过车站。

此时,接发车进路的道岔均开通直向位置时(进直出直),进路上的列车信号机均在开放状态,准许列车以规定速度经正线直向通过车站。

(2)第(2)项:一个绿色灯光和一个黄色灯光指示进站越场接车。

此时,进站接车进路的道岔开通直向、进路信号机在开放状态;出站信号机(或至少有一架进路信号机)关闭或开通经由道岔侧向位置的发车进路。列车是否应在车站停车,取决于出站(进路)信号机的显示状态。

(3)第(3)项:一个黄色灯光指示进站直向接车。

这通常是指进入站内正线停车;有时经正线直向接车后不需停车,而是经由道岔侧向位置的进路继续发车(进直出弯)。只要发车进路经过道岔侧向,不论道岔的辙叉号多大,均视为“准备停车”。

(4)第(4)项:一个黄色闪光和一个黄色灯光指示进站侧向通过。

通常是在设置有 18 号及以上道岔的车站,为提高列车侧向通过车站的运行速度,指示列车经 18 号及以上道岔“弯进”后“直出”,或指示列车经 18 号及以上道岔“弯进”后,又经 18 号及以上道岔“弯出”。

(5)第(5)项:两个黄色灯光指示进站侧向接车。

此时,接车进路中存在开通侧向位置的道岔。这通常是在到发线上停车,也可能是经侧向接车后继续发车。对于后者,接车进路或发车进路上开通侧向位置道岔的辙叉号小于 18 号,与“黄闪黄”显示相区别。

(6)第(6)项:一个红色灯光指示列车禁止进入其所防护的车站。需在进站信号机外方停车。

2. 第2款:四显示自动闭塞区段的进站信号机

其显示具有速度含义:

(1)第(1)项:一个绿色灯光指示列车经正线直向越场接车或通过车站,运行前方至少有三个经直向进路空闲的闭塞分区。

对于规模不大的车站,如运行前方第三个“经直向进路空闲的闭塞分区”延伸至车站前方的区间(包括出站第一离去区段),则该显示指示的是“经正线直向通过车站”;对于规模较大的车站,如运行前方第三个“经直向进路空闲的闭塞分区”的末端仍为站内信号机,则该显示指示的是“经正线直向越场接车”。

因此,四显示自动闭塞区段的进站信号机显示“绿”与出站信号机是否开放或开放的进路“直弯”没有必然联系。这与非四显示自动闭塞区段有所不同。

(2)第(2)项:一个绿色灯光和一个黄色灯光指示列车经正线直向越场接车,运行前方有两个经直向进路空闲的闭塞分区。

实际上,该显示也可反映列车运行前方第三个“闭塞分区”的状态:其防护信号机关闭或开通经由道岔侧向位置的进路(故“次一架信号机”显示“黄”)。如果列车运行前方第三个“闭塞分区”的防护信号机亦经直向进路开放,则属“绿”的显示含义范畴。

因此,四显示自动闭塞区段的进站信号机显示“绿黄”时,可明确指示列车运行前方次一架信号机开放直向进路,但与出站信号机是否开放或开放的进路“直弯”没有必然联系。这与非四显示自动闭塞区段有所不同。

(3)第(3)项:一个黄色灯光指示进站直向接车。

这通常是指进入站内正线停车;有时经正线直向接车后不需停车,而是经由道岔侧向位置的进路继续发车(进直出弯)。只要发车进路经过道岔侧向,不论道岔的辙叉号多大,均视为“准备停车”。

与非四显示自动闭塞区段不同,它是限速信号,要求通过该信号机时降到规定的黄灯限速以下。

(4)其他显示[第(4)项“黄闪黄”、第(5)项“双黄”、第(6)项“红”]与非四显示自动闭塞区段的情况相同,但具有速度含义。

3. 需要说明的问题

上述说明中的举例针对的是较为典型的场景,未列举实践中的所有情况。

文中所指的信号机“开放”,不包括其显示引导信号。

条文所示插图为示意图。进站信号机的信号机构及灯光配置可参见《铁路信号设计规范》(TB 10007)等相关标准的规定。某些特殊情况(如建设年代较早等),现场实际的进站信号机机构及灯光配置可能与所示插图有所不同。

(1)非四显示自动闭塞区段的进站信号机:

①当列车进站一端经直向进路、出站一端经道岔侧向位置(进直出弯)时,只能显示“黄”,不能显示“绿”。

②不论正线上有多少架进路信号机,只要有一架信号机关闭或开放经道岔侧向位置的进路,则进站信号机不能显示“绿”。

③若虽经18号及以上道岔侧向位置进入站内,但次一架信号机关闭或开放的进路是经18号以下道岔侧向位置时,只能显示“双黄”,不能显示“黄闪黄”。

(2)四显示自动闭塞区段的进站信号机:

①车站有连续多架进路信号机时,进站信号机显示“绿”不能表示已经开放出站信号机准许列车通过车站。如不具备“至少三个经直向进路空闲的闭塞分区”,即使出站信号机已经开放,也不能显示“绿”。

②如次一架信号机开放的是经道岔侧向位置的进路时,进站信号只能显示“黄”,不能显示“绿黄”。因为四显示自动闭塞区段列车运行速度最高可达160 km/h。除发车信号机外,其他列车信号机的显示均具有速度含义。“绿黄”是预告减速信号,表示列车按规定速度注意运行并降到次一架信号机的黄灯限速。如次一架信号机开放的是经道岔侧向位置的进路,由160 km/h常用制动在这段距离内不能降到45 km/h,必然要超速。

《技规》第三编“信号显示”主要是针对作为“指示列车运行及调车作业的命令”的各种“信号”,就其给出的不同显示,描述其各自表达的含义。对于“色灯信号机”,则是针对其给出的各种灯光显示描述了其所表达的含义。

对于信号工程设计人员或联锁系统的技术人员等,有时仅从本条所述内容并不足以指导电路设计或程序软件的编写,比如:

①对于非四显示自动闭塞区段的进站信号机,仅从“绿黄”的含义描述(“准许列车经道岔直向位置,进入站内越过次一架已经开放的信号机准备停车”)来看,“进直出弯”亦符合其描述,但在设计电路时应设计为“黄”较为妥当。

对于其“绿黄”显示,在较早投入运营且尚未改造的线路,可能是按原铁道部发布的标准图《色灯信号机信号显示举例图册》(电号9047)进行的设计。按照当时的思路,当进站信号机前方的接车进路信号机显示“双黄”时,如满足相关条件,本进站信号机可能显示“绿黄”。

随着四显示自动闭塞制式在各大干线推广,为统一信号显示制式,在非四显示自动闭塞区段指示“进直出弯”时,进站信号机一般也不再设计“绿黄”灯。《色灯信号机信号显示举例图册》(电号 9047)已经作废,但目前仍在运营的少数区段尚未改造。

②对于进站信号机的“黄灯”显示,仅从其含义描述(“准许列车经道岔直向位置,进入站内正线准备停车”、“准许列车按限速要求经道岔直向位置进入站内正线准备停车”)来看,并不足以进行点灯电路的设计。

考虑《技规》的定位是对铁路现状进行技术管理的规定,故其正文的写法较为宏观。

## 六、引导信号的显示方式

**《技规》原文:**进站及接车进路、接发车进路色灯信号机的引导信号显示一个红色灯光及一个月白色灯光——准许列车在该信号机前方不停车,以不超过 20 km/h 速度进站或通过接车进路,并须准备随时停车(图 3-9)。

图 3-9

**条文解释:**本条文对进站色灯信号机及接车进路、接发车进路色灯信号机的引导信号显示含义作了描述。

进站信号机及接车进路、接发车进路信号机的引导信号显示一个红色灯光及一个月白色灯光。如红灯熄灭,仅显示一个月白灯时,不能作为引导信号。

条文所示插图为示意图。进站及接车进路、接发车进路信号机的信号机构及灯光配置可参见《铁路信号设计规范》(TB 10007)等相关标准的规定。某些特殊情况(如建设年代较早等),现场实际的进站及接车进路、接发车进路信号机机构及灯光配置可能与所示插图有所不同。

## 七、出站色灯信号机的显示方式

**《技规》原文**：出站色灯信号机显示下列信号：

1. 半自动闭塞或自动站间闭塞区段

(1)一个绿色灯光——准许列车由车站出发(图 3-10)；

图　3-10

(2)两个绿色灯光——准许列车由车站出发，开往次要线路(图 3-11)；

图　3-11

(3)一个红色灯光——不准列车越过该信号机(图 3-12);

图 3-12

(4)在兼作调车信号机时,一个月白色灯光——准许越过该信号机调车(图 3-13)。

图 3-13

2. 三显示自动闭塞区段

(1)一个绿色灯光——准许列车由车站出发,表示运行前方至少有两个闭塞分区空闲(图 3-14);

图 3-14

(2)一个黄色灯光——准许列车由车站出发,表示运行前方有一个闭塞分区空闲(图 3-15);

图 3-15

(3)两个绿色灯光——准许列车由车站出发,开往半自动闭塞或自动站间闭塞区间(图 3-16);

(4)一个红色灯光——不准列车越过该信号机(图 3-17);

(5)在兼作调车信号机时,一个月白灯光——准许越过该信号机调车(图 3-18)。

图 3-16

图 3-17

3. 四显示自动闭塞区段

(1)一个绿色灯光——准许列车由车站出发,表示运行前方至少有三个闭塞分区空闲(图 3-19);

(2)一个绿色灯光和一个黄色灯光——准许列车由车站出发,表示运行前方有两个闭塞分区空闲(图 3-20);

(3)一个黄色灯光——准许列车由车站出发,表示运行前方有一个闭塞分区空闲(图 3-21);

图 3-18

图 3-19

(4)两个绿色灯光——准许列车由车站出发，开往半自动闭塞或自动站间闭塞区间(图3-22)；

(5)一个红色灯光——不准列车越过该信号机(图3-23)；

(6)在兼作调车信号机时，一个月白色灯光——准许越过该信号机调车(图3-24)。

**条文解释：**本条文对出站色灯信号机的各种显示含义作了详细描述。

出站信号机不反映发车进路道岔侧向通过速度。

根据需要，出站信号机可能装设进路表示器，用以区分发车方向，其规定可参

图 3-20

图 3-21

见《技规》第 78 条、第 448 条。

当出站信号机指示的各发车方向的闭塞方式不同时,由不同的"款"表述。例如四显示自动闭塞区段车站中的某一出站信号机:当其信号显示指示向正方向发车时,其显示含义如第 3 款(如"一个绿色灯光"表示"准许列车由车站出发,表示运行前方至少有三个闭塞分区空闲");当其信号显示指示向反方向(自动站间闭塞方式)发车时,其显示含义如第 1 款(如"一个绿色灯光"表示"准许列车由车站出发")。

图 3-22

图 3-23

1. 第 1 款：半自动闭塞或自动站间闭塞区段的出站信号机

在半自动闭塞区段，出站信号机的显示仅表示是否准许列车由车站出发，所以采用绿、红两个基本灯光。对于自动站间闭塞仅在办理闭塞的操作上与半自动闭塞有所区别，而对列车占用区间的凭证没有区别，因此本条也适用于自动站间闭塞区段。

出站信号机指示两个运行方向时，如未采用进路表示器的方式区分，则其“双绿”显示表示准许列车由车站出发，开往次要线路，与“绿”相区别。

图 3-24

2. 第 2 款:三显示自动闭塞区段的出站信号机

在三显示自动闭塞区段,为使出站信号机的显示能表示闭塞分区空闲情况,采用黄、绿、红三个基本灯光。

当出站信号机指示两个运行方向时,如未采用进路表示器的方式区分,可增加“双绿”显示。在自动闭塞区段,当显示“双绿”时,准许列车由车站出发,开往半自动闭塞或自动站间闭塞区段。

矮型出站信号兼作调车时,采用两个机构的形式。位于线路外侧的信号机构为绿灯和黄灯,靠近线路侧的信号机构月白灯和红灯。使绿色灯光和黄色灯光在一条垂直线上,作为出站信号用;月白色灯光作为调车信号用。如此设置,遇矮型出站信号机装设进路表示器时,便于确认信号。

3. 第 3 款:四显示自动闭塞区段的出站信号机

在四显示自动闭塞区段,表示闭塞分区空闲情况需要比三显示自动闭塞多一种显示,所以采用绿、红、黄三个基本灯光,并以绿色灯光和黄色灯光组合为一个显示。

4. 需要说明的问题

条文所示插图为示意图,未体现进路表示器(参见《技规》第 448 条)的情况。出站信号机的信号机构及灯光配置可参见《铁路信号设计规范》(TB 10007)等相关标准的规定。某些特殊情况(如建设年代较早等),现场实际的出站信号机机构及灯光配置可能与所示插图有所不同。

## 八、发车进路色灯信号机显示方式

**《技规》原文:**进路色灯信号机的显示:

1. 接车进路及接发车进路色灯信号机的显示与进站色灯信号机相同。

2. 三显示自动闭塞、半自动闭塞、自动站间闭塞区段的发车进路色灯信号机显示下列信号：

（1）一个绿色灯光——准许列车由车站经正线出发，表示出站和进路信号机均在开放状态（图 3-25）；

图 3-25

（2）一个绿色灯光和一个黄色灯光——准许列车越过该信号机，表示该信号机列车运行前方次一架信号机在开放状态（图 3-26）；

图 3-26

(3)一个黄色灯光——准许列车运行到次一架信号机之前准备停车(图3-27);

图 3-27

(4)一个红色灯光——不准列车越过该信号机(图3-28)。

图 3-28

3. 四显示自动闭塞区段发车进路色灯信号机显示下列信号:

(1)一个绿色灯光——表示该信号机列车运行前方至少有两架信号机经道岔直向位置在开放状态(图3-25);

(2)一个绿色灯光和一个黄色灯光——表示该信号机列车运行前方次一架信号机经道岔直向位置在开放状态(图3-26);

(3)一个黄色灯光——准许列车运行到次一架信号机之前准备停车(图3-27)；

(4)一个红色灯光——不准列车越过该信号机(图3-28)。

4. 接车进路、发车进路及接发车进路色灯信号机兼作调车信号机时，一个月白色灯光——准许越过该信号机调车(图3-29)。

图 3-29

**条文解释：**本条文对接车进路、发车进路和接发车进路色灯信号机的各种显示含义作了详细描述。

接车进路信号机对到达列车指示运行条件，主要用于指示列车能否由一个车场向另一个车场接车(指示列车在站内运行)。

发车进路信号机对出发列车指示运行条件，主要用于指示列车能否由一个车场向另一个车场出发(指示列车在站内运行)。

接发车进路信号机对到达及出发列车指示运行条件，指示列车在站内运行。

1. 第1款：接车进路及接发车进路信号机

其作用与进站信号机基本相同，因此，其显示方式亦与进站信号机一致。

同时具有接车和发车功能的接发车进路信号机，与接车进路信号机的显示相同，而与发车进路信号机的显示不完全相同。

进站信号机、接车进路信号机、防护区间分歧道岔的线路所通过信号机等“接车信号机”均为“双机构带引导”的机构型式，其显示含义较为完备，能指示入口速度和进路的“直弯”。接发车进路信号机亦采用“双机构带引导”的机构型式。

《铁路信号设计规范》(TB 10007)推荐的“色灯信号机机构及灯光配列方式用途表”中，同时具有接车和发车进路功能，且显示与接车进路信号机不完全相同的接发车进路信号机仅一项(即“带调车信号的两方向出站信号兼接车进路信号机”),该型式的信号机既能显示“双绿”、也能显示“双黄”。但“双绿”显示是出站信号机特有的显示(指示向区间发车),单纯的发车进路信号机没有该种显示。故该“带调车信号的两方向出站信号兼接车进路信号机”的显示也不同于发车进路信号机。

2. 第2款:非四显示自动闭塞区段的发车进路信号机

其显示与出站信号机有联系。

(1)第(1)项:一个绿色灯光指示列车经由本信号机防护的进路(直向或经道岔侧向位置)进入车站正线,然后直向出站,即运行前方的进路信号机及出站信号机均开通直向进路。

(2)第(2)项:一个绿色灯光和一个黄色灯光指示列车经由本信号机防护的进路(直向或经道岔侧向位置)运行,并越过次一架信号机。

3. 第3款:四显示自动闭塞区段的发车进路信号机

其显示与出站信号机没有必然的联系;其允许信号显示与列车运行前方次一架或次两架信号机是否开放以及是否开放直向进路相关。

(1)第(1)项:一个绿色灯光指示列车经由本信号机防护的进路(直向或经道岔侧向位置)运行,并至少可连续越过前方两架经直向进路开通的信号机。对于规模不大的车站,如运行前方第三架信号机开放的直向进路延伸至车站前方的区间(包括出站第一离去区段),则该显示指示的是“进入车站正线,然后直向出站”;对于规模较大的车站,如运行前方第三架信号机开放的直向进路的末端仍为站内信号机,则该显示指示的是“在站内越场发车”。

(2)第(2)项:一个绿色灯光和一个黄色灯光指示列车经由本信号机防护的进路(直向或经道岔侧向位置)运行,并可越过前方次一架经直向进路开通的信号机。对于规模较小的车站,如运行前方次一架信号机为出站信号机,则该显示指示的是“进入车站正线,然后直向出站”;对于规模较大的车站,如运行前方次一架信号机开放的直向进路的末端仍为站内信号机,则该显示指示的是“在站内越场发车”。

4. 需要说明的问题

综上,四显示自动闭塞区段发车进路信号机的显示与出站信号机是否开放或开放的进路“直弯”没有必然联系。这与非四显示自动闭塞区段有所不同。

上述说明中的举例针对的是较为典型的场景,未列举实践中的所有情况。

文中所指的信号机“开放”,不包括其显示引导信号。

条文所示插图为示意图,未体现进路表示器(参见《技规》第448条)的情况。

进路信号机的信号机构及灯光配置可参见《铁路信号设计规范》(TB 10007)等相关标准的规定。某些特殊情况(如建设年代较早等),现场实际的进路信号机机构及灯光配置可能与所示插图有所不同。

《技规》第三编“信号显示”主要是针对作为“指示列车运行及调车作业的命令”的各种“信号”,就其给出的不同显示,描述其各自表达的含义。对于“色灯信号机”,则是针对其给出的各种灯光显示描述了其所表达的含义。

对于信号工程设计人员或联锁系统的技术人员等,有时仅从本条所述内容并不足以指导电路设计或程序软件的编写,比如:

(1)对于非四显示自动闭塞区段的发车进路信号机,仅从“绿黄”的含义描述(“准许列车越过该信号机,表示该信号机列车运行前方次一架信号机在开放状态”)来看,“进入正线后直向出站”和“进弯出弯”均符合其描述。但在设计电路时,前者应设计为“绿”、后者应设计为“黄”较为妥当。

在非四显示自动闭塞区段,发车进路信号机的“绿黄”显示所指示的条件较为复杂。在较早投入运营且尚未改造的线路,可能是按原铁道部发布的标准图《色灯信号机信号显示举例图册》(电号 9047)进行的设计。按照当时的思路,当发车进路信号机前方的接车进路信号机显示“双黄”时,如满足相关条件,本发车进路信号机可能显示“绿黄”,即指示“进直出弯”或“进弯出弯”。

随着四显示自动闭塞制式在各大干线推广,为统一信号显示制式,一般均以“黄”指示“进直出弯”。相对而言,“进弯出弯”的限制级别更高,亦以黄灯作为指示。由此,对于上述两种情况,发车进路信号机一般不再设计“绿黄”灯。《色灯信号机信号显示举例图册》(电号 9047)已经作废,但因发车进路信号机没有速度含义,也不指示进路的直弯,故目前仍在运营的少数区段尚未改造。

(2)对于发车进路信号机的“黄灯”显示,仅从其含义描述(“准许列车运行到次一色灯信号机之前准备停车”)来看,并不足以进行点灯电路的设计。

考虑《技规》的定位是对铁路现状进行技术管理的规定,故其正文的写法较为宏观。

### 九、通过色灯信号机的显示方式

**《技规》原文**:通过色灯信号机显示下列信号:

1. 半自动闭塞及自动站间闭塞区段

(1)一个绿色灯光——准许列车按规定速度运行(显示方式参照图 3-30,但机构为二显示);

(2)一个红色灯光——不准列车越过该信号机(显示方式参照图3-32,但机构为二显示)。

2. 三显示自动闭塞区段

(1)一个绿色灯光——准许列车按规定速度运行,表示运行前方至少有两个闭塞分区空闲(图3-30);

(2)一个黄色灯光——要求列车注意运行,表示运行前方有一个闭塞分区空闲(图3-31);

图 3-30

图 3-31

(3)一个红色灯光——列车应在该信号机前停车(图3-32)。

图 3-32

3. 四显示自动闭塞区段

(1)一个绿色灯光——准许列车按规定速度运行,表示运行前方至少有三个闭塞分区空闲(图 3-33);

(2)一个绿色灯光和一个黄色灯光——准许列车按规定速度运行,要求注意准备减速,表示运行前方有两个闭塞分区空闲(图 3-34);

(3)一个黄色灯光——要求列车减速运行,按规定限速要求越过该信号机,表示运行前方有一个闭塞分区空闲(图 3-35);

(4)一个红色灯光——列车应在该信号机前停车(图 3-36 所示)。

图 3-33

图 3-34

图 3-35

图 3-36

**条文解释:**本条对通过色灯信号机的各种显示含义作了详细描述,适用于自动闭塞区段一般的通过信号机,也适用于线路所的通过信号机开通直向进路的情况。

在区间分歧道岔处设置的通过信号机兼有进站和出站信号的作用,因此必须设置双机构带引导的机构型式,以与其他通过信号机相区别。在其显示停车信号时,列车停车后,必须待其显示进行信号后方准进入该信号机内方。在自动闭塞区段亦不得按《技规》第316条的规定办理。

自动站间闭塞区段通过信号机的显示与半自动闭塞区段相同。其他通过信号机的显示方式与出站色灯信号机相同。

由《技规》第409条的条文说明,通过信号机以"绿"或"绿黄"指示列车按"规定速度"运行时,是指由不同条件或场景给出的最高限速值中的最低值。

条文所示插图为示意图,未体现线路所防护分歧道岔的通过信号机(参见《技规》第420条)的情况。通过信号机的信号机构及灯光配置可参见《铁路信号设计规范》(TB 10007)等相关标准的规定。某些特殊情况(如建设年代较早、位于桥隧地段等),现场实际的通过信号机机构及灯光配置可能与所示插图有所不同。

## 十、设有分歧道岔的区间线路所色灯信号机的显示方式

**《技规》原文:**线路所防护分歧道岔的色灯信号机开放经道岔侧向位置的进路时显示下列信号:

1. 一个黄色闪光和一个黄色灯光——表示分歧道岔为18号及以上,开往半自动闭塞或自动站间闭塞区间,或开往自动闭塞区间且列车运行前方次一闭塞分区空闲(图3-6)。

2. 不满足上述第1款条件时,显示两个黄色灯光(图3-7)。

防护分歧道岔的线路所通过信号机,其机构外形和显示方式,应与进站信号机相同,引导灯光应予封闭。该信号机显示红色灯光时,不准列车越过。

**条文解释:**本条对设有分歧道岔线路所的通过色灯信号机,当其开通经由道岔侧向位置的进路时的显示含义作了描述;当其开通直向进路时,其显示含义如《技规》第419条。

线路所的通过信号机具有进站和出站双重性质。当其防护分歧道岔时,统一采用进站信号机的机构型式,其显示原则按进站信号机处理。

该类通过信号机不同于自动闭塞区段一般的通过信号机,而应视为绝对信号,当其显示红色灯光时,不准许列车越过。由于该信号机不允许办理引导接车信号,

而其机构型式与进站信号机相同，所以引导灯光予以封闭。

该类通过信号机开放经由道岔侧向位置的进路时，一般采用“双黄”表示，此时，要求司机在越过该信号机时的运行速度应降至防护道岔侧向通过的限制速度。当采用18号及其以上道岔且满足相关条件时，增加“黄闪黄”显示。相关条件是指：开往自动闭塞区间且列车运行前方次一闭塞分区空闲；若开往半自动闭塞或自动站间闭塞区段时，指运行前方至进站信号机（或其他信号机）的距离满足制动距离要求，或两者构成必要的显示联系。

条文所示插图为示意图，未体现自动闭塞区段一般的通过信号机（参见《技规》第419条）的情况。线路所防护分歧道岔的通过信号机的信号机构及灯光配置可参见《铁路信号设计规范》（TB 10007）等相关标准的规定。某些特殊情况（如位于桥隧地段等），现场实际的线路所防护分歧道岔的通过信号机机构及灯光配置可能与所示插图有所不同。

## 十一、容许信号的显示方式

**《技规》原文**：容许信号显示一个蓝色灯光——准许列车在通过色灯信号机显示红色灯光的情况下不停车，以不超过20 km/h的速度通过，运行到次一架通过信号机，并随时准备停车（图3-37）。

**条文解释**：本条对容许信号显示含义作了描述。

《技规》第74条规定：“…在自动闭塞区段内，当货物列车在设于上坡道上的通过信号机前停车后起动困难时，在该信号机上应装设容许信号。…”

装有容许信号的通过信号机，当容许信号显示一个蓝色灯光时，对铁路局规定的停车后起动困难的列车，准许在该通过信号机显示红灯的情况下不停车，限速通过，当容许信号灯光熄灭，司机在确认该通过信号机装有容许信号时，仍可按上述限制速度通过该信号机。

条文所示插图为示意图。通过信号机的信号机构及灯光配置可参见《铁路信号设计规范》（TB 10007）等相关标准的规定。某些特殊情况（如建设年代较早、位于桥隧地段等），现场实际的通过信号机机构及灯光配置可能与所示插图有所不同。

## 十二、遮断色灯信号机的显示方式

**《技规》原文**：遮断色灯信号机显示一个红色灯光——不准列车越过该信号机；不点灯时，不起信号作用（图3-38）。

图 3-37

图 3-38

**条文解释:**本条对遮断色灯信号机显示含义作了描述。

《技规》第 75 条规定:“有人看守道口设遮断信号机;在有人看守的桥隧建(构)筑物及可能危及行车安全的坍方落石地点,根据需要设遮断信号机。该信号机距防护地点不得小于 50 m。”

根据需要,在繁忙道口、有人看守的较大桥隧建筑物及可能危及行车安全的坍方落石地点可设置遮断信号机。为与其他信号机相区别,采用方形背板,并在机柱上涂有黑白斜线。遮断信号机平时不点灯,不起信号作用。当遇有危及行车安全情况时,显示一个红色灯光,不准许列车越过该信号机。

## 十三、遮断信号机的预告信号机显示方式

**《技规》原文:**遮断信号机的预告信号机显示一个黄色灯光——表示遮断信号机显示红色灯光;不点灯时,不起信号作用(图 3-39)。

其他预告色灯信号机显示下列信号:

1. 一个绿色灯光——表示主体信号机在开放状态[图 3-40(A)];
2. 一个黄色灯光——表示主体信号机在关闭状态[图 3-40(B)]。

**条文解释:**本条对预告色灯信号机显示含义作了描述。

《技规》第 76 条规定:“半自动闭塞、自动站间闭塞区段,进站信号机为色灯信号机时,设色灯预告信号机或接近信号机。遮断信号机和半自动闭塞、自动站间闭塞区段线路所通过信号机,设预告信号机。列车运行速度不超过 120 km/h 的区段,预告信号机与其主体信号机的安装距离不得小于 800 m,当预告信号机的显示距离不足 400 m 时,其安装距离不得小于 1 000 m…”

图　3-39

(A)　　　　(B)

图　3-40

预告色灯信号机仅表示其主体信号机的开放和关闭。

预告信号机共有三类：进站预告信号机、非自动闭塞区段通过信号机的预告信号机、遮断预告信号机。前两者以显示注意信号为定位，后者常态不点灯。

遮断信号机的预告信号机仅有一个灯位（黄色灯光），与其他预告信号机的显示方式不同。正常状态不点灯，不起信号作用；当其显示一个黄色灯光时，表示遮断信号机显示红色灯光。

对于其他预告信号机，当显示一个绿色灯光时，仅能表示主体信号机在开放状态（不包括显示引导信号），不能复示主体信号机的各种显示含义和要求。当其灯光熄灭时,列车亦应按黄色灯光运行。

文中所指的信号机“开放”,不包括其显示引导信号;相应地,信号机“关闭”包括其显示引导信号。

条文所示插图为示意图。各种预告信号机的信号机构及灯光配置可参见《铁路信号设计规范》(TB 10007)等相关标准的规定。某些特殊情况(如位于桥隧地段等),现场实际的预告信号机机构可能与所示插图有所不同。

## 十四、接近色灯信号机显示方式

**《技规》原文:**接近色灯信号机显示下列信号:

1. 一个绿色灯光——表示进站信号机开放一个绿色灯光或一个绿色灯光和一个黄色灯光(图 3-41);

2. 一个绿色灯光和一个黄色灯光——表示进站信号机开放一个黄色灯光(图 3-42);

3. 一个黄色灯光——表示进站信号机在关闭状态,或表示进站信号机显示两个黄色灯光或一个黄色闪光和一个黄色灯光(图 3-43)。

图 3-41

图 3-42

图 3-43

**条文解释:**本条对接近色灯信号机的显示含义作了描述。

《技规》第 76 条规定:“半自动闭塞、自动站间闭塞区段,进站信号机为色灯信号机时,设色灯预告信号机或接近信号机。…列车运行速度超过 120 km/h 的区段,设置两段接近区段,在第一接近区段和第二接近区段的分界处,设接近信号机,在第一接近区段入口内 100 m 处,设置机车信号接通标。”

列车运行速度超过 120 km/h 的线路，当采用半自动闭塞或自动站间闭塞时，应设置两个接近区段和接近信号机。接近信号机的安装位置应根据牵引计算确定，并以其作为两个接近区段的分界；在第一接近区段入口 100 m 处设置“机车信号接通标”。接近信号机的显示与四显示自动闭塞的通过信号机显示方式相同，但红色灯位封闭。当灯光熄灭时，列车应按黄色灯光运行。

文中所指的信号机“开放”，不包括其显示引导信号；相应地，信号机“关闭”包括其显示引导信号。

条文所示插图为示意图。接近信号机的信号机构及灯光配置可参见《铁路信号设计规范》（TB 10007）等相关标准的规定。某些特殊情况（如位于桥隧地段等），现场实际的预告信号机机构可能与所示插图有所不同。

## 十五、遮断及其预告信号机的外观要求

**《技规》原文：**遮断及其预告信号机采用方形背板，并在机柱上涂有黑白相间的斜线，以区别于一般信号机。

**条文解释：**本条文对遮断及其预告信号机与一般信号机的区别方式作出了规定。

为与其他信号机相区别，遮断信号机及其预告信号机采用方形背板，并在机柱上涂有黑白色斜线。

## 十六、调车色灯信号机显示方式

**《技规》原文：**调车色灯信号机显示下列信号：

1. 一个月白色灯光——准许越过该信号机调车（图 3-44）；

图 3-44

2. 一个月白色闪光灯光——装有平面溜放调车区集中联锁设备时,准许溜放调车(图 3-45);

图 3-45

3. 一个蓝色灯光——不准越过该信号机调车(图 3-46)。

图 3-46

不办理闭塞的站内岔线,在岔线入口处设置的调车信号机,可用红色灯光代替蓝色灯光[图 3-47(A)]。

起阻挡列车运行作用的调车信号机,应采用矮型三显示机构,增加红色灯光或用红色灯光代替蓝色灯光[图 3-47(B)、图 3-47(C)]。当该信号机的红色灯光熄灭、显示不明或显示不正确时,应视为列车的停车信号。

(A)　　(B)　　(C)

图　3-47

**条文解释**：本条文对调车色灯信号机的显示含义作了描述和规定。

在较大车站，列车在站内运行时，有时要经过几架调车信号机，为避免调车信号的显示影响列车运行，调车信号灯光与列车信号的灯光颜色应有所区别。因红、黄、绿三种颜色已作为列车信号的灯光使用，所以调车信号机的显示采用月白色和蓝色灯光。

为更有效地对车站进行防护，要求对不办理闭塞的站内岔线，在岔线入口处设置的调车信号机，用红色灯光代替蓝色灯光。

尽头式到发线的末端没有必要设置出站信号机，但需对列车运行起阻挡作用，故通常用红色灯光代替蓝色灯光，采用“封闭—红—白”的矮型三灯位信号机构。

在股道中部设置的指示短列车重联（如大秦线）的信号机，可能不具备显示“黄”及以上的允许信号，亦没必要设置列车信号机。对于这类信号机，为对列车起阻挡作用，需要以红色灯光指示列车停车，而又区别于一般调车信号机，故采用矮型三灯位的机构型式，通常采用“白—蓝—红”（或“红—蓝—白”）三灯位信号机构。当办理越过该信号机的列车进路时，该信号机点亮一个蓝色灯光（对列车无效），当列车头部越过该信号机后，点亮一个红色灯光。

对于上述起阻挡列车运行作用的调车信号机，当其灯光熄灭或显示不明、不正确时，均应视为列车停车信号。

条文所示插图为示意图。调车信号机的信号机构及灯光配置可参见《铁路信号设计规范》（TB 10007）等相关标准的规定。某些特殊情况，现场实际的调车信号机机构及灯光配置可能与所示插图有所不同。

## 十七、驼峰及其复示信号机显示方式

**《技规》原文:**驼峰色灯信号机及其复示信号机显示下列信号:

1. 一个绿色灯光——准许机车车辆按规定速度向驼峰推进(驼峰色灯信号机如图 3-48 所示);

2. 一个绿色闪光灯光——指示机车车辆加速向驼峰推进(驼峰色灯信号机如图 3-49 所示);

图 3-48

图 3-49

3. 一个黄色闪光灯光——指示机车车辆减速向驼峰推进(驼峰色灯信号机如图 3-50 所示);

4. 一个红色灯光——不准机车车辆越过该信号机或指示机车车辆停止作业(驼峰色灯信号机如图 3-51 所示);

5. 一个红色闪光灯光——指示机车车辆自驼峰退回(驼峰色灯信号机如图 3-52 所示);

6. 一个月白色灯光——指示机车到峰下(驼峰色灯信号机如图 3-53 所示);

7. 一个月白色闪光灯光——指示机车车辆去禁溜线或迂回线(驼峰色灯信号机如图 3-54 所示)。

驼峰色灯信号机的复示信号机平时无显示(图 3-55);当办理驼峰推送进路后,其显示方式与驼峰色灯信号机相同。

**条文解释:**本条文对驼峰色灯信号机及其复示信号机的显示含义作了描述。

图 3-50

图 3-51

图 3-52

图 3-53

由于驼峰调车作业项目较多，车列的编组和解体计划要通过驼峰信号的显示体现出来。为满足驼峰调车作业的需要，驼峰信号机使用红、绿、黄、月白四种颜色灯光，并利用闪光的特征，组成七种信号显示，便于驼峰调车司机按不同的信号显示进行作业，以提高驼峰调车作业的效率。

当驼峰信号显示一个月白色灯光时，指示机车到峰下进行调车作业。预推作业应在驼峰辅助信号机显示“黄”时进行。

当到达场驼峰辅助信号机与驼峰信号机之间距离较长，驼峰信号机显示距离不满足要求时，可增设驼峰复示信号机。横列式编组站的驼峰调车场，牵出线上可设置驼峰复示信号机，用于复示驼峰信号机的显示。

图 3-54

图 3-55

条文所示插图为示意图。驼峰信号机及其复示信号机的信号机构及灯光配置可参见《铁路信号设计规范》(TB 10007)等相关标准的规定。某些特殊情况,现场实际的驼峰信号机及其复示信号机的灯光配置可能与所示插图有所不同。

## 十八、驼峰色灯辅助信号机及其复示信号机的显示方式

**《技规》原文:**驼峰色灯辅助信号机及其复示信号机显示一个黄色灯光——指示机车车辆向驼峰预先推送(驼峰色灯辅助信号机如图 3-56 所示);当办理驼峰推送进路后,其灯光显示均与驼峰色灯信号机显示相同。

图 3-56

驼峰色灯辅助信号机平时显示红色灯光，对列车起停车信号作用。

驼峰色灯辅助信号机的复示信号机平时无显示（图3-55）；当办理驼峰推送进路或驼峰预先推送进路后，其显示方式与驼峰色灯辅助信号机相同。

**条文解释：**本条文对驼峰色灯辅助信号机及其复示信号机的显示含义作了描述。

驼峰辅助信号机不仅复示驼峰信号机的显示，还起阻挡列车的作用。到达场的驼峰辅助信号机显示一个红色灯光时，可对到达列车起停车信号作用。有的驼峰辅助信号机还可兼作出站信号机或发车进路信号机，其外形和显示方式均与其他复示信号机有所不同，故称为驼峰辅助信号机。即当显示一个黄色灯光，指示机车车辆向驼峰预推时，就起到辅助驼峰信号机的作用。

因为驼峰辅助信号机还可能兼作出站信号机或发车进路信号机，当枢纽内采用四显示自动闭塞方式时，应采用满足四显示自动闭塞区段驼峰辅助信号机兼出站信号机作用的显示方式，即绿灯与黄灯隔灯位的显示方式。

驼峰辅助信号机的显示距离不能满足推峰作业要求时，可装设复示信号机。

条文所示插图为示意图。驼峰辅助信号机及其复示信号机的信号机构及灯光配置可参见《铁路信号设计规范》（TB 10007）等相关标准的规定。某些特殊情况，现场实际的驼峰辅助信号机及其复示信号机的机构及灯光配置可能与所示插图有所不同。

## 十九、色灯复示信号机的显示方式

**《技规》原文：**色灯复示信号机分下列几种：

1. 进站、接车进路、接发车进路信号机的色灯复示信号机采用灯列式机构，显示下列信号：

(1) 两个月白色灯光与水平线构成60°角显示——表示主体信号机显示经道岔直向位置向正线接车的信号（图3-57）；

(2) 两个月白色灯光水平位置显示——表示主体信号机显示经道岔侧向位置接车的信号（图3-58）；

(3) 无显示——表示主体信号机在关闭状态（图3-59）。

2. 出站及发车进路信号机的色灯复示信号机显示下列信号：

(1) 一个绿色灯光——表示主体信号机在开放状态（图3-60）；

(2) 无显示——表示主体信号机在关闭状态。

3. 调车色灯复示信号机显示下列信号：

(1) 一个月白色灯光——表示调车信号机在开放状态（图3-61）；

图 3-57

图 3-58

图 3-59

图 3-60

图 3-61

(2)无显示——表示调车信号机在关闭状态。

进站、出站、进路、驼峰及调车色灯复示信号机均采用方形背板,以区别于一般信号机。

**条文解释:**本条对进站信号机、进路信号机、出站信号机及调车信号机的色灯复示信号机的显示含义作了描述,规定了其区别一般信号机的方式。

当主体信号机的显示距离不能满足规定的要求时,设置复示信号机。

1. 第1款

接车进路信号机、接发车进路信号机及防护分歧道岔的线路所通过信号机,无论是机构外形、显示方式，还是表达的速度含义均类似于进站信号机，故其复示信号机亦采用灯列式机构以避免与主体信号机的绿色灯光显示相混淆。

2. 第 2 款

出站信号机和发车进路信号机的复示信号机，主要是因站内线路曲线情况致使瞭望出站信号机较为困难，不能满足显示距离时而设置。

3. 第 3 款

调车复示信号机，主要是为解决车站岔线入口处调车信号机达不到规定显示距离而设置。

4. 需要说明的问题

文中所指的信号机“开放”，不包括其显示引导信号；相应地，信号机“关闭”包括其显示引导信号。

## 二十、机车信号机显示方式及含义

**《技规》原文：**机车信号机显示下列信号：

1. 三显示自动闭塞区段的连续式机车信号机

（1）一个绿色灯光——准许列车按规定速度运行，表示列车接近的地面信号机显示绿色灯光（图 3-62）；

（2）一个半绿半黄色灯光——准许列车按规定速度注意运行，表示列车接近的地面信号机显示一个绿色灯光和一个黄色灯光（图 3-63）；

图 3-62

图 3-63

（3）一个带“2”字的黄色闪光——要求列车注意运行，表示列车接近的地面信号机显示一个黄色灯光，并预告次一架地面信号机开放经 18 号及以上道岔侧向位置的进路，且列车运行前方第三架信号机开通直向进路或开放经 18 号及以上道岔

侧向位置的进路(图 3-64);

(4)一个带“2”字的黄色灯光——要求列车注意运行,表示列车接近的地面信号机显示一个黄色灯光,并预告次一架地面信号机开放经道岔侧向位置的进路[但不满足上述第(3)项条件](图 3-65);

图 3-64

图 3-65

(5)一个黄色灯光——要求列车注意运行,表示列车接近的地面信号机显示一个黄色灯光,并预告次一架地面信号机处于关闭状态(图 3-66);

(6)一个双半黄色闪光——要求列车限速运行,表示列车接近的地面信号机开放经 18 号及以上道岔侧向位置的进路,且次一架信号机开通直向进路或开放经 18 号及以上道岔侧向位置的进路;或表示列车接近设有分歧道岔线路所的地面信号机开放经 18 号及以上道岔侧向位置的进路、显示一个黄色闪光和一个黄色灯光(图 3-67);

图 3-66

图 3-67

(7)一个双半黄色灯光——要求列车限速运行,表示列车接近的地面信号机

开放经道岔侧向位置的进路[但不满足上述第(6)项条件]、显示两个黄色灯光或其他相应显示(图 3-68);

图 3-68

(8)一个半黄半红色闪光——表示列车接近的进站、接车进路或接发车进路信号机显示引导信号或通过信号机显示容许信号(图 3-69);

图 3-69

(9)一个半黄半红色灯光——要求及时采取停车措施,表示列车接近的地面信号机显示红色灯光(图 3-70);

(10)一个红色灯光——表示列车已越过地面上显示红色灯光的信号机(图 3-71);

(11)一个白色灯光——不复示地面上的信号显示,机车乘务人员应按地面信号机的显示运行(图 3-72)。

无显示时,表示机车信号机在停止工作状态。

图 3-70

图 3-71

图 3-72

2. 四显示自动闭塞区段连续式机车信号机

(1)一个绿色灯光——准许列车按规定速度运行,表示列车接近的地面信号机显示绿色灯光(图 3-73);

(2)一个半绿半黄色灯光——准许列车按规定速度注意运行,表示列车接近的地面信号机显示一个绿色灯光和一个黄色灯光(图 3-74);

(3)一个带“2”字的黄色闪光——要求列车减速到规定的速度等级越过接近的显示一个黄色灯光的地面信号机,并预告次一架地面信号机开放经 18 号及以上道岔侧向位置的进路,且列车运行前方第三架信号机开通直向进路或开放经 18 号及以上道岔侧向位置的进路(图 3-75);

(4)一个带“2”字的黄色灯光——要求列车减速到规定的速度等级越过接近的显示一个黄色灯光的地面信号机,并预告次一架地面信号机开放经道岔侧向位置的进路[但不满足上述第(3)项条件](图 3-76);

图 3-73

图 3-74

图 3-75

图 3-76

(5)一个黄色灯光——要求列车减速到规定的速度等级越过接近的显示一个黄色灯光的地面信号机，并预告次一架地面信号机处于关闭状态(图 3-77)；

(6)一个双半黄色闪光——要求列车限速运行，表示列车接近的地面信号机开放经 18 号及以上道岔侧向位置的进路，且次一架信号机开通直向进路或开放经 18 号及以上道岔侧向位置的进路；或表示列车接近设有分歧道岔线路所的地面信号机开放经 18 号及以上道岔侧向位置的进路、显示一个黄色闪光和一个黄色灯光(图 3-78)；

(7)一个双半黄色灯光——要求列车限速运行，表示列车接近的地面信号机开放经道岔侧向位置的进路[但不满足上述第(6)项条件]、显示两个黄色灯光或其他相应显示(图 3-79)；

(8)一个半黄半红色闪光——表示列车接近的进站、接车进路或接发车进路信号机显示引导信号或通过信号机显示容许信号(图 3-80)；

图 3-77

图 3-78

图 3-79

图 3-80

(9)一个半黄半红色灯光——要求及时采取停车措施,表示列车接近的地面信号机显示红色灯光(图 3-81);

图 3-81

(10)一个红色灯光——表示列车已越过地面上显示红色灯光的信号机(图 3-82)；

(11)一个白色灯光——不复示地面上的信号显示,机车乘务人员应按地面信号机的显示运行(图 3-83)。

图 3-82

图 3-83

无显示时,表示机车信号机在停止工作状态。

3. 接近连续式机车信号机的显示方式与连续式机车信号机相同。

4. LKJ 屏幕显示器的机车信号显示应与机车信号机的显示含义相同。

**条文解释**:本条文对机车信号机的显示含义作了描述。

《技规》第 101 条规定:“最高运行速度不超过 160 km/h 的机车,机车信号设备与列车运行监控装置(LKJ)结合使用,…。”

《技规》第 102 条规定:“机车信号分为连续式和接近连续式。自动闭塞区段应装设连续式机车信号,半自动闭塞和自动站间闭塞区段应装设接近连续式机车信号。…机车信号的显示,应与线路上列车接近的地面信号机的显示含义相符。…”

《技规》第 316 条规定:“…装有连续式机车信号的列车,遇通过信号机灯光熄灭,而机车信号显示允许运行的信号时,应按机车信号的显示运行。…”

《技规》第 338 条规定:“遇天气恶劣,…改按天气恶劣难以辨认信号的办法行车。1. 列车按机车信号的显示运行。当接近地面信号机时,司机应确认地面信号,遇地面信号与机车信号显示不一致时,应立即采取减速或停车措施。…”

连续式机车信号机采用八个灯位信号机构,可以有 11 种显示。

1. 第 1 款:三显示自动闭塞区段的连续式机车信号机

(1)第(1)项:一个绿色灯光指示列车按“规定速度”运行、列车接近的地面信号机显示绿色灯光,并反映列车接近的信号机所防护闭塞分区(或站内列车进路)的入口速度和出口速度均为“规定速度”。

在自动闭塞区间正方向运行时,表示列车运行前方至少有两个闭塞分区空闲。当列车位于进站信号机外方第二个闭塞分区(进站第一接近区段)时,表示进站信号机外方的闭塞分区(进站第二接近区段)空闲,且进站信号机已开放经直向进路的信号;当列车位于进站信号机外方闭塞分区(进站第二接近区段)时,表示列车可以经正线直向通过车站。

在自动闭塞区间反方向运行时,表示反向进站信号机显示“绿”,指示列车经正线反向通过车站。

在站内,表示列车可以经正线直向出站。在某些站场,出站信号机可能具有“双绿”显示(表示“开往半自动闭塞或自动站间闭塞区间”),此时,如发车进路经道岔直向位置进入区间,则该“双绿”显示亦符合该项内容。

(2)第(2)项:一个半绿半黄色灯光指示列车按“规定速度”注意运行、列车接近的地面信号机显示“绿黄”,并反映列车接近的信号机所防护进路的入口速度为“规定速度”、出口速度通常亦为“规定速度”(也可能是道岔侧向限速)。

表示列车进站越场接车或在站内运行,接车进路的道岔开通直向、进路信号机在开放状态;出站信号机(或至少有一架进路信号机)关闭或开通经由道岔侧向位置的发车进路。列车是否应在车站停车,取决于出站(进路)信号机的显示状态。

(3)第(3)项:一个带“2”字的黄色闪光指示列车注意运行、列车接近的地面信号机显示“黄”,次一架信号机显示“黄闪黄”或相应的其他显示;并反映列车接近的信号机所防护进路的入口速度为“规定速度”、出口速度通常为 80 km/h(或以上)。

在自动闭塞区间正方向运行时，当列车位于进站信号机外方第二个闭塞分区（进站第一接近区段）时，表示进站信号机外方的通过信号机显示黄灯、“次一架信号机”（进站信号机）显示“黄闪黄”。

在自动闭塞区间正方向运行时，当列车位于进站信号机外方闭塞分区（进站第二接近区段）时，除表示进站信号机显示黄灯外：如站内的运行径路上无进路信号机（“次一架信号机”为出站信号机），还表示经 18 号道岔侧向出站进入区间，此时出站信号机通常显示绿灯；如站内的运行径路上“次一架信号机”为进路信号机，则还表示经 18 号道岔侧向位置接（发）车并经“直向进路或 18 号道岔侧向位置”发车（不一定出站），此时“次一架信号机”既可能显示“黄闪黄”、也可能显示“绿”、“绿黄”或“黄”。

在自动闭塞区间反方向运行时，场景与上述“列车正向运行、位于进站信号机外方闭塞分区（进站第二接近区段）”情况类似。

在站内运行时，除表示列车接近的进路信号机显示“黄”外：如“次一架信号机”为出站信号机，还表示经 18 号道岔侧向出站进入区间，此时出站信号机通常显示绿灯；如“次一架信号机”仍为进路信号机，则还表示经 18 号道岔侧向位置接（发）车并经“直向进路或 18 号道岔侧向位置”发车（不一定出站），此时“次一架信号机”既可能显示“黄闪黄”、也可能显示“绿”、“绿黄”或“黄”。

随着线路提速，车站逐步采用较大辙叉号（18 号及以上）的道岔。为提高列车经道岔侧向通过时的运行速度，机车信号以“黄 2 闪”指示（区别于“黄 2”或“黄”），要求列车注意运行。

（4）第（4）项：一个带“2”字的黄色灯光指示列车注意运行、列车接近的地面信号机显示“黄”，次一架信号机开放经道岔侧向位置的进路；并反映列车接近的信号机所防护进路的入口速度为“规定速度”、出口速度为 45 km/h 或更低；为区别于上述第（3）项“一个带‘2’字的黄色闪光”的情况，“次一架信号机”的显示是“双黄”或相应的其他显示。

在自动闭塞区间正方向运行时，当列车位于进站信号机外方第二个闭塞分区（进站第一接近区段）时，表示进站信号机外方的通过信号机显示黄灯、“次一架信号机”（进站信号机）显示“双黄”。

在自动闭塞区间正方向运行时，当列车位于进站信号机外方闭塞分区（进站第二接近区段）时，除表示进站信号机显示黄灯外：如站内的运行径路上无进路信号机（“次一架信号机”为出站信号机），还表示经 18 号以下道岔侧向出站进入区间，此时出站信号机通常显示“绿”或“黄”，也可能显示“双绿”；如站内的运行径路上

“次一架信号机”为进路信号机,则还表示经18号以下道岔侧向位置接(发)车(不一定出站),此时“次一架信号机”既可能显示“双黄”、也可能显示“绿”、“绿黄”或“黄”。

在自动闭塞区间反方向运行时,场景与上述“列车正向运行、位于进站信号机外方闭塞分区(进站第二接近区段)”情况类似。

在站内运行时,除表示列车接近的进路信号机显示“黄”外:如“次一架信号机”为出站信号机,还表示经18号以下道岔侧向出站进入区间,此时出站信号机通常显示“绿”或“黄”,也可能显示“双绿”;如“次一架信号机”仍为进路信号机,则还表示经18号以下道岔侧向位置接/发车(不一定出站),此时“次一架信号机”既可能显示“双黄”、也可能显示“绿”“绿黄”或“黄”。

(5)第(5)项:一个黄色灯光指示列车注意运行、列车接近的地面信号机显示“黄”、次一架信号机关闭;并反映列车接近的信号机所防护进路的入口速度为“规定速度”、出口速度为0(或20 km/h)。

区别于上述第(3)项“一个带‘2’字的黄色闪光”、第4(项)“一个带‘2’字的黄色灯光”的情况,明确了“次一架信号机”未开放。

(6)第(6)项:一个双半黄色闪光指示列车限速运行、列车接近的地面信号机显示“黄闪黄”或相应的其他显示;并反映列车接近的信号机所防护进路的入口速度通常为80 km/h(或以上),不反映出口速度。

列车运行前方为接车信号机(进站、接车进路、接发车进路或防护区间分歧道岔的线路所通过信号机)时,该地面信号机显示“黄闪黄”。列车运行前方不是接车信号机时,该地面信号机既可能显示“绿”、“绿黄”或“黄”,也可能显示“双绿”,但其指示的进路开放属性与“黄闪黄”的含义类似(即“开放经18号及以上道岔侧向位置的进路,且次一架信号机开通直向进路或开放经18号及以上道岔侧向位置的进路”)。

(7)第(7)项:一个双半黄色灯光指示列车限速运行、列车接近的地面信号机开放经道岔侧向位置的进路;并反映列车接近的信号机所防护进路的入口速度为45 km/h(或更低),不反映出口速度;为区别于上述第(6)项“一个双半黄色闪光”的情况,该信号机的显示是“双黄”或相应的其他显示。

列车运行前方为接车信号机(进站、接车进路、接发车进路或防护区间分歧道岔的线路所通过信号机)时,该地面信号机显示“双黄”。列车运行前方不是接车信号机时,该地面信号机既可能显示“绿”、“绿黄”或“黄”,也可能显示“双绿”,但其指示的进路开放属性与“双黄”的含义类似(即“经道岔侧向位置但不符合‘黄闪黄’指示的条件”）。

(8)第(8)项:一个半黄半红色闪光指示列车及时减速、列车接近的地面信号机显示引导信号或容许信号;并反映列车接近的信号机所防护进路的入口速度为20 km/h或更低,不反映出口速度。

进站信号机、接车进路信号机、接发车进路信号机显示引导信号或通过信号机显示容许信号时,机车信号以“半黄半红闪”指示列车以不超过20 km/h速度运行。

(9)第(9)项:一个半黄半红色灯光指示列车及时减速、列车接近的地面信号机显示红灯。

(10)第(10)项:一个红色灯光指示列车已越过禁止信号。列车冒进禁止信号时,机车信号机以“红”灯指示列车需采取制动措施。如司机未按要求及时制动,车载设备将直接输出制动命令。

(11)第(11)项:一个白色灯光表示列车所在区段的地面信号设备未提供机车信号信息码或提供的是无效码,此时不复示地面信号显示。

(12)机车信号机无显示时,通常是因为设备关机或发生故障。在调车作业时,机车信号机通常处于关机状态,表示设备停用。

2. 第2款:四显示自动闭塞区段的连续式机车信号机

(1)第(1)项:一个绿色灯光指示列车按“规定速度”运行、列车接近的地面信号机显示绿色灯光,并反映列车接近的信号机所防护闭塞分区(或站内列车进路)的入口速度和出口速度均为“规定速度”。

在自动闭塞区间正方向运行时,表示列车运行前方至少有三个闭塞分区空闲。当列车位于进站信号机外方第二个闭塞分区(进站第二接近区段)时,表示进站信号机外方的闭塞分区(进站第三接近区段)空闲,且进站信号机已开放“绿”或“绿黄”;当列车位于进站信号机外方闭塞分区(进站第三接近区段)时,表示进站信号机已开放“绿”。

在站内,表示列车至少可以越过连续三个经直向进路开放的信号机接/发车,但与出站信号机是否开放或开放的进路“直弯”没有必然联系,这与三显示自动闭塞区段有所不同。在某些站场,出站信号机可能具有“双绿”显示(表示“开往半自动闭塞或自动站间闭塞区间”),此时,如发车进路经道岔直向位置进入区间,则该“双绿”显示亦符合该项内容。

由上,对于三显示、四显示自动闭塞区段机车信号机的“一个绿色灯光”,虽然第1款、第2款的该项正文相同,但因其各自反映的地面信号机“绿”灯的显示含义不同,故其指示的运行条件也有所不同。

(2)第(2)项:一个半绿半黄色灯光指示列车按“规定速度”注意运行、列车接近的地面信号机显示“绿黄”,并反映列车接近的信号机所防护进路的入口速度为“规定速度”、出口速度为“黄灯限速”。

在自动闭塞区间正方向运行时,表示列车运行前方有两个闭塞分区空闲。当列车位于进站信号机外方第二个闭塞分区(进站第二接近区段)时,表示进站信号机外方的闭塞分区(进站第三接近区段)空闲,且进站信号机已开放“黄”;当列车位于进站信号机外方闭塞分区(进站第三接近区段)时,表示进站信号机已开放“绿黄”。

在站内,表示列车可以越过连续两个经直向进路开放的信号机接(发)车,但与出站信号机是否开放或开放的进路“直弯”没有必然联系,这与三显示自动闭塞区段有所不同。

综上,对于三显示、四显示自动闭塞区段机车信号机的“一个半绿半黄色灯光”,虽然第1款、第2款的该项正文相同,但因其各自反映的地面信号机“绿黄”灯的显示含义不同,故其指示的运行条件也有所不同。

(3)第(3)项:一个带“2”字的黄色闪光指示列车减速运行、列车接近的地面信号机显示“黄”,次一架信号机显示“黄闪黄”或相应的其他显示;并反映列车接近的信号机所防护进路的入口速度为“黄灯限速”、出口速度通常为80 km/h(或以上)。

(4)第(4)项:一个带“2”字的黄色灯光指示列车减速运行、列车接近的地面信号机显示“黄”,次一架信号机开放经道岔侧向位置的进路;并反映列车接近的信号机所防护进路的入口速度为“黄灯限速”、出口速度为45 km/h或更低;为区别于上述第(3)项“一个带‘2’字的黄色闪光”的情况,“次一架信号机”的显示是“双黄”或相应的其他显示。

(5)第(5)项:一个黄色灯光指示列车减速运行、列车接近的地面信号机显示“黄”、次一架信号机关闭;并反映列车接近的信号机所防护进路的入口速度为“黄灯限速”、出口速度为0(或20 km/h)。

区别于上述第(3)项“一个带‘2’字的黄色闪光”、第(4)项“一个带‘2’字的黄色灯光”的情况,明确了“次一架信号机”未开放。

(6)第(6)项“双半黄闪”、第(7)项“双半黄”与非四显示自动闭塞区段的情况相同,但具有速度含义;第(8)项“半黄半红闪”、第(9)项“半黄半红”、第(10)项“红”、第(11)项“白”以及“无显示”与非四显示自动闭塞区段的情况相同。

四显示自动闭塞区段连续式机车信号机与三显示自动闭塞区段相同,但其提供的信息量更大，并且包含了后者的全部内容，今后将会逐步取代之。

3. 第 3 款

目前，全路机车信号的低频信息及机车信号设备类型均已统一，故接近连续式机车信号机收到地面发送的机车信号信息码后，其显示方式与连续式机车信号机相同。

4. 第 4 款

LKJ 设备的机车信号信息输入来源于机车信号设备，故其屏幕显示器的机车信号显示与机车信号机的显示含义相同。

5. 需要说明的问题

上述说明中的举例针对的是较为典型的场景，未列举实践中的所有情况。

文中的“直向进路”是指进路中不包含道岔或虽包含道岔但均开通直向位置。为简化描述，“直向进路”也可指代闭塞分区。

《技规》第 345 条规定：“当未装备列车运行监控装置的动车组列车在 CTCS-0/1 级区段按机车信号模式运行时，列车按地面信号机显示行车，最高运行速度不超过 80 km/h。…”

由《技规》第 409 条的条文说明，机车信号机以“绿”或“半绿半黄”指示列车按“规定速度”运行时，是指由不同条件或场景给出的最高限速值中的最低值。

文中的“地面信号机”主要指进站信号机、出站信号机、进路信号机、接近信号机、驼峰辅助兼出站（或发车进路）信号机、对列车起阻挡作用的调车信号机、专用线入口处的调车信号机等，以及区间线路所（辅助所）的通过信号机和自动闭塞区段一般的通过信号机；在某些线路，可能还包括遮断信号机。

文中所指的信号机“开放”，不包括其显示引导信号；相应地，信号机“关闭”包括其显示引导信号。

条文所示插图（包括图中体现的地面信号机的机构及灯光配置等）为示意图。

## 第三节　移动信号

### 一、移动信号显示方式及意义

**《技规》原文**：移动信号显示方式如下：

1. 停车信号

昼间——表面有反光材料的红色方牌；夜间——柱上红色灯光（图 3-84）。

图 3-84

2. 减速信号

(1)表面有反光材料的黄底黑字圆牌,标明列车限制速度(图 3-85)。

(2)施工及其限速区段,在减速信号牌外方增设的特殊减速信号牌为表面有反光材料的黄底黑“T”字圆牌(图 3-86)。

图 3-85

图 3-86

3. 减速防护地段终端信号

表面有反光材料的绿色圆牌(图 3-87)。在单线区段,司机应看线路右侧减速信号牌背面的绿色圆牌。

在有 1 万 t 或 2 万 t(含 1.5 万 t)货物列车运行的线路增设的 1 万 t、2 万 t(含

1.5 万 t）减速防护地段终端信号牌为表面有反光材料的绿底黑“W”字（1 万 t）或黑“L”字（1.5 万 t 和 2 万 t）圆牌（图 3-88）。

图 3-87

图 3-88

**条文解释**：本条对停车信号、减速信号、减速防护地段终端信号等移动信号的显示方式作出了规定。

移动信号用于线路故障、站内或区间施工时，临时性禁止列车驶入或要求慢行的地段，采用可以随时设置或撤除的移动式信号牌。移动信号表面反光材料应符合国家标准《道路交通标志反光膜》（GB/T 18833）的规定。

1. 第 1 款：停车信号

主要设置在故障或线路施工地点前后，以阻止列车驶入防护地点。具体设置方法见《技规》第 392 条、第 393 条、第 394 条、第 405 条。

2. 第 2 款：减速信号

用于线路故障排除后或施工中以及施工前、施工后，线路状态低于正常运行速度要求的临时性慢行地段。在距施工地点 800 m 处设移动减速信号牌；在运行速度高于 120 km/h 但不超过 200 km/h 的线路上，根据不同速度等级列车的紧急制动距离，在原减速信号牌外方增设特殊减速信号牌。

移动减速信号牌上应标明限制列车运行的速度值（每小时运行公里数），以便司机按规定速度通过慢行地段；特殊减速信号牌上标注字母“T”字样。

（1）最高运行速度大于 120 km/h 的旅客列车（动车组列车除外）、行邮列车及最高运行速度为 120 km/h 的货物列车、行包列车，其紧急制动距离大于移动减速信号的防护距离，为确保运输安全，施工及其限速地段需根据本线运行所有列车的最长制动距离,设置黄底黑“T”字圆牌,意为特殊减速信号牌。具体设置方法见《技规》第 395 条、第 396 条。

动车组列车也使用带 T 字的移动减速信号牌进行防护,防护距离为 1 400 m。

(2)为防止主动光源失效或亮度不足等原因导致的信号不明,施工或作业人员在夜间使用停车信号时应更换为灯光信号,不得使用反光材料的停车信号牌代替灯光信号。

3. 第 3 款:减速防护地段终端信号

表示长度不超过 800 m(防护地段末端至减速防护地段终端信号牌)的列车已驶出慢行地段,可以恢复正常速度运行。减速防护地段终端信号与减速信号可设于同一个信号圆牌,一面为黄色、另一面为绿色,以适应对不同方向列车的要求。该信号的设置位置,在双线区间为减速地点标的同侧,在单线区间为列车前进方向的右侧。具体设置方法见本规程第 395 条、第 396 条。

根据太原铁路局、呼和浩特铁路局的重载线路运营经验,1 万 t 和 2 万 t(含 1.5 万 t)组合货物列车较长,为提高运输效率,在减速信号终止端外方增设“W”字圆牌和“L”字圆牌。

## 二、在站内线路上检查、修理、整备车辆或进行装卸作业时相关防护规定

**《技规》原文:**在站内线路上检查、修理、整备车辆或进行装卸作业时,应在两端来车方向的左侧钢轨设置带有脱轨器的固定或移动信号牌(灯)进行防护,前后两端的防护距离均应不小于 20 m(图 3-89);不足 20 m 时,应将道岔锁闭在不能通往该线的位置。

图 3-89

旅客列车在到发线上进行车辆技术作业时,用红色信号旗(灯)进行防护,可不设脱轨器。红色信号旗(灯)的设置:

1. 机车摘挂相关作业时,在机次一位客车非站台侧设置。

2. 技术检查作业时，在机次一位客车前端非站台侧和尾部客车后端站台侧设置。车辆乘务员单班单人值乘列车，在无客列检车站进行站折技术检查作业时，仅在来车端一位客车前端站台侧设置。

3. 处理车辆故障时，在故障车辆站台侧设置。

**条文解释**：本条针对站内作业等情况进行防护的移动信号作出了规定。

为保证在站内线路上检查、修理、整备车辆或进行装卸作业时，检修人员以及相关作业人员的人身安全，在列车或车辆两端来车方向的左侧钢轨上设置带有脱轨器的固定或移动信号牌（夜间为信号灯）进行防护。脱轨器应安放牢固、作用良好，固定信号或移动信号应经常保持醒目状态。

为防止机车车辆轧上脱轨器后与检修车辆相撞，规定脱轨器安放地点距检修车辆不少于 20 m。如不足 20 m 时，列检值班员应通知车站值班员，将道岔锁闭在不能通往该线的位置上。对集中联锁操纵的道岔，应在操作台按钮上挂牌或其他明显标志，提醒操纵人员注意，以保证作业人员安全。

旅客列车由于摘挂机车、停站和技检时间较短，在到发线作业时只用红色信号旗（灯）防护，可以不设脱轨器。

## 三、列车运行中遇响墩爆炸声及火炬信号时的相关规定

**《技规》原文**：响墩爆炸声及火炬信号的火光（图 3-90、图 3-91），均要求紧急停车。停车后如无防护人员，机车乘务人员应立即检查前方线路，如无异状，列车以在瞭望距离内能随时停车的速度继续运行，但最高不得超过 20 km/h。在自动闭塞区间，运行至前方第一架通过（进站）信号机前，如无异状，即可按该信号机显示的要求执行；在半自动或自动站间闭塞区间，经过 1 km 后，如无异状，可恢复正常速度运行。

图 3-90

图 3-91

**条文解释**:本条对响墩及火炬信号的使用和显示含义作出了规定。

本规程第340条规定:"…车辆乘务员应配备列车无线调度通信设备及响墩、火炬、短路铜线、信号旗(灯)等防护用品,…"

本规程第341条规定:"…随车机械师应配备GSM-R手持终端和无线对讲设备及响墩、火炬、短路铜线、信号旗(灯)等防护用品,…"

本规程第367条规定:"列车被迫停车可能妨碍邻线时,司机应立即用列车无线调度通信设备通知邻线上运行的列车和两端站(列车调度员),并与车辆乘务员(随车机械师)分别在列车的头部和尾部附近邻线上点燃火炬;…"

本规程第368条规定:"列车在区间被迫停车后,根据下列规定放置响墩防护:…防护人员设置的响墩待停车原因消除后可不撤除(运行动车组列车的区段除外)。"

本规程第374条规定:"…救援列车进入封锁区间后,…在防护人员处或压上响墩后停车,联系确认,并按要求进行作业。"

响墩及火炬信号是临时使用的紧急信号。当司机听到响墩的爆炸声或发现火炬信号的火光时,应立即采取停车措施。有关行车人员以及机车、动车、轨道车在出乘时应携带此类备品。当列车在区间内发生事故,以及其他原因被迫停车时,均应立即或按《技规》的要求放置响墩及火炬信号进行防护。使用响墩信号时应按规定摆放,火炬信号应放在道心处。火炬信号应昼夜通用。

列车遇响墩爆炸和火炬信号的灯光停车后,如有防护人员,司机应及时与其联系,了解情况并采取相应措施。如按《技规》第368条"防护人员设置的响墩待停车原因消除后可不撤除(运行动车组列车的区段除外)"的规定等情况,司机停车后未找到防护人员时,应迅速检查线路及周围情况,如天气情况正常、线路无异状且无被迫停车列车时,允许列车以在瞭望距离内能随时停车的速度继续运行,但最高不超过20 km/h。在自动闭塞区间,列车运行到第一架通过信号机(或进站信号机)时,即按该信号机的显示要求执行。在非自动闭塞区间,慢行一公里后,如无异状准许恢复正常速度运行。

## 四、无线调车灯显显示方式及意义

**《技规》原文**:使用无线调车灯显制式(图3-92)的信号显示方式如下:

1. 一个红灯——停车信号。
2. 一个绿灯——推进信号。
3. 绿灯闪数次后熄灭——起动信号。

图 3-92

4. 绿、红灯交替后绿灯长亮——连结信号。

5. 绿、黄灯交替后绿灯长亮——溜放信号。

6. 黄灯闪后绿灯长亮——减速信号。

7. 黄灯长亮——十、五、三车距离信号。

(1)十车距离信号(加辅助语音提示);

(2)五车距离信号(加辅助语音提示);

(3)三车距离信号(加辅助语音提示)。

8. 两个红灯——紧急停车信号。

9. 先两个红灯后熄灭一个红灯——解锁信号。

**条文解释**:本条对无线调车灯显设备的显示含义作了描述。

《技规》第154条规定:“车站根据业务性质、运量大小及技术作业的需要,设置下列主要设备:…14. 无线调车灯显设备、无线调车机车信号和监控系统(STP);…”

《技规》第282条规定:“使用机车进行调车作业时,应采用无线调车灯显设备(机车摘挂、转线等不进行车辆摘挂的作业,列车在到达线路内拉道口、直接后部摘车除外),并使用规定频率,其显示方式须符合有关要求。无线调车灯显设备应与列车运行监控装置配合使用。无线调车灯显设备正常使用时停用手信号,对灯显以外的作业指令采用通话方式;无线调车灯显设备发生故障时,改用手信号作业。无线调车灯显设备、无线调车机车信号和监控系统的使用、维修及管理办法由铁路局规定。”

《技规》第290条规定:“调车作业必须做好下列准备:…4. 无线调车灯显设备试验良好。”

无线调车灯显是专为调车机车配备的显示设备,用于接收并显示调车人员发出的调车指令,机车乘务员按照无线调车灯显的信号显示进行作业。

## 第四节 手 信 号

### 一、列车运行中应遵守的手信号显示方式

**《技规》原文**:列车运行时,有关人员应遵守下列手信号的显示:

1. 停车信号:要求列车停车。

昼间——展开的红色信号旗;夜间——红色灯光(图3-93)。

图 3-93

昼间无红色信号旗时,两臂高举头上向两侧急剧摇动;夜间无红色灯光时,用白色灯光上下急剧摇动(图 3-94)。

图 3-94

2. 减速信号:要求列车降低到要求的速度。

昼间——展开的黄色信号旗;夜间——黄色灯光(图 3-95)。

昼间无黄色信号旗时,用绿色信号旗下压数次;夜间无黄色灯光时,用白色或绿色灯光下压数次(图 3-96)。

3. 发车信号:要求司机发车。

昼间——展开的绿色信号旗上弧线向列车方面作圆形转动;夜间——绿色灯

图　3-95

图　3-96

光上弧线向列车方面作圆形转动(图 3-97)。

在设有发车表示器的车站,按发车表示器显示发车。

4. 通过手信号:准许列车由车站(场)通过。

昼间——展开的绿色信号旗;夜间——绿色灯光(图 3-98)。

5. 引导手信号:准许列车进入车场或车站。

昼间——展开的黄色信号旗高举头上左右摇动;夜间——黄色灯光高举头上左右摇动(图 3-99)。

6. 特定引导手信号显示方式:昼间为展开绿色信号旗高举头上左右摇动,夜

图 3-97

图 3-98

间为绿色灯光高举头上左右摇动(图 3-100)。

**条文解释:**本条文对列车运行中手信号的使用和显示含义作出了规定。

手信号是铁路运输工作中广泛采用的一种视觉信号。根据行车工作的要求,可以机动地指挥列车运行和调车作业,也可作为联系和传达行车有关事项的旗(灯)语。

显示手信号时必须严肃认真,应做到横平、竖直、灯正、圈圆。

《技规》第 357 条规定:“…上述列车均应在进站信号机外停车,由接车人员向司机通知事由后,以调车手信号旗(灯)将列车领入站内。”

图　3-99

图　3-100

《技规》第 358 条规定：“…当超长列车尾部停在警冲标外方…必须派人以停车手信号对列车进行防护。”

《技规》第 359 条规定：“…由引导人员接车时，应在引导员接车地点标处（…），显示引导手信号接车…”

《技规》第 360 条规定：“接发列车时，接发车人员应携带列车无线调度通信设备、持手信号旗（灯），站在规定地点接送列车…”

《技规》第 365 条规定：“出站信号机发生故障时，除按规定交递行车凭证外，对通过列车应预告司机，并显示通过手信号…”

《技规》第381条规定:“遇有施工又必须接发列车的特殊情况时,可按以下施工特定行车办法办理:…2. 引导接车并正线通过时,准许列车司机凭特定引导手信号的显示,以不超过60 km/h速度进站。3. 准许车站不向司机递交书面行车凭证和调度命令。但车站仍按规定办理行车手续…得到司机复诵正确后,方可显示通过手信号。列车凭通过手信号通过车站…”

《技规》第383条规定:“路用列车应由施工单位指派胜任人员携带列车无线调度通信设备值乘,并在区间协助司机作业。路用列车或施工机械进入施工地段时,应在施工防护人员显示的停车手信号前停车,根据施工负责人的要求,按调车办法,进入指定地点。”

《技规》第388条规定:“在区间线路、站内线路、站内道岔上维修时,现场防护人员应站在维修地点附近、且瞭望条件较好的地点进行防护,在天窗内作业时,显示停车手信号…”

《技规》第392条规定:“在区间线路上施工时,使用移动停车信号的防护办法如下:…现场防护人员应站在距施工地点800 m附近,且瞭望条件较好的地点显示停车手信号…”

《技规》第401条规定:“利用列车间隔在区间使用轻型车辆及小车时,应在车站登记,并设置驻站联络员,按下列规定防护:1. 轻型车辆运行中,须显示停车手信号,并注意瞭望。2. 在线路上人力推行小车时,应派防护人员在小车前后方向,按线路最大速度等级的列车紧急制动距离位置显示停车手信号,随车移动,如瞭望条件不良,应增设中间防护人员。3. 在双线地段遇有邻线来车时,应暂时收回停车手信号,待列车过后再行显示。4. 轻型车辆遇特殊情况不能在承认的时间内撤出线路,或小车不能立即撤出线路时,在轻型车辆或小车前后方向按线路最大速度等级规定的列车紧急制动距离位置以停车手信号防护…”

《技规》第404条规定:“沿线工务人员发现线路设备故障危及行车安全时,应立即连续发出停车信号和以停车手信号防护…”

《技规》第405条规定:“线路发生故障时的防护办法如下:1. 应立即使用列车无线调度通信设备通知车站值班员或列车司机紧急停车,同时在故障地点设置停车信号。2. 当确知一端先来车时,应急速奔向列车,用手信号旗(灯)或徒手显示停车信号。3. 如不知来车方向,应在故障地点注意倾听和瞭望,发现来车,应急速奔向列车,用手信号旗(灯)或徒手显示停车信号。设有固定信号机时,应先使其显示停车信号。站内线路、道岔发生故障时,应按规定设置停车信号防护。”

手信号显示的停车信号、减速信号、通过信号、引导信号与固定信号机显示的相应信号具有同等作用，行车有关人员必须认真按其显示执行。

1. 第1款：停车信号

显示停车手信号时，列车应在其前方停车，不得越过。有关人员遇紧急情况必须使列车停车时，应显示停车手信号。司机确认停车信号后，须立即停车。

2. 第2款：减速信号

要求列车临时限速。司机确认减速手信号后，须控制列车降至要求的速度。

3. 第3款：发车信号

在要求司机发车或车站发车人员直接发车时使用。车站发车人员显示发车信号时，应作圆形转动的上弧线，向着本列车显示，以防止邻线列车司机误认。并须待司机已确认并鸣笛后方可收回。

4. 第4款：通过手信号

指示列车在车站（场）不停车通过。例如出站信号机故障时，车站人员在办理不停车通过的列车时，除按规定递交行车凭证外，应向其显示通过手信号。

5. 第5款：引导手信号

用于在进站信号机（或接车进路信号机、接发车进路信号机）故障时引导列车进站（或进入接车进路）。

6. 第6款：特定引导手信号

是在车站采用“施工特定行车”办法引导接车并正线通过时引导接车的信号。车站固定正线进路并将进路上所有的道岔按规定加锁（集中联锁良好的道岔可在控制台上进行锁闭），车站可不再向司机递交书面行车凭证，列车凭通过手信号通过车站。与引导手信号的区别是使用绿色手信号旗（信号灯）显示，列车通过车站的速度提高。

7. 需要说明的问题

显示通过手信号、引导手信号、特定引导手信号时，列车头部越过显示地点后即可收回。

## 二、调车手信号的显示方式及意义

**《技规》原文**：调车手信号的显示方式如下：

1. 停车信号

显示方式如第440条第1款图3-93所示。

2. 减速信号

昼间——展开的绿色信号旗下压数次；夜间——绿色灯光下压数次（显示方式

如图 3-96 所示。

3. 指挥机车向显示人方向来的信号

昼间——展开的绿色信号旗在下部左右摇动;夜间——绿色灯光在下部左右摇动(图 3-101)。

图 3-101

4. 指挥机车向显示人方向稍行移动的信号

昼间——拢起的红色信号旗直立平举,再用展开的绿色信号旗左右小动;夜间——绿色灯光下压数次后,再左右小动(图 3-102)。

图 3-102

5. 指挥机车向显示人反方向去的信号

昼间——展开的绿色信号旗上下摇动；夜间——绿色灯光上下摇动(图 3-103)。

图　3-103

6. 指挥机车向显示人反方向稍行移动的信号

昼间——拢起的红色信号旗直立平举，再用展开的绿色信号旗上下小动；夜间——绿色灯光上下小动(图 3-104)。

图　3-104

对显示本条第 2、3、4、5、6 款中转信号时，昼间可用单臂，夜间可用白色灯光依式中转。

**条文解释**:本条文对调车手信号的使用和显示含义作出了规定。

《技规》第 282 条规定:“…无线调车灯显设备发生故障时,改用手信号作业…”

《技规》第 357 条规定:“…上述列车均应在进站信号机外停车,由接车人员向司机通知事由后,以调车手信号旗(灯)将列车领入站内。”

《技规》第 358 条规定:“…如列车尾部停在警冲标外方或压轨道绝缘时,车站接车人员应使用列车无线调度通信设备等通知司机或显示向前移动的手信号,使列车向前移动…”

《技规》第 383 条规定:“路用列车应由施工单位指派胜任人员携带列车无线调度通信设备值乘,并在区间协助司机作业。路用列车或施工机械进入施工地段时,应在施工防护人员显示的停车手信号前停车,根据施工负责人的要求,按调车办法,进入指定地点。”

调车手信号仅在调车工作中指挥调车机车运行时使用。调车指挥人员通过调车手信号的不同显示,指挥调车机车的运行方向、起动、停车及加速、减速等。为保证调车作业的安全,调车指挥人应正确及时地显示信号,调车机车亦应正确及时地执行手信号的要求,做到密切配合、协同动作。

调车减速信号规定为绿色信号旗(绿色灯光)下压数次,是因为调车指挥人不配备黄色手信号,只持有红绿两色手信号。另外调车车列的运行速度变化频繁,需要随时调整,这样规定更便于指挥作业。

根据调车作业单一指挥的原则,调车机车只凭调车指挥人的信号运行,因此规定中转信号人员昼间用单臂、夜间用白色灯光显示和中转信号。

在昼间遇降雾、暴风雨雪及其他情况,导致调车手信号显示距离不足 200 m 时,应使用夜间信号。

## 三、联系用的手信号道岔开通信号的显示方式及意义

**《技规》原文**:联系用的手信号的显示方式如下:

1. 道岔开通信号:表示进路道岔准备妥当。

昼间——拢起的黄色信号旗高举头上左右摇动;夜间——白色灯光高举头上(图 3-105)。

机车出入段进路道岔准备妥当后,显示如下道岔开通信号:

昼间——展开的黄色信号旗高举头上左右摇动;夜间——黄色灯光高举头上左右摇动(图 3-106)。

图　3-105

图　3-106

2. 股道号码信号：要道或回示股道开通号码。

一道：昼间——两臂左右平伸；夜间——白色灯光左右摇动(图 3-107)。

图　3-107

二道：昼间——右臂向上直伸，左臂下垂；夜间——白色灯光左右摇动后，从左下方向右上方高举(图 3-108)。

图 3-108

三道:昼间——两臂向上直伸;夜间——白色灯光上下摇动(图 3-109)。

图 3-109

四道:昼间——右臂向右上方,左臂向左下方各斜伸 45°角;夜间——白色灯光高举头上左右小动(图 3-110)。

五道:昼间——两臂交叉于头上;夜间——白色灯光作圆形转动(图 3-111)。

六道:昼间——左臂向左下方,右臂向右下方各斜伸 45°角;夜间——白色灯光作圆形转动后,再左右摇动(图 3-112)。

七道:昼间——右臂向上直伸,左臂向左平伸;夜间——白色灯光作圆形转动后,左右摇动,然后再从左下方向右上方高举(图 3-113)。

图 3-110

图 3-111

八道：昼间——右臂向右平伸，左臂下垂；夜间——白色灯光作圆形转动后，再上下摇动（图 3-114）。

九道：昼间——右臂向右平伸，左臂向右下斜 45°角；夜间——白色灯光作圆形转动后，再高举头上左右小动（图 3-115）。

十道：昼间——左臂向左上方，右臂向右上方各斜伸 45°角；夜间——白色灯光左右摇动后，再上下摇动作成十字形（图 3-116）。

十一至十九道，须先显示十道股道号码，再显示所要股道号码的个位数信号。

二十道及其以上的股道号码，各站根据需要自行规定，并纳入《站细》。

图 3-112

图 3-113

3. 连结信号:表示连挂作业。

昼间——两臂高举头上,使拢起的手信号旗杆成水平末端相接;夜间——红、绿色灯光(无绿色灯光的人员,用白色灯光)交互显示数次(图 3-117)。

4. 溜放信号:表示溜放作业。

昼间——拢起的手信号旗两臂高举头上交叉后,急向左右摇动数次;夜间——红色灯光作圆形转动(图 3-118)。

5. 停留车位置信号:表示车辆停留地点。

夜间——白色灯光左右小摇动(图 3-119)。

图 3-114

图 3-115

6. 十、五、三车距离信号：表示推进车辆的前端距被连挂车辆的距离。

昼间——展开的绿色信号旗单臂平伸，夜间——绿色灯光，在距离停留车十车（约 110 m）时连续下压三次，五车（约 55 m）时连续下压两次，三车（约 33 m）时下压一次（图 3-120）。

7. 取消信号：通知将前发信号取消。

昼间——拢起的手信号旗，两臂于前下方交叉后，急向左右摇动数次；夜间——红色灯光作圆形转动后，上下摇动（图 3-121）。

8. 要求再度显示信号：前发信号不明，要求重新显示。

图 3-116

图 3-117

昼间——拢起的手信号旗右臂向右方上下摇动;夜间——红色灯光上下摇动(图 3-122)。

9. 告知显示错误的信号:告知对方信号显示错误。

昼间——拢起的手信号旗两臂左右平伸同时上下摇动数次;夜间——红色灯光左右摇动(图 3-123)。

**条文解释:**本条文对联系用的手信号的使用和显示含义作出了规定。

为解决办理列车运行和调车工作中,行车有关人员不能用口头或通信设备彼此联系的问题,规定了联系用的手信号。

图 3-118

图 3-119

1. 第 1 款:道岔开通信号

是当调车机车作业及机车出入段时所经过的进路上,扳道员已将有关道岔准备妥当并已确认进路正确后,向有关行车人员显示的联系信号。为区别一般调车作业与机车出入段的不同性质,所以规定了不同的信号显示方式。

2. 其他各款联系用手信号(如股道号码信号、连结信号、溜放信号、停留车位置信号、十五三车距离信号、取消信号、要求再度显示信号、告知显示错误的信号等)均系调车作业中调车组内部彼此联系用的手信号,显示意义明确,与其他手信号不易混淆。

图 3-120

图 3-121

## 四、显示手信号的规定

**《技规》原文**:在显示手信号时,凡昼间持有手信号旗的人员,应将信号旗拢起,左手持红旗,右手持绿旗(扳道员右手持黄旗),不持信号旗的人员徒手按各该条规定方式显示信号。

**条文解释**:本条文对手信号的使用方式作出了统一规定。

为统一联系用手信号的显示,凡昼间持有信号旗的人员,应将手信号旗拢起,

图 3-122

图 3-123

左手持红旗、右手持绿（黄）旗，显示联系用手信号。当手持信号旗显示联系用信号时，无论在列车运行或调车作业，均要按该要求执行，以便养成习惯，避免错误显示。但遇必须一只手攀扶机车车辆时，可一手持旗。

## 五、试验列车自动制动机的手信号显示方式及意义

**《技规》原文**：试验列车自动制动机的手信号显示方式如下：

1. 制动

昼间——用检查锤高举头上；夜间——白色灯光高举（图 3-124）。

图 3-124

2. 缓解

昼间——用检查锤在下部左右摇动;夜间——白色灯光在下部左右摇动(图 3-125)。

图 3-125

3. 试验结束

昼间——用检查锤作圆形转动;夜间——白色灯光作圆形转动(图 3-126)。

车站人员显示上述信号时,昼间可用拢起的信号旗代替。司机应注意瞭望试验信号,并按规定回答。

如列车制动主管未达到规定压力,试验人员要求司机继续充风时,按照缓解的信号同样显示。

图 3-126

**条文解释**：本条文对试验列车自动制动机的手信号的使用和显示含义作出了规定。

为保证列车自动制动机作用良好，于列车到达后或始发前，必须按规定的制动机试验项目和要求进行列车制动机性能试验。因列检人员不配备手信号旗和绿色手信号灯，所以规定昼间使用检查锤、夜间使用白色灯光，作为制动试验的指挥用具。车站值班员（助理值班员）、调车人员等在按规定进行列车（调车）自动制动机性能试验时，昼间可用拢起的信号旗显示。

## 六、升降弓手信号显示方式

**《技规》原文**：发现接触网故障，需要机车临时降弓通过时，发现的人员应在规定地点显示下列手信号：

1. 降弓手信号

昼间——左臂垂直高举，右臂前伸并左右水平重复摇动；夜间——白色灯光上下左右重复摇动（图 3-127）。

2. 升弓手信号

昼间——左臂垂直高举，右臂前伸并上下重复摇动；夜间——白色灯光作圆形转动（图 3-128）。

**条文解释**：本条文对接触网故障情况下的降弓手信号和升弓手信号的使用和显示含义作出了规定。

图 3-127

图 3-128

1. 第 1 款:降弓手信号

是临时发现接触网故障,电力机车(或动车组)不能正常通过时,为防止受电弓脱网,发现故障的铁路工作人员显示的信号。显示降弓信号人员与故障地点的距离(由机务部门提供)应能保证机车(或动车组)及时在故障地点前降下受电弓。

2. 第 2 款:升弓手信号

是在列车通过接触网故障地点到达正常供电地点后,有关人员显示的信号,使列车恢复正常运行。

# 第五节 信号表示器

## 一、道岔表示器的显示方式及意义

**《技规》原文**：道岔表示器的显示方式如下：

1. 昼间无显示；夜间为紫色灯光——表示道岔位置开通直向（图 3-129）。

图 3-129

2. 昼间为中央划有一条鱼尾形黑线的黄色鱼尾形牌；夜间为黄色灯光——表示道岔位置开通侧向（图 3-130）。

图 3-130

3. 在调车区为集中联锁时，进行连续溜放作业的分歧道岔应有道岔表示器，平时无显示，当进行溜放作业时，其显示方式如下：

（1）紫色灯光——表示道岔开通直向［图 3-131（A）］；

（2）黄色灯光——表示道岔开通侧向［图 3-131（B）］。

**条文解释**：本条文对道岔表示器的显示含义作了描述。

《技规》第 86 条规定：“非集中操纵的接发车进路上的道岔，装设道岔表示器，集中操纵的道岔、调车场及峰下咽喉的道岔，不装设道岔表示器；其他道岔根据需要装

图 3-131

设道岔表示器。集中联锁调车区进行连续溜放作业的分歧道岔,设道岔表示器…”

道岔表示器用于表示道岔位置(开通直向或侧向)。不论昼间或夜间,均应连续不断地显示,以便有关行车人员能随时确认进路。

为与其他表示器相区别,道岔表示器采用了紫色和黄色灯光(夜间)、中央划有一条鱼尾形黑线的黄色鱼尾形牌(昼间)。

在集中联锁的调车区,道岔的转换由电动转辙机控制,不按第 1 款、第 2 款设置道岔表示器。为使调车员能明确瞭望道岔开通的实际位置,以便控制车组的溜放速度,在有连续溜放作业的分歧道岔应有道岔表示器。

道岔表示器仅表示道岔的位置,不作为指示列车或调车机车运行条件的根据。

## 二、脱轨表示器的显示方式及意义

**《技规》原文**:脱轨表示器的显示方式如下:

1. 带白边的红色长方牌及红色灯光——表示线路在遮断状态(图 3-132)。
2. 带白边的绿色圆牌及月白色灯光——表示线路在开通状态(图 3-133)。

图 3-132

图 3-133

**条文解释：**本条文对脱轨表示器的显示含义作了描述。

《技规》第 86 条规定：“…集中联锁以外的脱轨器及引向安全线或避难线的道岔，设脱轨表示器。”

脱轨表示器设于集中联锁以外的脱轨器、脱轨道岔及引向安全线或避难线的道岔，表示线路开通或遮断的状态。当线路在遮断状态时，为指示列车或机车车辆在其前方停车，采用带白边的红色长方牌及红色灯光，机车乘务员确认线路在遮断状态时，严禁越过。

## 三、进路表示器显示方式及意义

**《技规》原文：**进路表示器在其主体信号机开放时点亮，用于区别进路开通方向或双线区段反方向发车，不能独立构成信号显示。

1. 两个发车方向，当信号机在开放的条件下，分别按左、右两个白色灯光，区别进路开通方向(图 3-134)。

图 3-134

2. 三个发车方向，其显示方式如下：

(1)信号机在开放状态及表示器左方显示一个白色灯光——表示进路开通，准许列车向左侧线路发车(图 3-135)；

(2)信号机在开放状态及表示器中间显示一个白色灯光——表示进路开通，准许列车向中间线路发车(图 3-136)；

(3)信号机在开放状态及表示器右方显示一个白色灯光——表示进路开通，准许列车向右侧线路发车(图 3-137)。

图 3-135

图 3-136

图 3-137

3. 四个及其以上发车方向,进路表示器按灯光排列表示。

四个发车方向(A、B、C、D 方向)显示方式如下:

(1)信号机在开放状态及表示器左方横向显示两个白色灯光——表示进路开通,准许列车向左侧 A 方向线路发车(图 3-138);

(2)信号机在开放状态及表示器左方斜向显示两个白色灯光——表示进路开通,准许列车向左侧 B 方向线路发车(图 3-139);

(3)信号机在开放状态及表示器右方斜向显示两个白色灯光——表示进路开通,准许列车向右侧 C 方向线路发车(图 3-140);

图 3-138

图 3-139

图 3-140

(4)信号机在开放状态及表示器右方横向显示两个白色灯光——表示进路开通,准许列车向右侧D方向线路发车(图3-141)。

五个发车方向(A、B、C、D、E方向)显示方式如下:

(1)同四个发车方向的第(1)项——表示进路开通,准许列车向左侧A方向线路发车(图3-142);

图 3-141

图 3-142

(2)同四个发车方向的第(2)项——表示进路开通,准许列车向左侧B方向线路发车(图3-139);

(3)信号机在开放状态及表示器中间竖向显示两个白色灯光——表示进路开通,准许列车向中间C方向线路发车(图3-142);

(4)同四个发车方向的第(3)项——表示进路开通,准许列车向右侧D方向线路发车(图3-140);

(5)同四个发车方向的第(4)项——表示进路开通,准许列车向右侧E方向线路发车(图3-141)。

六个发车方向(A、B、C、D、E、F方向)显示方式如下:

(1)信号机在开放状态及表示器左方竖向显示两个白色灯光——表示进路开通,准许列车向左侧A方向线路发车(图3-143);

(2)信号机在开放状态及表示器左方横向显示两个白色灯光——表示进路开通,准许列车向左侧B方向线路发车(图3-144);

(3)信号机在开放状态及表示器左方斜向显示两个白色灯光——表示进路开通,准许列车向左侧C方向线路发车(图3-145);

图 3-143

图 3-144

图 3-145

(4)信号机在开放状态及表示器右方斜向显示两个白色灯光——表示进路开通,准许列车向右侧 D 方向线路发车(图 3-146);

(5)信号机在开放状态及表示器右方横向显示两个白色灯光——表示进路开通,准许列车向右侧 E 方向线路发车(图 3-147);

(6)信号机在开放状态及表示器右方竖向显示两个白色灯光——表示进路开通,准许列车向右侧 F 方向线路发车(图 3-148)。

图 3-146

图 3-147

图 3-148

七个发车方向(A、B、C、D、E、F、G 方向)显示方式如下:

（1）同六个发车方向的第（1）项——表示进路开通，准许列车向左侧 A 方向线路发车（图 3-143）；

（2）同六个发车方向的第（2）项——表示进路开通，准许列车向左侧 B 方向线路发车（图 3-144）；

（3）同六个发车方向的第（3）项——表示进路开通，准许列车向左侧 C 方向线路发车（图 3-145）；

（4）信号机在开放状态及表示器中间竖向显示两个白色灯光——表示进路开通，准许列车向中间 D 方向线路发车（图 3-149）；

（5）同六个发车方向的第（4）项——表示进路开通，准许列车向右侧 E 方向线路发车（图 3-146）；

（6）同六个发车方向的第（5）项——表示进路开通，准许列车向右侧 F 方向线路发车（图 3-147）；

（7）同六个发车方向的第（6）项——表示进路开通，准许列车向右侧 G 方向线路发车（图 3-148）。

4. 在双线区段仅用于区分反方向发车时，其显示方式如下：

（1）信号机在开放状态且表示器不点亮——准许列车正方向发车（图 3-150）；

（2）信号机在开放状态且表示器显示一个白色灯光——准许列车反方向发车（图 3-151）。

图 3-149

图 3-150

图 3-151

**条文解释**：本条文对进路表示器的显示含义作了详细的描述。

《技规》第 78 条规定：“出站信号机有两个及以上的运行方向，而信号显示不能分别表示进路方向时,应在信号机上装设进路表示器。发车进路兼出站信号机,根据需要可装设进路表示器,区分进路方向。双线自动闭塞区段,有反方向运行条件时,出站信号机设进路表示器。"

《技规》第 84 条规定:"…驼峰色灯辅助信号机,可兼作出站或发车进路信号机,并根据需要装设进路表示器。"

进路表示器一般设于出站信号机、发车进路信号机、出站兼发车进路信号机、驼峰辅助信号机,用以区分进路方向。

为明确进路表示器的性质、作用和开放条件,规定了进路表示器仅在其主体信号机开放时点亮,用于区别进路开通方向或双线区段反方向发车,不能独立构成信号显示。

1. 第 1 款:两个发车方向

以前较为常用,但目前在各大干线已逐渐减少使用了。

原铁道部发布的《关于统一六大干线四显示自动闭塞改造工程主要设计原则的通知》(铁建设〔2004〕151 号)规定:"双线自动闭塞区段,当有反向行车运行条件时,出站信号机仅装设反向进路表示器,并纳入联锁;三个及以上方向的出站信号机,各方向均装设进路表示器,不纳入联锁…"如本条第 4 款。此后的工程建设中,各大干线的改造逐步按此进行改造。

由此,本款描述的情况,主要演变为除双线自动闭塞区段之外的两个发车方向(如两个不同的非自动闭塞线路的发车方向),而出站信号机未设置"双绿"显示加以区分时使用。

2. 第 2 款:三个发车方向

进路表示器安装在允许信号机构的下方,设左、中、右三个白色表示灯。在主体信号开放时,某个方向的白色表示灯点亮即表示开通该发车方向。

3. 第 3 款:四个及以上发车方向

进路表示器设置为上下两排表示灯,利用两个白色表示灯同时点亮方能区分方向。按相应的灯光排列表示开通相应的发车方向。

四个发车方向时,进路表示器的显示方式如图 3-152 所示。

五个发车方向时,进路表示器的显示方式如图 3-153 所示。

六个发车方向时,进路表示器的显示方式如图 3-154 所示。

七个发车方向时,进路表示器的显示方式如图 3-155 所示。

4. 第 4 款:双线区段仅用于区分反方向发车

因反方向发车是一种特殊的行车方式,指示反方向发车的显示不经常使用,为

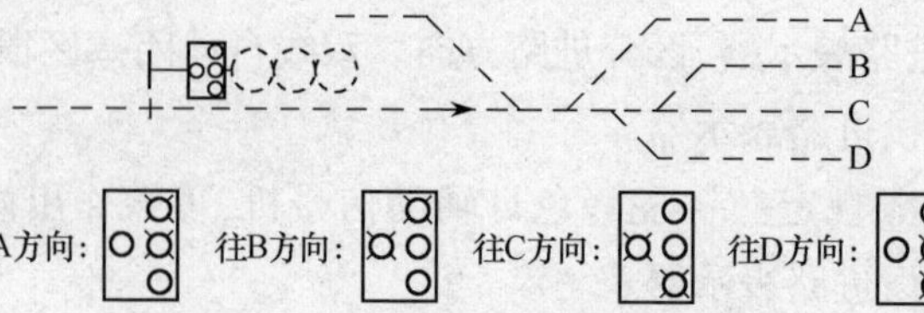


图 3-152　四方向进路表示器显示方式示意图

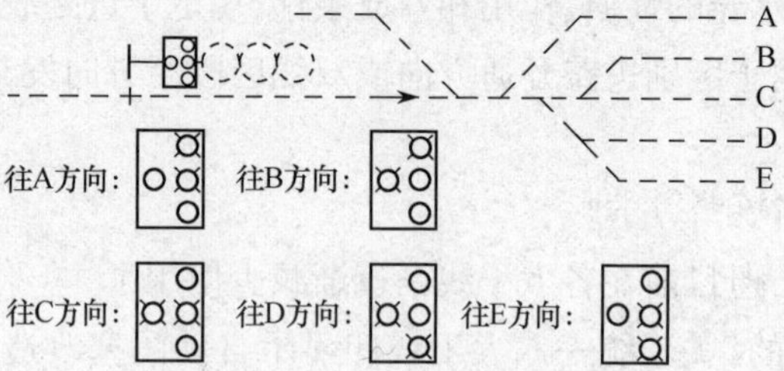


图 3-153　五方向进路表示器显示方式示意图

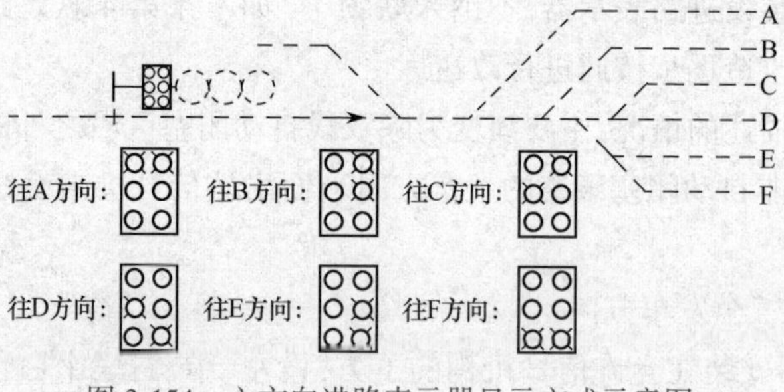


图 3-154　六方向进路表示器显示方式示意图

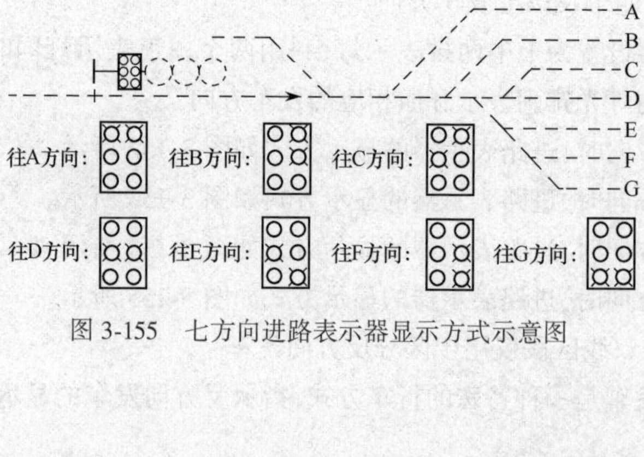


图 3-155　七方向进路表示器显示方式示意图

避免正常行车也要点亮表示器,当信号机只有一个反方向发车需要区分时,可用表示器不点亮作为正方向行车的指示。为防止表示器因故灭灯造成错误显示,应将表示器灯丝的完好作为主体信号机开放的必要联锁条件。原铁道部发布的《关于统一六大干线四显示自动闭塞改造工程主要设计原则的通知》(铁建设〔2004〕151 号)对此进行了规定。

5. 需要说明的问题

当进路表示器显示不良时,由发车人员以口头通知司机列车开往方向后,列车可凭发车信号机的显示出发,如《技规》第 365 条规定:"出站信号机发生故障时,除按规定交递行车凭证外,对通过列车应预告司机,并显示通过手信号。装有进路表示器或发车线路表示器的出站信号机,当该表示器不良时,由办理发车人员通知司机后,列车凭出站信号机的显示出发。"

## 四、发车线路表示器显示方式及意义

**《技规》原文:**发车线路表示器在线群出站信号机开放后显示一个白色灯光——准许该线路上的列车发车(图 3-156 所示)。

图 3-156

不许发车的线路,所属该线路的发车线路表示器不能点亮。

发车线路表示器可用于驼峰调车场,作为调车线路表示器,显示一个白色灯光——准许调车。

**条文解释:**本条文对发车线路表示器的显示含义作了描述。

《技规》第 81 条规定:"设有线群出站信号机时,在线群每一条发车线路的警冲标内方适当地点，装设发车线路表示器。”

发车线路表示器设在装有线群出站信号机的每条发车线路上。

当线群出站信号机开放后，发车线路表示器显示一个白色灯光，表示准许该线路上的列车发车。为防止误认发车线路表示器为调车信号，其灯光采用白色，以区别于调车信号机的月白色灯光。

发车线路表示器和线群出站信号机之间的道岔没有联锁关系。在发车时，司机应特别注意发车信号，以保证行车安全。

线群出站信号机开放后，只能有一个发车线路表示器点亮。不许可发车的线路，其发车线路表示器无显示。

为减少调车线内的调车信号机及相应的设备，发车线路表示器可用于驼峰调车场，作为调车线路表示器，显示一个白色灯光，表示准许调车。

《技规》第365条规定：“出站信号机发生故障时，除按规定交递行车凭证外，对通过列车应预告司机，并显示通过手信号。装有进路表示器或发车线路表示器的出站信号机，当该表示器不良时，由办理发车人员通知司机后，列车凭出站信号机的显示出发。”

## 五、发车表示器显示方式及意义

**《技规》原文：**发车表示器常态不显示；显示一个白色灯光——表示车站人员准许发车（图3-157）。

图 3-157

**条文解释：**本条文对发车表示器的显示含义作了描述。

《技规》第 79 条规定:“发车信号辨认困难的车站,在便于司机瞭望的地点可装设发车表示器。”

发车表示器必须在出站信号机已经开放,车站值班员已通知发车后,车站人员才能开放发车表示器,指示列车出发。

发车表示器常态不显示;有显示时,其前后方向均显示一个白色灯光,以便于司机瞭望。

## 六、调车表示器显示方式及意义

**《技规》原文**:调车表示器的显示方式如下:

1. 向调车区方向显示一个白色灯光——准许机车车辆自调车区向牵出线运行(图 3-158);

2. 向牵出线方向显示一个白色灯光——准许机车车辆自牵出线向调车区运行(图 3-159);

3. 向牵出线方向显示两个白色灯光——准许机车车辆自牵出线向调车区溜放(图 3-160)。

图 3-158

图 3-159

图 3-160

**条文解释**:本条文对调车表示器的显示含义作了描述。

《技规》第 80 条规定:“…在作业繁忙的调车场上,因受地形、地物影响,调车机车司机看不清调车指挥人的手信号时,设调车表示器。”

调车表示器是在繁忙的调车场上,因地形、地物影响调车机车司机瞭望调车指挥人的手信号时,用以代替调车指挥人的手信号而设置的。调车表示器向前、后两方均能单独显示：一方向着调车区，一方向着牵出线。当向调车区或牵出线方向显示一个白色灯光时，表示准许机车车辆自调车区向牵出线或自牵出线向调车区运行；当向牵出线方向显示两个白色灯光时，表示准许机车车辆自牵出线向调车区溜放。

调车表示器只准许调车指挥人使用，以保证调车作业安全。

## 七、车挡表示器设置有何规定

**《技规》原文**：车挡表示器设置在线路终端的车挡上，昼间一个红色方牌；夜间显示一个红色灯光（图 3-161）。

图 3-161

安全线及避难线可不设置车挡表示器。

**条文解释**：本条文对车挡表示器的显示含义作了描述。

《技规》第 68 条规定：“信号装置一般分为信号机和信号表示器两类。信号表示器分为道岔、脱轨、进路、发车、发车线路、调车及车挡表示器。”

车挡表示器设在尽头线终端的车挡上（安全线、避难线除外）。其设置目的是为了便于司机和调车指挥人员瞭望车挡位置，防止列车或机车车辆与车挡相撞。

安全线和避难线均属线路隔开设备，不准机车车辆进入。《技规》第 86 条规定：“…集中联锁以外的脱轨器及引向安全线或避难线的道岔，设脱轨表示器。”故安全线和避难线可不装设车挡表示器。

# 第六节 线路标志及信号标志

## 一、线路标志及信号标志的分类

**《技规》原文:**线路标志包括:公里标、半公里标,曲线标,圆曲线和缓和曲线的始终点标,桥梁标,隧道(明洞)标,坡度标,以及铁路局、工务段、线路车间、线路工区和供电段的界标。

信号标志包括:警冲标,站界标,预告标,引导员接车地点标,司机鸣笛标,电气化区段的电力机车禁停标,断电标、合电标,接触网终点标,准备降下受电弓标、降下受电弓标、升起受电弓标,作业标,减速地点标,补机终止推进标、机车停车位置标,四显示机车信号接通标,四显示机车信号断开标,轨道电路调谐区标志,级间转换标,通信模式转换标,以及除雪机用的临时信号标志等。

**条文解释:**本条文对线路标志和信号标志的种类进行了描述。

根据行车和线路养护维修的需要,在铁路线路上设置有各种线路标志和信号标志。

线路标志用以表明铁路线路里程及铁路建筑物的设备状态和位置,以及各级管理机构管界等。信号标志是对机车车辆操作人员起指示作用的标志。

通过各种线路标志和信号标志,可使铁路工作人员明了线路状态,便于从事线路维修、检查、执行任务和联系工作,并使机车乘务员依据各种标志的要求进行操作,达到安全运行的目的。

各种标志的设置应符合《技规》以及《线路及信号标志》(TB/T 2493)、《铁路线路及信号标志(客货共线铁路线路标志图集》(通线〔2007〕8024-Ⅰ)、《铁路线路及信号标志(客货共线铁路信号标志图集》(通线〔2007〕8024-Ⅱ)等文件的规定。

## 二、相关的线路、信号标志设置位置的规定

**《技规》原文:**线路、信号标志应设在其内侧距线路中心不小于 3.1 m 处(警冲标除外)。

1. 线路标志,按计算公里方向设在线路左侧。双线区段须另设线路标志时,应设在列车运行方向左侧。

(1)公里标、半公里标,设在一条线路自起点计算每一整公里、半公里处(图 3-162)。

图 3-162

（2）曲线标，设在曲线中点处，标明曲线中心里程、半径大小、曲线和缓和曲线长度（图 3-163）。

图 3-163

（3）圆曲线和缓和曲线的始终点标，设在直缓、缓圆、圆缓、缓直各点处，标明所向方向为直线、圆曲线或缓和曲线（图 3-164）。

（4）桥梁标，设在桥梁两端桥头处，标明桥梁编号、中心里程和长度（图 3-165）。

（5）隧道（明洞）标，直接标注在隧道（明洞）两端洞门端墙上，标明隧道号或名称，中心里程和长度（图 3-166）。

（6）坡度标，设在线路坡度的变坡点处，两侧各标明其所向方向的上、下坡度值及其长度（图 3-167）。

（7）铁路局、工务段、线路车间、线路工区和供电段的界标，设在各该单位管辖地段的分界点处，两侧标明所向的单位名称（图 3-168）。

图 3-164

图 3-165

2. 信号标志,设在列车运行方向左侧(警冲标除外)。双线区段的轨道电路调谐区标志设在线路外侧。

(1)警冲标,设在两会合线路线间距离为 4 m 的中间。线间距离不足 4 m 时,设在两线路中心线最大间距的起点处(图 3-169)。在线路曲线部分所设道岔附近的警冲标与线路中心线间的距离应按限界的加宽增加。

图 3-166

图 3-167

图 3-168

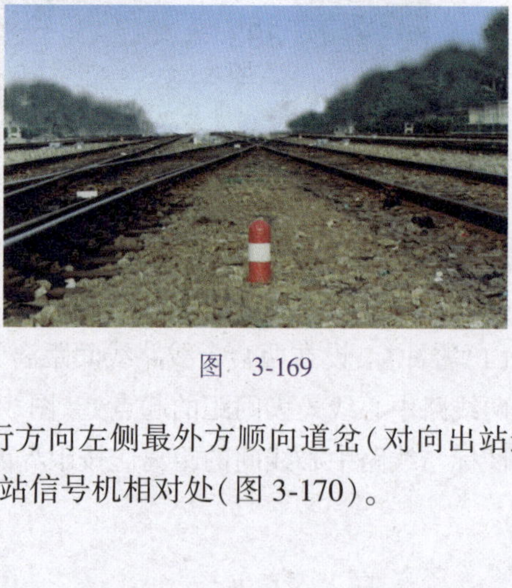

图 3-169

(2)站界标，设在双线区间列车运行方向左侧最外方顺向道岔(对向出站道岔的警冲标)外不少于 50 m 处，或邻线进站信号机相对处(图 3-170)。

(3)预告标,设在进站信号机及线路所通过信号机外方 900 m、1 000 m 及 1 100 m 处(图 3-171),但在设有预告或接近信号机及自动闭塞的区段,均不设预告标。

图 3-170

图 3-171

在双线区间,退行的列车看不见邻线的预告标时,在距站界外 1 100 m 处特设一个预告标(图 3-172)。

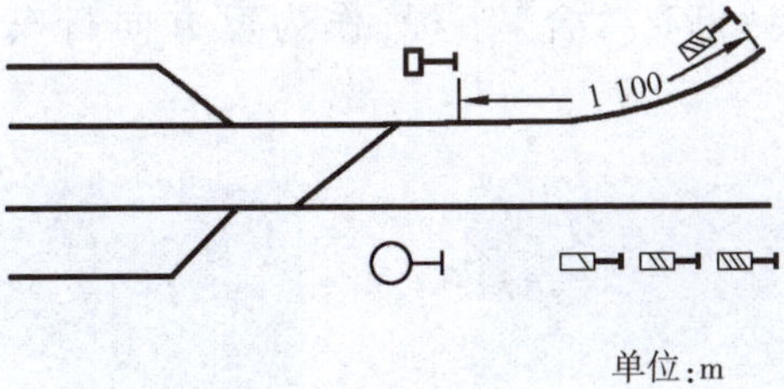


图 3-172

(4)引导员接车地点标,列车在距站界 200 m 以外,不能看见引导人员在进站信号机或站界标处显示的手信号时,须在列车距站界 200 m 外能清晰地看见引导人员手信号的地点设置(图 3-173)。

(5)司机鸣笛标,设在道口、大桥、隧道及视线不良地点的前方 500~1 000 m 处(图 3-174)。在非限鸣区域,司机见此标志须长声鸣笛;在限鸣区域内,司机见此标志应开启灯显示警设备,除遇危及行车安全等情况外,限制鸣笛。

(6)电力机车禁停标,设在站场、区间接触网不同供电臂间的电分段两端,电力机车(动车组)在该标志提示的禁停区域内不得停留(图 3-175)。

图 3-173

图 3-174

图 3-175

(7)在电气化区段接触网电分相前方,分别设断电标(图 3-176 左图)、禁止双弓标(图 3-177)。对于最高运行速度大于 120 km/h 的旅客列车、特快货物班列及最高运行速度为 120 km/h 的货物列车、快速货物班列运行的线路,在断电标的前方增设特殊断电标(图 3-176 右图)。在接触网电分相后方设合电标(图 3-178),设置位置如图 3-179 所示。在双线电气化区段,在“合”、“断”电标背面,可分别加装“断”、“合”字标,作为反方向行车的“断”、“合”电标使用。

图 3-176

图 3-177

图 3-178

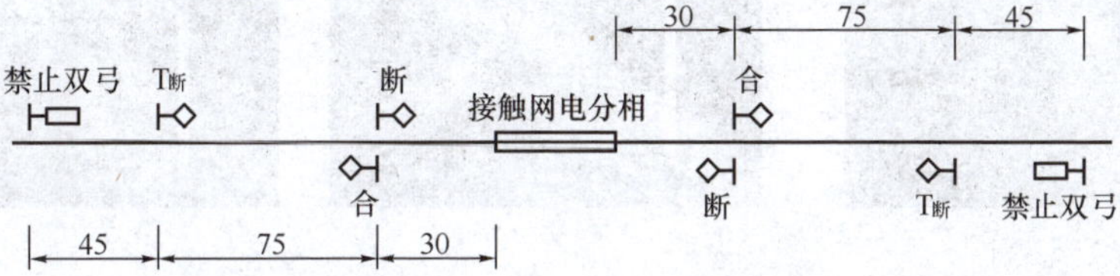


单位:m

图 3-179

(8)接触网终点标,设在接触网边界(图 3-180)。

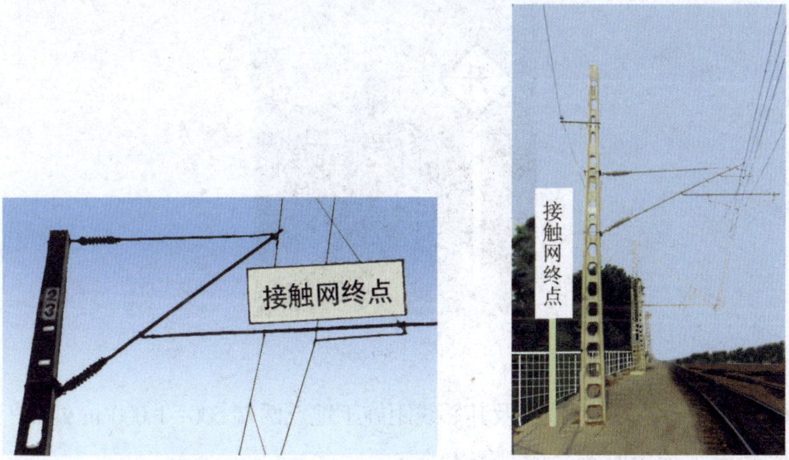


图 3-180

(9)在电气化线路接触网故障降弓地段前方,分别设准备降下受电弓标(图 3-181)、降下受电弓标(图 3-182 左图);对于最高运行速度大于 120 km/h 的旅客列车、特快货物班列及最高运行速度为 120 km/h 的货物列车、快速货物班列运行的线路,在降下受电弓标的前方增设特殊降弓标(图 3-182 右图)。在降弓地段后方,设升起受电弓标(图 3-183),设置位置如图 3-184 所示。

图 3-181

图 3-182

图 3-183

(10)作业标,设在施工线路及其邻线距施工地点两端 500~1 000 m 处(图 3-185)。司机见此标志须长声鸣笛,注意瞭望。

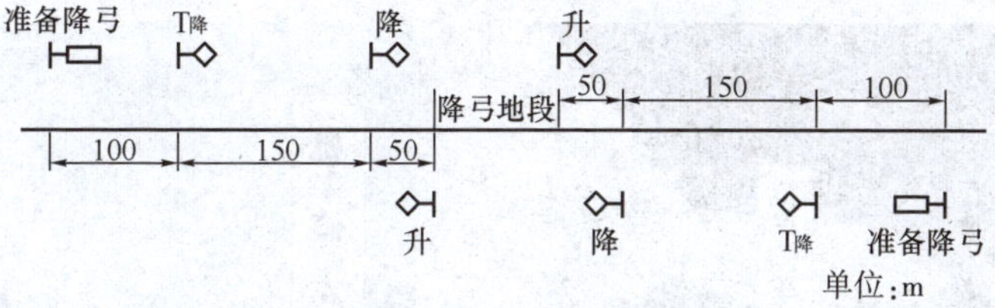


图 3-184

(11)减速地点标,设在需要减速地点的两端各 20 m 处。正面表示列车应按规定限速通过地段的始点,背面表示列车应按规定限速通过地段的终点(图 3-186)。

图 3-185

图 3-186

(12)补机终止推进标(图 3-187)、机车停车位置标(图 3-188),设置位置由铁路局规定。

图 3-187

图 3-188

（13）四显示机车信号接通标（机车信号接通标）：涂有白底色、黑竖线、黑框的反光菱形板及黑白相间的立柱标志（图 3-189）。

（14）四显示机车信号断开标：涂有白底色、中间断开的黑横线、黑框的反光菱形板及黑白相间的立柱标志（图 3-190）。

图 3-189

图 3-190

（15）轨道电路调谐区标志：

Ⅰ型为反方向区间停车位置标，涂有白底色、黑框、黑“停”字、斜红道，标明调谐区长度的反光菱形板标志（图 3-191）。

Ⅱ型为反方向行车困难区段的容许信号标，涂有黄底色、黑框、黑“停”字、斜红道，标明调谐区长度的反光菱形板标志（图 3-192）。

Ⅲ型用于反方向运行合并轨道区段之间的调谐区或因轨道电路超过允许长度而设立分隔点的调谐区,为涂有蓝底色、白“停”字、斜红道,标明调谐区长度的反光菱形板标志(图 3-193)。

图 3-191

图 3-192

图 3-193

以上三种调谐区标志均使用黑白相间的立柱。

(16)级间转换标:在 CTCS-0/CTCS-2 级转换边界一定距离前方的级间转换应答器组对应的线路左侧设级间转换标志。该标志采用涂有白底色、黑框、写有黑“C0”、“C2”标记的反光菱形板及黑白相间的立柱[图 3-194(A)、图 3-194(B)]。

(A) (B)

图 3-194

(17)通信模式转换标：在始发站列车停车标内方或需要转换通信模式的相应地点设机车综合无线通信设备通信模式转换提示标志，标志牌顶边距轨面2.5 m。该标志标面采用涂有白底色、黑框、写有黑“通信转换”字样的方形板，如图3-195(A)、图3-195(B)所示。

(A)

(B)

图 3-195

**条文解释**：本条文对各种线路标志和信号标志的使用和显示含义作了详细描述。

为适应大型养路机械作业的需要，本条文对各种线路标志、信号标志的设置作了统一规定。

线路标志、信号标志的制作及标示规则，按原铁道部发布的通用参考图《铁路线路及信号标志(客货共线铁路线路标志图集)》(通线〔2007〕8024-Ⅰ)和《铁路线路及信号标志(客货共线铁路信号标志图集)》(通线〔2007〕8024-Ⅱ)执行。

遇有桥梁时，应在维修人员通道的护栏上安装铁质线路标志。

1. 第1款：线路标志

(1)公里标、半公里标

公里标表示一条线路自起点至本标志距离的公里数；半公里标位于其前后公里标之间的中点。公里标中的阿拉伯数字代表公里数，半公里标中的“$\frac{1}{2}$”系指半公里。

(2)曲线标

在其侧面标明曲线中心里程，其余信息标注在正面。

(3)圆曲线和缓和曲线始终点标

标明所向方向为直线、圆曲线或缓和曲线，设在直缓、缓圆、圆缓各点处。

(4)桥梁标

标明桥梁编号、中心里程和长度,设在桥梁两端桥头处。

(5)隧道(明洞)标

标明隧道(明洞)号或名称、中心里程和长度,标注在隧道(明洞)两端洞门端墙上。

(6)坡度标

表示线路纵断面状态。设在线路坡度的变坡点处,其两侧各标明其所向方向的上、下坡度值和长度。表示坡道方向的箭头应统一规范为箭头指向线路中心方向。

(7)铁路局、工务段、线路车间、线路工区和供电段的界标

设在各该单位管辖地段的分界点处,两侧标明所向的单位名称。

2. 第2款:信号标志

信号标志是对机车车辆操作人员起指示作用的标志。因司机的位置在左侧,为便于瞭望,将其设于列车运行方向的左侧(警冲标除外)。双线区段的轨道电路调谐区标志设在线路外侧,主要是因为受建筑限界的影响。

(1)警冲标

指示机车车辆(动车组)停车时,不准向道岔方面或线路平面交叉处所越过。

根据机车车辆限界规定,由线路中心计算,其一侧最大宽度为1 800 mm。道岔后两相邻线路存有机车车辆时,两者之间必须保持3 600 mm的空间。另外,考虑机车车辆运行中的摆动等因素,规定警冲标设在两会合线路线间距离的中间。线间距不足4 m时,设在两线路中心线最大间距起点处。在线路曲线部分所设道岔附近的警冲标与线路中心线间的距离,应按限界的加宽增加。

(2)站界标

双线区段表示车站与区间的分界。

车站连接区间的线路入口处设有进站信号机时,以进站信号机作为站界,不再设置站界标;车站连接区间的线路入口处未设进站信号机时,以站界标作指示。

文中所述“列车运行方向”指出站方向。

站界标设置地点类似于进站信号机(可参见《技规》第72条)。考虑站内调车作业需要,即当一台机车挂一至两辆货车转线时不致越出站界,所以规定设在双线区间列车运行方向左侧最外方顺向道岔(对向出站道岔的警冲标)外不少于50 m处,或邻线进站信号机相对处。

(3)预告标

用以预告列车接近车站(线路所)。

列车在区间运行时,为对“接近车站”作出预告,设置相关的“信号”。

在自动闭塞区段,区间设有通过信号机。与其他通过信号机不同,邻近车站的通过信号机涂有黑斜线(进站信号机前方第一架通过信号机涂有三条黑斜线,四显示自动闭塞区段进站信号机前方第二架通过信号机还涂有一条黑斜线),以此给出“接近车站”的预告“信号”。

在非自动闭塞区段,区间一般无通过信号机,在进站信号机(线路所通过信号机)外方设置的预告信号机或接近信号机可作为“接近车站”的预告“信号”。

除此之外,在非自动闭塞区段,车站(线路所)未设预告信号机或接近信号机时,在进站信号机及线路所通过信号机外方 900 m、1 000 m 及 1 100 m 处设置的预告标,可预告列车司机接近车站(线路所)。

(4)引导员接车地点标

指示引导员引导接车时显示手信号的地点。当受地形地物影响,列车在距站界 200 m 以外不能看见引导人员在进站信号机或站界标处显示的手信号时,须在列车距站界 200 m 以外能清晰地看见引导人员手信号的地点设置引导员接车地点标。

(5)司机鸣笛标

指示司机长声鸣笛。司机见此标志,须长声鸣笛或开启灯显警示设备,表示列车已接近,以引起道路人员及铁路工作人员的注意,下道避车。设在道口、大桥、隧道及视线不良地点的前方 500~1 000 m 处。在限鸣区域内,为减少鸣笛产生的噪声污染,改用灯显示警设备实现鸣笛的警示功能。

(6)电力机车禁停标

设在站场、区间接触网不同供电臂间的电分段两端,提示动车组(电力机车)在该标志提示的禁停区域内不得停留,避免动车组(电力机车)失去动力或影响接触网正常工作。

(7)断电标、合电标、禁止双弓标

是设于电气化区段的专用标志。

断电标预告司机前方是接触网电分相,机车应断电运行;合电标通知司机已越过接触网电分相,可合电运行;禁止双弓标预告司机在前方接触网电分相断电处所,不准升起双弓。

列车通过电气化区段接触网电分相时必须断电,而且不得升起双弓,以保障电气化铁路列车的安全。为提示司机操作,在接触网电分相前方分别设有断电标和禁止双弓标,但列车断电时间不能太长,通过接触网电分相后应及时合电,避免列车降速过多造成意外停车,所以合电标设置位置距接触网电分相较近。对于最高运行速度大于 120 km/h 的旅客列车、行邮列车及最高运行速度为 120 km/h 的货物列车、行包列车,因为列车运行速度较高,应按特殊断电标操作。考虑到司机操作的安全时间,特殊断电标设在断电标的前方 75 m 处。

(8)接触网终点标

设在接触网边界,警告司机不准越过该标,防止机车脱弓。

(9)准备降下受电弓标、降下受电弓标、升起受电弓标

是设于电气化区段的专用标志。

准备降下受电弓标设在降下受电弓标前方,预先通告司机准备降下受电弓;降下受电弓标通知司机降下受电弓通过施工地段;升起受电弓标通知司机已越过施工地段,准许升起受电弓恢复正常运行。

在电气化线路接触网故障需要列车降弓通过时,为提示司机操作,在降弓地段前方分别设准备降下受电弓标和降下受电弓标。在列车通过降弓地段后,按升起受电弓标提示及时升起受电弓。对于最高运行速度大于 120 km/h 的旅客列车、行邮列车及最高运行速度为 120 km/h 的货物列车、行包列车,因为列车运行速度较高,应按特殊降弓标操作。考虑到司机操作的安全时间,特殊降弓标设在降下受电弓标的前方 150 m 处。

(10)作业标

设在线路施工作业地点及邻线距施工地点两端 500~1 000 m 处,表示前方有施工作业,以使司机注意瞭望,注意施工处所,并长声鸣笛,通知作业人员下道避车。

(11)减速地点标

指示列车按规定限速运行、通过减速地段。司机由该标志处起必须以规定限速运行。减速地点标设在需要减速地点的两端各 20 m 处,正面表示列车按规定限速通过的起点,背面表示列车应按规定限速通过的终点。该标志为白色圆牌,边线及中间线为黑色。

(12)补机终止推进标、机车停车位置标

(13)四显示机车信号接通标(机车信号接通标)

在非四显示自动闭塞区段,为提示机车乘务员,在进入四显示自动闭塞区段前的规定位置处设置四显示机车信号接通标(机车信号接通标)。

(14)四显示机车信号断开标

为提示机车乘务员由四显示自动闭塞区段离开、进入非四显示自动闭塞前,在

规定位置处设置四显示机车信号断开标。

(15)轨道电路调谐区标志

无绝缘轨道电路虽然没有机械形式的绝缘节，但在两段轨道电路的连接处存在调谐区。为避免在调谐区内停车，须向机车乘务员指示确切位置，因此设置反方向区间停车位置标（Ⅰ型）、反方向行车困难区段的容许信号标（Ⅱ型）、反方向运行合并轨道区段之间的调谐区标志（Ⅲ型）或因轨道电路超过允许长度而设立分隔点调谐区标志（Ⅲ型）等轨道电路调谐区标志。

条文的插图中轨道电路调谐区标志上标明的禁停区长度值（29 m）为典型值，在不同的地段，该数值可能有所不同。

相对于高速铁路区段，普速铁路的轨道电路调谐区标志较大（宽约 850 mm）。

(16)级间转换标

设置在不同等级列控系统的等级转换（一般为 CTCS-0 级与 CTCS-2 级）边界前方的应答器处，用于指示列车运行前方线路的列控系统等级。

(17)通信模式转换标

设在始发站列车停车标内方或需要转换通信模式的相应地点，提示司机通信模式的转换。

## 第七节 列车标志

### 一、列车标志显示方式的规定

**《技规》原文：**列车应在头部和尾部分别显示不同的列车标志。列车标志的显示方式，昼间与夜间相同，昼间可不点灯，其显示方式如下：

1. 列车牵引运行时，机车前端一个头灯及中部两侧各一个白色灯光（图 3-196）。列车尾部两个侧灯，向后显示红色灯光，向前显示白色灯光；挂有货物列车列尾装置时，为列尾装置向后显示红白相间的反射标志和一个红色闪光灯光（图 3-197）。动车组以外的旅客列车尾部加挂客车时，侧灯位置不作调整，最后一辆客车的制动软管、总风软管须吊起。

2. 列车推进运行时，列车前端两个侧灯，向前显示红色灯光，向后显示白色灯光；挂有货物列车列尾装置时，为列尾装置向前显示红白相间的反射标志和一个红色闪光灯光（图 3-198）。机车后端中部两侧各一个红色灯光（图 3-199、图 3-200）。

图 3-196

图 3-197

图 3-198

图 3-199

图 3-200

3. 列车后端挂有补机时，机车后端标志与本条第 2 款同。

4. 单机运行时，机车前端标志与本条第 1 款同；后端标志与本条第 2 款同。

5. 调车机车及机车出入段时，机车前端标志与本条第 1 款同；机车后端标志与本条第 2 款同。

6. 轨道车运行时，前端一个白色灯光（图 3-201）；后端一个红色灯光（图 3-202）。

图 3-201

图 3-202

**条文解释：**本条文对各种列车标志的设置方式和显示含义进行了描述。

本规程第 331 条规定：“列车是指编成的车列并挂有机车及规定的列车标志

……旅客列车的尾部标志应使用电灯,动车组以外的旅客列车尾部标志灯的摘挂、保管,由车辆部门负责。对中途转向的动车组以外的旅客列车应有备用标志灯,以备转向时使用。”

列车标志是列车在线路上运行时的显示,分别向运行前方、后方显示不同位置和颜色的灯光,表示列车以不同的方式运行。接发车、维修施工、巡道、道口等行车人员在一定的距离内可根据列车标志确认列车的运行状态和列车的完整,据此办理有关工作,保证列车运行的安全。

列车标志的显示方式,昼间与夜间相同,但昼间可不点灯,主要是考虑昼间瞭望条件好,有关接发车及维修施工、巡道、道口人员等可以确认列车运行情况。但遇天气不良如遇雾雨雪及沙尘影响时,有关人员确认列车困难时,列车标志于昼间均应点灯,以保证列车运行及有关行车作业人员的安全。

前部是指列车或车列前部的适当位置;后部是指列车或车列后部的适当位置。

头部是指列车或车列的最前一辆车;尾部是指列车或车列的最后一辆车。

前端是指列车或车列最前一辆车的前端;后端是指列车或车列最后一辆车的后端。

## 第八节 听觉信号

### 一、机车、自轮运转特种设备作业中提示注意、相互联系遇通信设备方式联系不通或危及行车人身安全时,联系方式的有关规定

**《技规》原文:**对机车、自轮运转特种设备鸣笛鸣示方式的规定。

机车、自轮运转特种设备作业中提示注意、相互联系等应使用通信设备方式。遇联系不通或危及行车人身安全时,应采用鸣笛方式。机车、自轮运转特种设备鸣笛鸣示方式见表 3-1。

**表 3-1 机车、自轮运转特种设备鸣笛鸣示方式表**

| 名　称 | 鸣示方式 | 使 用 时 机 |
|---|---|---|
| 注意信号 | 一长声<br>— | 接近鸣笛标、行人时 |
| 退行信号 | 二长声<br>— — | 列车、机车车辆、单机开始退行时 |
| 召集信号 | 三长声<br>— — — | 要求防护人员撤回时 |

续上表

| 名　称 | 鸣示方式 | 使 用 时 机 |
|---|---|---|
| 牵引信号 | 一长一短声<br>— · | 途中本务机车要求补机牵引运行时（补机应以同样信号回答） |
| 惰行信号 | 一长二短声<br>— · · | 本务机车要求补机惰力推进或要求补机断开主断路器时（补机应以同样信号回答） |
| 途中降弓信号 | 一短一长声<br>· — | 1. 电力机车双机牵引中，本务机车司机要求补机降下受电弓时（补机须以同样信号回答）<br>2. 电力机车司机在途中发现降弓手信号时，应鸣此信号回示 |
| 途中升弓信号 | 一短二长声<br>· — — | 1. 电力机车双机牵引中，本务机车司机要求补机升起受电弓时（补机须以同样信号回答）<br>2. 电力机车司机在途中发现升弓手信号时，应鸣此信号回示 |
| 呼唤信号 | 二短一长声<br>· · — | 1. 机车要求出入段时<br>2. 在车站要求显示信号时 |
| 警报信号 | 一长三短声<br>— · · · | 发现线路有危及行车安全的不良处所时 |
| 试验自动制动机及复示信号 | 一短声<br>· | 1. 试验制动机开始减压时<br>2. 接到试验制动结束的手信号，回答试风人员时<br>3. 调车作业中，表示已接受调车长所发出的手信号时 |
| 缓解及溜放信号 | 二短声<br>· · | 1. 试验制动机缓解时<br>2. 要求列车乘务组缓解人力制动机时<br>3. 复示溜放调车信号时 |
| 拧紧人力制动机信号 | 三短声<br>· · · | 1. 要求列车乘务组拧紧人力制动机时<br>2. 要求就地制动时 |
| 紧急停车信号 | 连续短声<br>· · · · · · · | 司机发现（或接到通知）邻线发生障碍，向邻线上运行的列车发出紧急停车信号时。邻线列车司机听到此种信号后，应紧急停车 |

**条文解释：**本条文对听觉信号的鸣笛、鸣示方式作了详细描述。

机车、自轮运转特种设备以鸣笛方式显示的听觉信号，是机车乘务员在牵引列车运行和调车作业中，以及在被迫停车后，与其他有关行车人员联系工作，或发出警报提醒路内外人员注意，或通知有关事项时使用的一种信号。

随着铁路通信设备的发展，列车无线调度通信设备的广泛采用，机车、自轮运转特种设备在场内或区间有关作业中相关工种的联系，都可通过列车无线调度通信设备及站场无线电话进行。因而作业中通过机车、自轮运转特种设备鸣笛进行作业联系的方式已不常使用。

# 第九节 行车凭证使用

## 一、向施工封锁区间开行路用列车的凭证

**《技规》原文**:向施工封锁区间开行路用列车时,列车进入封锁区间的行车凭证为调度命令。该命令中应包括列车车次、停车地点、到达车站的时刻等有关事项,需限速运行时在命令中一并注明。调度命令模板如附件4所示。

## 二、线路所通过信号机不能使用时的行车凭证

**《技规》原文**:

1. 在半自动、自动站间闭塞区段,停止基本闭塞法改用电话闭塞法行车,行车凭证为路票。

2. 在自动闭塞区段,列车进入闭塞分区(区间无通过信号机时为区间)的行车凭证为绿色许可证,以瞭望距离内能随时停车的速度,最高不超20 km/h,运行到次一架通过信号机(区间无通过信号机时为进站信号机),按该信号机的显示方式运行;停止基本闭塞法改用电话闭塞法行车时行车凭证为路票。路票、绿色许可证模板如附件1、附件2所示。

## 三、半自动闭塞区段,遇超长列车头部越过出站信号机而未压上出站方面的轨道电路发车的凭证

**《技规》原文**:半自动闭塞区段,遇超长列车头部越过出站信号机而未压上出站方面的轨道电路发车时,行车凭证为出站信号机显示的允许运行的信号,并发给司机调度命令。

## 四、半自动闭塞区段,遇发车进路信号机故障或超长列车头部越过发车进路信号机发车的凭证

**《技规》原文**:半自动闭塞区段,遇发车进路信号机故障或超长列车头部越过发车进路信号机发车时,列车越过发车进路信号机的行车凭证为半自动闭塞发车进路通知书。半自动闭塞发车进路通知书模板如附件9所示。

## 五、越出站界调车的凭证

**《技规》原文**:

1. 双线区间正方向,必须区间(自动闭塞区间为第一个闭塞分区)空闲;单线

自动闭塞区间,闭塞系统必须在发车位置,第一个闭塞分区空闲,经车站值班员口头准许并通知司机后,方可出站调车。

2. 单线半自动闭塞区间和双线反方向出站调车时,须有停止使用基本闭塞法的调度命令,与邻站办理闭塞手续,并发给司机出站调车通知书。出站调车通知书模板如附件 5 所示。

## 六、跟踪出站调车的凭证

**《技规》原文**:需发给司机跟踪调车通知书(附件 5)。在先发列车尾部越过预告、接近信号机(或靠近车站的第一个预告标)或《站细》规定的间隔时间后,方可跟踪出站调车,但最远不得越出站界 500 m。

## 七、停止使用基本闭塞法，改用电话闭塞法行车的规定

**《技规》原文**:

1. 基本闭塞设备发生故障导致基本闭塞法不能使用、自动闭塞区间内两架及以上通过信号机故障或灯光熄灭时;

2. 无双向闭塞设备的双线区间反方向发车或改按单线行车时;

3. 发出由区间返回的列车,或发出挂有由区间返回后部补机的列车时;

4. 自动站间闭塞、半自动闭塞区间,由未设出站信号机的线路上发车,或超长列车头部越过出站信号机并压上出站方面轨道电路发车时;

5. 在夜间或遇降雾、暴风雨雪,为消除线路故障或执行特殊任务,开行轻型车辆时。

自动站间闭塞设备故障,半自动闭塞设备良好时,可根据调度命令改按半自动闭塞法。

使用电话闭塞法行车时,列车占用区间的行车凭证为路票(附件 1)。当挂有由区间返回的后部补机时,另发给补机司机路票副页。

## 八、车站行车室内一切电话中断使用行车凭证的规定

**《技规》原文**:车站行车室内一切电话中断,单线行车按书面联络法,双线行车按时间间隔法,列车进入区间的行车凭证均为红色许可证。红色许可证模板如附件 3 所示。

## 九、在站内无空闲线路的特殊情况下的接车方法

**《技规》原文**:在站内无空闲线路的特殊情况下,只准许接入为排除故障、事故

救援、疏解车辆等所需要的救援列车、不挂车的单机及重型轨道车。上述列车均应在进站信号机外停车,由接车人员向司机通知事由后,以调车手信号旗(灯)将列车领入站内。

### 十、进站、接车进路信号机不能使用时的行车凭证

**《技规》原文:**进站、接车进路信号机不能使用时,应开放引导信号。引导信号不能开放或无进站信号机时,应派引导人员接车。

### 十一、使用绿色许可证的时机

**《技规》原文:**

1. 自动闭塞区段出站信号机故障时发出列车时;
2. 自动闭塞区段由未设出站信号机的线路上发出列车时;
3. 自动闭塞区段超长列车头部越过出站信号机发出列车时;
4. 自动闭塞区段发车进路信号机发生故障时发出列车时;
5. 自动闭塞区段超长列车头部越过发车进路信号机发出列车时。

### 复习思考题

1.《技规》中对铁路信号是如何分类的?
2.《技规》中对视觉信号有哪些技术要求?
3.《技规》中对信号机的定位有哪些规定?
4.《技规》中对信号机的关闭时机有哪些规定?
5.《技规》中除了信号机显示红灯以外,信号机哪些情况视为停车信号?
6.《技规》中对无效信号机显示有何规定?
7. 进站色灯信号机显示方式及意义是什么?
8. 引导信号的显示方式是什么?
9. 出站色灯信号机的显示方式是什么?
10. 通过色灯信号机显示方式是什么?
11. 遮断色灯信号机显示方式是什么?
12. 调车色灯信号机显示方式是什么?
13. 色灯复示信号机的显示方式是什么?
14. 移动信号显示方式及意义是什么?

15. 列车运行中遇响墩爆炸声及火炬信号时如何运行？
16. 无线调车灯显显示方式及意义是什么？
17. 列车运行中应遵守哪些手信号的显示？
18. 联系用的手信号道岔开通信号的显示方式及意义是什么？
19. 显示手信号有何规定？
20. 试验列车自动制动机的手信号显示方式及意义是什么？
21. 升降弓手信号显示方式是什么？
22. 脱轨表示器的显示方式及意义是什么？
23. 车挡表示器设置有何规定？
24. 线路标志及信号标志包括哪些？
25. 列车标志的显示方式有何规定？
26. 使用绿色许可证的时机是什么？

# 第四章

# 《中国铁路沈阳局集团公司普速铁路行车组织规则》

**知识目标**

本章从《中国铁路沈阳局集团公司普速铁路行车组织规则》(以下简称《行规》)中挑选出10条规章条款,使"2+1"学员通过学习,掌握集团公司关于技术设备与行车组织、调车工作与行车闭塞、接发列车与信号显示、列车运行与行车应急处置、施工维修与设备故障应急处理相关规定。

**能力目标**

能够正确处理突发事件。

**素质目标**

树立危及行车安全时敢停车、敢汇报的安全理念。

## 一、《行规》中对《技规》中响墩、火炬、短路铜线管理的补充规定

1. 使用单位对响墩、火炬、短路铜线,试验良好后,应在每一响墩、火炬上注明试验年、月、日。

2. 每年于9月份进行一次定期抽查试验(短路铜线电阻不大于0.06 Ω),对新领到的响墩、火炬、短路铜线也应进行抽查试验。试验响墩、火炬时,要通知公安部门和司机。

3. 对响墩、火炬要注意保管,防止挤压、摩擦或受潮。使用响墩时,应牢固地扣在轨面上,但不得安放在钢轨接头、道岔、道口处。擦燃火炬时,不准对向面部。

## 二、《行规》中附挂机车进行滚动试验的规定

1. 装有弹停制动装置的机车附挂旅客列车时，必须进行滚动试验（含段内、站内及区间）。

2. 机车出库前及在车站、区间进行滚动试验的规定

（1）附挂的机车随本务机车出段（折返点、整备车间）时，应在机车出段前，进行连挂作业，由属地机务段组织完成附挂机车相关处置作业。

（2）遇切除弹停制动装置的机车在车站附挂旅客列车时，附挂处置作业完成后（含简略试验），本务机车司机向车站值班员请求进行机车滚动试验。

（3）遇切除弹停制动装置的机车在区间附挂旅客列车时，附挂处置作业完成后（含简略试验）向前进方向进行机车滚动试验。

## 三、《行规》中滚动试验时的安全措施

1. 滚动试验最高运行速度不得超过 5 km/h，走行 15 m 以上。

2. 进行滚动试验时，本务机车司机负责操纵机车，本务机车副司机（副班司机）及附挂机车司机负责在地面机车下部（本务机车为单班单司机值乘时由附挂机车司机或副司机负责，尾部附挂时由附挂机车司机负责），确认附挂机车车轮是否正常滚动、是否存在抱闸等异常现象。

3. 在车站需进行滚动试验时，本务机车司机向车站值班员提出需向前移动进行机车滚动试验的请求。得到车站值班员准许后，通知车辆乘务员，方可向前进方向进行机车滚动试验。在办理客运业务的车站，车站值班员须得到旅客乘降完毕、车门关闭的报告后方可准许进行滚动试验。

遇机车距出站（进路）信号机距离不足 100 m 时，司机还须向车站值班员请求开放调车信号（无调车信号或调车信号故障时开放出站信号），在调度集中区段车站调车操作方式下开放出站信号时以及中心操作方式下，由车站值班员通知列车调度员开放信号。

滚动试验完毕后，本务机车司机向车站值班员报告。开放出站信号进行滚动试验时可直接组织发车。

4. 在区间需进行滚动试验时，本务机车司机通知车辆乘务员，方可向前进方向进行机车滚动试验。遇机车距进站信号机距离不足 200 m 时，司机还须向车站值班员请求开放进站信号，调度集中区段中心和车站调车操作方式下由车站值班员通知列车调度员开放信号。

5. 滚动试验时，司机、车站值班员、车辆乘务员间联系应使用标准用语。

6. 未进行滚动试验或滚动试验未通过时，司机不得开车。滚动试验通过，列车正常（或恢复）运行后，本务机车司机须向车站值班员（列车调度员）申请在前方站停车检查。停车确认正常后，列车可继续运行。

## 四、《行规》中货物列车在装有容许信号的通过信号机前不停车牵引吨数的规定

根据《技规》第316条补充规定：

在装有容许信号的通过信号机显示停车信号（包括显示不明或灯光熄灭）时，货物列车在该信号机前必须停车，停车后按未设容许信号的通过信号机的规定办理。

因坡道限制不能起动时，司机应立即请求救援。

## 五、《行规》中列车冒进信号机或越过警冲标的处理规定

1. 列车冒进信号机或警冲标后，司机须立即停车报告车站值班员，并不得擅自动车，车站值班员报告列车调度员，共同商定处置办法。车站值班员接到司机冒进进站（接车进路）信号机报告后，立即通知已进入区间的后续列车停车，不再向该区间放行列车。

列车冒进进站（接车进路）信号机时，车站值班员在确认接车进路准备妥当和列车运行条件具备后，使用列车无线调度通信设备通知司机进站。

列车冒进出站（发车进路）信号机或起阻挡列车运行作用的调车信号机时，应在具备条件后，布置列车后退。但对出发或通过列车，根据实际情况，可在确认发车进路准备妥当、第一个闭塞分区空闲（半自动、自动站间闭塞区段为区间空闲）、列车运行条件具备后，使用列车无线调度通信设备通知司机继续运行。

列车冒进线路所通过信号机时，应在具备条件后，布置列车后退或继续运行。列车退回后司机按信号机的显示运行；继续运行时车站值班员在确认进路准备妥当后，使用列车无线调度通信设备通知司机继续运行。

2. 自动闭塞区间列车冒进通过信号机时，司机须立即停车，并报告两端站（列车调度员），车站值班员报告列车调度员。车站值班员（列车调度员）接到通知后，立即通知已进入区间的后续列车停车，不再向该区间放行后续列车。司机停车后，必须与车站值班员（列车调度员）联系，如确认冒进的闭塞分区有车时，不得移动，确认空闲后，以遇到阻碍能随时停车的速度继续运行，最高不超过20 km/h，运行

到次一架通过信号机(进站信号机),按其显示的要求运行。

## 六、《行规》中夜间运行机车、动车组头灯和标志灯故障时处理的补充规定

列车夜间运行,司机发现或得到机车(动车组)前部头灯、标志灯之一不能使用时,可继续运行。机车(动车组)前部头灯、标志灯均不能使用时,司机报告车站值班员(列车调度员),车站值班员报告列车调度员。司机适当降速维持运行到前方站停车处理,处理不好时不得继续运行。

## 七、《行规》中单班单司机值乘的列车在区间被迫停车后防护作业的补充规定

单班单司机值乘的旅客列车防护的规定:

(1)列车在区间被迫停车不能继续运行时,司机应立即使用列车无线调度通信设备通知两端站(列车调度员)及车辆乘务员(随车机械师),报告停车原因、停车位置及本列车为单班单司机值乘,根据需要迅速请求救援。对已请求救援的列车,不得再行移动,机车两端头灯、标志灯均须开放,并按规定对列车进行防护。需要防护时,旅客列车前方、后方均由车辆乘务员(随车机械师)负责防护;仅设一名车辆乘务员(随车机械师)时,列车前方由车辆乘务员(随车机械师)负责防护,列车后方由车辆乘务员(随车机械师)通知客运乘务员进行防护。配备列车防护报警装置的列车应首先使用列车防护报警装置进行防护。动车组列车使用随车机械师备品防护;动车组以外的旅客列车,前方使用司机备品防护,后方使用车辆乘务员备品防护。车站值班员得到报告后,及时报告列车调度员。

(2)列车被迫停车可能妨碍邻线时,司机应立即用列车无线调度通信设备通知邻线上运行的列车和两端站(列车调度员)及车辆乘务员(随车机械师)。车辆乘务员(随车机械师)分别在列车的头部和尾部附近邻线上点燃火炬,在自动闭塞区间,还应对邻线来车方向短路轨道电路;仅设一名车辆乘务员(随车机械师)时,列车头部由车辆乘务员(随车机械师)负责,列车尾部由车辆乘务员(随车机械师)通知客运乘务员负责。配备列车防护报警装置的列车应首先使用列车防护报警装置进行防护。司机应指派人员沿邻线一侧对列车进行检查。检查人员发现妨碍邻线时,应立即报告司机转报两端站(列车调度员);如发现邻线有列车开来时,通知司机鸣示紧急停车信号。车站值班员得到报告后,及时报告列车调度员。

(3)车站值班员(列车调度员)接到司机通知后,应将区间内列车运行情况通知司机,并立即使用列车无线调度通信设备转告区间内有关列车。在停车原因消

除前不得再放行追踪、续行列车。接到列车被迫停车可能妨碍邻线的通知后，立即通知邻线有关列车停车，在原因消除前不得向邻线放行列车。

需组织旅客疏散时，必须扣停邻线列车；司机在接到车站值班员（列车调度员）已扣停邻线列车的口头指示后，通知有关作业人员办理。

## 八、单班单司机值乘的货物列车在区间被迫停车后的防护

1. 单班单司机值乘的货物列车在区间被迫停车后，不能继续运行时，司机应立即使用列车无线调度通信设备通知两端站（列车调度员），报告停车原因、停车位置及本列车为单班单司机值乘，根据需要迅速请求救援。对已请求救援的列车，不得再行移动，机车两端头灯、标志灯均须开放。需要防护时，配备列车防护报警装置的列车须首先使用列车防护报警装置进行防护。

2. 列车被迫停车可能妨碍邻线时，配备列车防护报警装置的列车须首先使用列车防护报警装置进行防护，并立即用列车无线调度通信设备通知邻线上运行的列车和两端站（列车调度员）。司机在列车的头部（尾部）附近邻线来车方向的线路上点燃火炬。在自动闭塞区间，司机还应对邻线来车方向短路轨道电路。如发现邻线有列车开来时，司机应鸣示紧急停车信号。

3. 车站值班员（列车调度员）接到司机通知后，应将区间内列车运行情况通知司机，并立即使用列车无线调度通信设备转告区间内有关列车。在停车原因消除前不得再放行追踪、续行列车。接到列车被迫停车可能妨碍邻线的通知后，立即通知邻线有关列车停车，在原因消除前不得向邻线放行列车，并派人前往现场，到达现场后按司机要求协助其作业。

4. 列车单班单司机值乘的规定：

旅客列车执行《技规》第 363 条第 4 款时，除机车故障或需司机配合的作业外，司机可不参加检查。车站应将检查情况通知司机，在列车具备运行条件后，由车站按规定发车。

## 九、《行规》中受电弓挂有异物的处置规定

1. 机车受电弓挂有异物处置规定

（1）列车运行途中，机车司机接到受电弓挂有异物通知时，应立即降弓、停车，报告车站值班员（列车调度员），车站值班员报告列车调度员。确认异物不影响安全时，司机换另一受电弓恢复运行；不能确认时，立即请求救援或维持运行至前方站后请求救援。

需限速运行时，司机通知车站值班员报告列车调度员。

(2)机车司机现场检查发现受电弓滑板及托架有损伤或接触网有异状时，应及时报告车站值班员(列车调度员)，车站值班员(列车调度员)立即扣停后续列车，车站值班员报告列车调度员。车站值班员通知供电部门对接触网设备进行检查处理，根据供电部门在《行车设备检查登记簿》内登记的行车限制条件组织行车。

2. 动车组受电弓挂有异物处置规定

(1)动车组运行途中，司机接到受电弓挂有异物影响行车的通知时，立即停车降弓，向车站值班员(列车调度员)报告，请求随车机械师处理。司机接到接触网已停电准许登顶作业的调度命令后，根据随车机械师要求升另一受电弓，并与随车机械师共同确认无网压，司机与机械师共同确认升弓验电，并在司机手册上签认，然后通知随车机械师下车作业。随车机械师在确认接触网停电及动车组放电完毕后，下车用令克棒(绝缘棒)在非会车侧清除受电弓异物(必要时需升弓)，如无法清除时，按规定作业程序登车顶清除异物，并检查受电弓情况，受电弓如有损伤，随车机械师按规定对受损受电弓进行处理完毕后，通知司机切除挂有异物的受电弓，在司机手册上签认后，通知司机正常运行。

(2)车站值班员(列车调度员)得到报告后，应立即通知区间内后续列车停车，不得再向该区间放行列车。列车调度员根据登顶作业的请求，指示车站值班员通知该供电臂内的列车停车并降弓，接到通知的列车司机在停车并降弓后，要立即报告车站值班员，车站报告列车调度员，列车调度员确认具备条件后与供电调度员办理接触网停电手续，得到供电调度员接触网已停电的通知后，发布准许登顶作业的调度命令。

司机向随车机械师转达准许登顶作业的调度命令，随车机械师确认具备登顶条件后进行登顶作业。

(3)异物处理完毕后，司机应通过车站值班员报告列车调度员，列车调度员与供电调度员办理接触网送电手续，通知该停电供电臂内的列车升起受电弓，恢复正常行车。需限速运行时，司机根据随车机械师的通知限速运行，并通知车站值班员，车站值班员报告列车调度员。

(4)随车机械师现场检查发现受电弓滑板及托架有损伤或接触网有异状时，应及时报告车站值班员，车站值班员立即扣停后续列车，并报告列车调度员。车站值班员通知供电部门对接触网设备进行检查处理，根据供电部门在“行车设备检查登记簿”内登记的行车限制条件组织行车。

## 十、《行规》中集团公司管内部分联系用的手信号的规定

1. 发现运行列车车辆的下部及走行部分不良但尚未危及行车安全时：

昼间——拢起的手信号旗在下部左右迅速摇动；

夜间——白色灯光在下部左右迅速摇动。

2. 通过列车，接车人员向司机递交命令、凭证或通知事项时：

昼间——拢起的手信号旗左右摇动；

夜间——白色灯光左右摇动。

3. "好了"信号：

昼间——拢起的手信号旗或徒手上弧线向车辆方向作圆形转动；

夜间——白色灯光作圆形转动。

4. 试拉信号：

昼间——拢起的红色信号旗直立平举、展开的绿色信号旗上下摇动。徒手时，左小臂直立高举，右臂上下摇动。

夜间——绿色或白色灯光上下小动。

5. 要求司机鸣笛信号：

昼间——拢起的手信号旗直立平举或单臂向上弯曲直立上下小动；

夜间——绿色或白色灯光上下小动。

6. 补机摘解信号：

昼间——拢起的手信号旗上下摇动；

夜间——白色灯光上下摇动。

7. 加速信号：

昼间——展开的绿色信号旗或单臂平伸左右迅速摇动；

夜间——绿色或白色灯光高举左右迅速摇动。

8. 领车信号：

昼间——展开的绿色信号旗平伸。前部负责瞭望的人员，正常可不显示信号；使用无线调车灯显设备作业，单机或牵引运行领车时为单臂平伸。

夜间——绿色灯光。前部负责瞭望的人员及使用无线调车灯显设备作业单机或牵引运行领车时，显示白色灯光。

无股道编号的线路，股道号码的手信号显示方式在《站(段)细》内规定。需新增地区性联系用的手信号显示方式，由集团公司专业处室审批。

## 复习思考题

1.《行规》中响墩、火炬、短路铜线管理的补充规定是什么？

2.《行规》中附挂机车进行滚动试验的规定是什么？

3.《行规》中列车冒进信号机或越过警冲标的处理规定是什么？

4.《行规》中夜间运行机车、动车组头灯和标志灯故障时处理的补充规定是什么？

5.《行规》中沈阳局集团公司管内部分联系用的手信号的规定是什么？

# 第五章

# 《铁路机车操作规则》

**知识目标**

掌握《铁路机车操作规则》中关于段内作业、接车、出段与挂车、发车准备与发车、终到退勤的相关规定。

**能力目标**

能够做好开车前准备工作以及出退勤相关规定；具备操纵列车规范化、标准化能力。

**素质目标**

树立安全正点、精心操纵机车的工作理念。

## 一、乘务员出勤规定

1. 出乘前必须充分休息，严禁饮酒，按规定着装，准时出勤。

2. 出勤时，机车乘务员应携带工作证、驾驶证、岗位培训合格证（鉴定期间由机务段出具书面证明）和有关规章制度，到机车调度员处报到，接受指纹影像识别、酒精含量测试，按规定领取司机报单、司机手册、列车时刻表、运行揭示等行车资料和备品。

3. 认真阅读核对运行揭示及有关安全注意事项，结合担当列车种类、天气等情况，做好安全预想，并记录于司机手册。认真听取出勤指导，将司机手册交机车调度员审核并签认。

4. 办理运行揭示和列车运行监控装置专用 IC 卡（以下简称“IC 卡”）交付时，必须实行出勤机班与出勤调度员双审核、双确认的检验签认把关制度。

## 二、乘务员接车规定

按职责分工进行交接。接车时，认真了解机车运用、检修情况，办理燃料、耗电和工具、备品交接。接车后，确认列车运行监控装置（以下简称“LKJ”）、机车信号、列车无线调度通信设备等行车安全装备合格证齐全、符合规定。将 IC 卡数据载入 LKJ 并确认无误。

## 三、机车整备完毕准备出段规定

机车整备完毕机班全员上车后，要道准备出段。

1. 确认调车信号或股道号码信号、道岔开通信号、道岔表示器显示正确，厉行确认呼唤（应答），鸣笛动车（限鸣区段除外，下同）。确认呼唤（应答）标准见附件 7。

2. 移动机车前，应确认相关人员处于安全处所，防溜撤除，注意邻线机车、车辆的移动情况。段内走行严守速度规定。

3. 机车到达站、段分界点停车，签认出段时分（单班单司机签点办法由铁路局规定），了解挂车股道和经路，执行车机联控，按信号显示出段。

## 四、进入挂车线规定

进入挂车线后，应严格控制机车速度，执行十、五、三车和一度停车规定，确认脱轨器、防护信号及停留车位置。

1. 距脱轨器、防护信号、车列 10 m 前必须停车。

2. 确认脱轨器、防护信号撤除后，显示连挂信号，以不超过 5 km/h 的速度平稳连挂。

3. 连挂时，根据需要适量撒砂，连挂后要试拉。

## 五、挂车后规定

挂车后，机车保持制动，司机确认机车与第一位车辆的车钩、软管连结和折角塞门状态。多机重联时，机车与车辆连挂状态的检查由连挂司机负责；列车本务司机应复检机车与第一位车辆的车钩、软管连结和折角塞门状态。

1. 正确输入机车综合无线通信设备（以下简称“CIR”）、LKJ 有关数据。采用微机控制制动系统的机车，核对制动机设定的列车种类。向运转车长或车站值班员（助理值班员）了解编组情况、途中甩挂计划及其他有关事项。

2. 货运票据、列车编组顺序表需由机车乘务组携带时,应按规定办理交接,并妥善保管。

3. 司机应在列车充风或列车制动机试验时,检查本务机车与列尾装置主机是否已形成“一对一”关系。

4. 制动主管达到定压后,司机按规定及检车人员的要求进行列车制动机试验,装有防折关装置的机车应确认制动主管贯通情况。

5. 发现充、排风时间短等异常或制动主管漏泄每分钟超过 20 kPa 时,及时通知检车人员(无检车人员时通知车站值班员)。

6. 制动关门车辆数超过规定时,发车前应持有制动效能证明书。

7. 列车制动机进行持续一定时间的保压试验,应在试验完毕后,接受制动效能证明书。

8. 司机接到制动效能证明书后,应校核每百吨列车重量换算闸瓦压力,不符合《铁路技术管理规程》及本区段的规定时,应向车站值班员报告。

9. 直供电列车连挂后,司机拔出供电钥匙与客列检(或车辆乘务人员)按规定办理交接、供电手续,电力机车还需断开主断路器。

## 六、发车准备与发车规定

司机根据发车时间,做好发车准备工作。货物列车起动困难时,可适当压缩车钩,但不应超过总辆数的三分之二。压缩车钩后,在机车加载前,不得缓解机车制动。

起动列车前,必须二人及以上(单司机值乘区段除外)确认行车凭证、发车信号显示正确,准确呼唤应答,执行车机联控,鸣笛起动列车。

1. 起动列车前使用列尾装置检查尾部制动主管压力是否与机车制动主管压力基本一致。

2. 列车起动时,应检查制动机手柄是否在正常位置及各仪表的显示状态,做到起车稳、加速快、防止空转。

3. 内燃机车提手柄、电力机车进级时,应使柴油机转速及牵引电流稳定上升。当列车不能起动或起动过程中空转不能消除时,应迅速调整主手柄位置,重新起动列车。

4. 列车起动后,应进行后部瞭望确认列车起动正常。单司机单班值乘的不进行后部瞭望。

## 七、单机在自动闭塞区间紧急制动停车后的应急处置规定

单机(包括双机、专列回送的机车,下同)在自动闭塞区间紧急制动停车后,具备移动条件时司机须立即将机车移动不少于 15 m,再按照先防护后报告的原则,在轨道电路调谐区外使用短路铜线短接轨道电路,然后向就近车站值班员或列车调度员报告停车位置和原因。

单机被迫停在调谐区内时,司机须立即在调谐区外使用短路铜线短接轨道电路,然后向就近车站值班员或列车调度员报告停车位置和原因。

## 八、列车或单机停留时的操作规定

列车或单机停留时,不准停止柴油机、劈相机及空气压缩机的工作,并保持制动状态。

1. 进站停车时,应注意车站接车人员的手信号。

2. 货物列车应保压停车,直至发车前出站(发车进路)信号机开放或接到车站准备开车的通知后,方能缓解列车制动。

3. 夜间等会列车时,应将机车头灯灯光减弱或熄灭。

4. 中间站停车,有条件时应对机车主要部件进行检查。

5. 机车乘务员必须坚守岗位,不得擅自离开机车。

## 九、运行中的安全注意事项

1. 不得超越机车限界进行作业,电气化区段严禁攀登机车、车辆顶部,途中停车检查时,身体不得侵入临线限界。

2. 电力机车乘务员需要登机车顶部检查弓网状态或处理故障时,应断开主断路器,降下受电弓,必须向车站值班员或列车调度员申请办理登顶作业,接到列车调度员发布接触网已停电允许登顶作业的调度命令并验电、接地后方准作业。

3. 外走廊式的内燃机车运行中不得在走廊上作业。

4. 严禁向机车外部抛撒火种,机械间严禁吸烟。

5. 列车在区间被迫停车后不能继续运行时,司机应立即使用列车无线调度通信设备通知两端站、列车调度员及运转车长(无运转车长时为车辆乘务员),报告停车原因和停车位置,根据需要迅速请求救援并按规定设置防护。机车故障后 10 分钟内不能恢复运行时,司机应迅速请求救援。

6. 遇天气不良、机车牵引力不足等原因,列车在困难区段可能发生坡停或严

重运缓时,司机应提前使用列车无线调度通信设备通知两端站或列车调度员。

7. 单机进入区间担当救援作业,在自动闭塞区间正方向运行时,应使 LKJ 处于通常工作状态,严格按分区通过信号机的显示要求行车;在自动闭塞区间反方向、半自动闭塞区间及自动站间闭塞区间运行时,应使 LKJ 处于调车工作状态。在接近被救援列车 2 km 时,按规定严格控制速度。

8. 运行途中突发难以抵抗的身体急症,要立即报告列车调度员或车站值班员,不能维持驾驶操纵的要立即采取停车措施。

附挂(重联)机车连挂妥当后,附挂(重联)司机按规定操作制动机、弹停装置、电气设备等,操作完毕、具备附挂(重联)运行条件后,通知本务机车司机。

附挂(重联)机车需与本务机车或前位机车摘开时,必须恢复机车牵引条件后(闭合蓄电池开关、开启 LKJ、升弓或启机、空压机工作、总风缸压力达到定压、机车处于制动状态),方可通知前位机车进行摘挂作业。

无动力回送机车按规定开放无火回送装置,操作有关阀门。

## 十、内燃、电力机车机械间及走廊巡视检查的规定

内燃、电力机车机械间及走廊巡视检查,由非操纵司机或学习司机负责,应按下列要求执行:

1. 内燃机车

(1)始发列车出站后;

(2)列车运行中一般每 30 min 进行一次;

(3)发生异音、异状时。

2. 电力机车

(1)始发列车出站后;

(2)发生异音、异状时。

3. 单司机值乘时,机械间检查时机由铁路局规定。

## 十一、巡视检查的具体项目

1. 内燃机车检查项目:电气间、柴油机、增压器、牵引发电机、辅助传动装置、空气压缩机、辅助发电机、牵引电动机的通风机等状态是否正常;有无电气绝缘烧损气味、油水管路有无漏泄;水箱水位和各仪表显示是否正常。

2. 电力机车检查项目:各辅助机组运转是否正常;各部件有无异音、异状;有无放电和电气绝缘烧损的气味;主变压器油温、油位是否正常,牵引及辅助变流器

工作状态、各保护继电器和指示灯、指示件有无异状或动作显示。

## 十二、列车终到规定

1. 到达终点站后，摘解机车前不得缓解列车制动。若地面无列车制动机试验设备或该设备临时发生故障时，司机应根据检车员的要求，试验列车制动机。牵引制动主管定压 600 kPa 的货物列车到达机车换挂站后，应对制动主管实施最大有效减压量（减压 170 kPa）。

2. 直供电列车到达后，应保持供电，接到车辆乘务员通知后方可停止供电，拔出供电钥匙，按规定与车辆乘务员办理交接。

3. 机车不能及时入段时，将机车移动至脱轨器外方、信号机前或警冲标内方。机车乘务员应及时检查轴温（装有轴温检测装置的除外）。LKJ 转入调车状态，按调车信号显示运行。

4. 机车到达站、段分界点处应停车，签认入段时分，了解段内走行经路。

5. 确认入段信号、股道号码信号、道岔开通信号、道岔表示器显示正确，厉行确认呼唤（应答），鸣笛动车入段，按规定速度控制运行。

6. 有运用干部添乘在列车终到前，司机应出示添乘指导簿，添乘运用干部填写本趟添乘指导意见。

## 十三、乘务员退勤作业流程及标准

1. 退勤前，司机用 IC 卡转储 LKJ 运行记录文件，正确填写司机报单，对本次列车的安全正点情况进行分析作出记录。

2. 退勤时，进行酒精测试，向退勤调度员汇报本次列车安全及运行情况，对运行中发生的非正常情况按规定填写“机调-10”，对 LKJ 检索分析的问题及超劳、运缓等情况做出说明，交还列车时刻表、司机报单、司机手册、添乘指导簿后，办理退勤手续。

### 复习思考题

1. 进入挂车线的作业标准是什么？
2. 单机在自动闭塞区间紧急制动停车后的应急处置规定是什么？
3. 列车或单机停留时有何操作规定？

# 第六章

# 《铁路交通事故调查处理规则》

**知识目标**

本章从《铁路交通事故调查处理规则》(以下简称《条例》)中挑选出6条规章条款,使“2+1”学员通过学习,掌握国铁集团关于事故种类划分及名词解释。

**能力目标**

能够掌握事故分类及各类事故含义。

**素质目标**

树立安全正点、精心操纵机车的工作理念。

## 一、事故的分类

依据《条例》规定,铁路交通事故分为特别重大事故、重大事故、较大事故和一般事故四个等级。

## 二、一般A类事故的分类

一般事故分为:一般A类事故、一般B类事故、一般C类事故、一般D类事故。

## 三、事故责任的分类

事故分为责任事故和非责任事故。

事故责任分为全部责任、主要责任、重要责任、次要责任和同等责任。

## 四、错办行车凭证发车或耽误列车事故责任的划分

错误办理行车凭证发车或耽误列车事故的责任划分:司机起动列车,定车务、

机务单位责任；司机发现未动车，定车务单位责任；通过列车司机未及时发现，定车务、机务单位责任；司机发现及时停车，定车务单位责任。

## 复习思考题

1. 事故的分类有哪些？
2. 事故责任的分类有哪些？
3. 错办行车凭证发车或耽误列车事故责任是怎样划分的？

# 第七章

# 《沈阳局集团公司机车乘务员一次乘务作业标准》

**知识目标**

本章从《沈阳局集团公司机车乘务员一次乘务作业标准》中挑选相关内容，使“2+1”学员通过学习，掌握一次乘务作业标准概况和呼唤应答标准用语。

**能力目标**

达到协助司机完成一次乘务作业的能力。

**素质目标**

树立手比眼看、高声呼唤，一点也不差、差一点也不行的工作理念。

## 第一节　概　述

### 一、待乘

按时入寓，不得饮酒，手机上交，充分休息，按时离寓。保休时，在规定的保休时间前 10 min 签到。

### 二、出勤

1. 按时出勤：规定着装，指纹测酒，携带证件，写入 IC 卡；领取报单、手册、运行揭示、施工明示图；客车领取列车时刻表及监控提示卡。

2. 核对揭示：全员核对，逐条勾划，重点摘录，IC 卡验卡，模拟开车。

3. 阅读通报：阅读通报，记名签认，记录 LKJ 最新版本号，重点要求记入手册。

4. 全员出勤：核对揭示，听取传达，了解接车地点。

## 三、接车

1. 段内接车：了解机车状态及检修情况，办理油量、工具、备品交接，确认设备检测合格，输入 IC 卡数据并核对。

2. 检查试验：检查机车，工具备品，行车安全设备合格证，了解机车运用状态。

3. 段内动车：防溜撤除，全员确认信号开放、道岔开通位置，联控进路，副司机站立瞭望，鸣笛动车，严守速度。

4. 正点出段：交验合格证，报单签点，掌握经路，确认信号，联控动车。

5. 车站接车：机班同行，固定路线，对口交接，输入 IC 卡数据并核对，检查、了解机车状态。

## 四、挂车

1. 连挂车列：确认挂车股道，距脱轨器、防护信号、车列 10 m 前停车；确认连结信号，平稳连挂，挂后试拉，检查连接状态。

2. 交接票据：交接签字，妥善保管，使用运统一电子终端的区段，应及时接取运统一终端数据。

3. 输入数据：输入数据，全员核对，计算长度，记入手册。

4. 制动试验：连接列尾，查询风压，制动机试验，开门听声、记录充排风时间，确认正常。

## 五、运行

1. 正点开车：确认凭证，联控进路，确认发车，鸣笛起车，后部瞭望，执行好始发六确认。

2. 确认贯通：货物列车贯通试验，旅客列车保压开车，列尾查询、核对风压。

3. 呼唤应答：彻底瞭望、确认信号、准确呼唤、手比眼看。

4. 按号运行：黄灯减速、红灯停车、停车必喊、有车不进。

5. 严守速度：正确操纵，严守各项限制速度。

6. 车机联控：及时联控，用语准确，严禁闲谈，听不清就问，严禁盲目回答。

7. 制动机使用：准确掌握制动时机和减压量，平稳制动、均匀减速。

8. 鸣笛：掌握鸣示方式、使用时机，注意限鸣区。

9. 过分相区：提前预想，合理控速，按标操作，确认网压和控制电压，发现异常，立即降弓。

10. 机械间巡检：按时巡检，检查油水，有无异味，各部状态，确认轴温。

11. 车站停车：准确输入，确认距离，严禁停机，保持制动，检查机车，注意安全。

12. 调车作业：试验灯显、传达计划、执行防溜、确认信号、道岔位置、三方联控、指令动车、盯住信号、控制速度、唱钩挑钩。

13. 终到拔头：最大减压，防溜联控，确认信号，单缓动车，操作列尾，交接票据。

### 六、退勤

1. 机车入段：一度停车，报单签点，掌握经路，确认信号、道岔位置，联控动车。
2. 整备交班：对口交接，故障引记，提票修理，保洁、整备机车。
3. 退勤：转储数据，填记报单，乘务总结，测酒检索，汇报退勤。

## 第二节 呼唤应答标准

### 一、出段至发车

| 序号 | 呼唤时机 | 呼唤 | | 应答 | | 复诵 | |
|---|---|---|---|---|---|---|---|
| | | 呼唤者 | 标准用语 | 应答者 | 标准用语 | 复诵者 | 标准用语 |
| 1 | 电力机车升弓 | 操纵司机 | 升弓 | 副司机<br>非操纵司机 | 升弓注意 | 操纵司机 | 升弓好了 |
| 2 | 整备完毕，人员就岗 | 副司机<br>非操纵司机 | 出段准备 | 操纵司机 | 准备好了 | | |
| 3 | 出段前 | 副司机<br>非操纵司机 | 还道信号<br>出段信号（非集中操纵道岔呼唤内容） | 操纵司机 | ××道<br>出段手信号好了 | 副司机<br>非操纵司机 | ××道<br>出段手信号好了 |
| 4 | | 副司机<br>非操纵司机 | 出段信号 | 操纵司机 | 白（绿）灯<br>蓝（红）灯停车 | 副司机<br>非操纵司机 | 白（绿）灯<br>蓝（红）灯停车 |

续上表

| 序号 | 呼唤时机 | 呼唤 | | 应答 | | 复诵 | |
|---|---|---|---|---|---|---|---|
| | | 呼唤者 | 标准用语 | 应答者 | 标准用语 | 复诵者 | 标准用语 |
| 5 | 经过非集中操纵道岔前 | 副司机<br>非操纵司机 | 道岔注意 | 操纵司机 | 道岔开通正确 | 副司机<br>非操纵司机 | 道岔开通正确 |
| 6 | 经过其他要道还道地点前 | 副司机<br>非操纵司机 | 一度停车<br>还道信号<br>道岔开通信号 | 操纵司机 | 一度停车<br>××道<br>手信号好了 | 副司机<br>非操纵司机 | ××道<br>手信号好了 |
| 7 | 行至站段分界点(或一度停车牌) | 副司机<br>非操纵司机 | 一度停车 | 操纵司机 | 一度停车 | | |
| 8 | 调车信号前 | 副司机<br>非操纵司机 | 调车信号 | 操纵司机 | 白灯、蓝(红)灯停车 | 副司机<br>非操纵司机 | 白灯、蓝(红)灯停车 |
| 9 | 调车复示信号前 | 副司机<br>非操纵司机 | 复示信号 | 操纵司机 | 白灯<br>注意信号 | 副司机<br>非操纵司机 | 白灯<br>注意信号 |
| 10 | 换端作业时 | 副司机<br>非操纵司机 | 注意防溜 | 操纵司机 | 注意防溜，制动缸压力×× kPa | | |
| 11 | 进入挂车线 | 副司机<br>非操纵司机 | 脱轨器注意 | 操纵司机 | 撤除好了<br>(红灯、红牌)停车 | 副司机<br>非操纵司机 | 撤除好了<br>(红灯、红牌)停车 |
| 12 | 连挂车时 | 副司机<br>非操纵司机 | 十辆、五辆、三辆、停车 | 操纵司机 | 十辆、五辆、三辆、停车 | | |
| 13 | 连挂车时 | 副司机<br>非操纵司机 | 防护信号 | 操纵司机 | 撤除好了<br>注意信号 | 副司机<br>非操纵司机 | 好了<br>注意 |
| 14 | 列车制动机试验时 | 副司机<br>非操纵司机 | 制动、缓解<br>试风好了 | 操纵司机 | 制动、缓解<br>试风好了 | | |
| 15 | 发车前 | 副司机<br>非操纵司机 | 确认行车安全装备 | 操纵司机 | LKJ设置好了<br>CIR（或通信装置）设置好了<br>列尾装置设置好了<br>机车信号确认好了 | 副司机<br>非操纵司机 | LKJ设置好了<br>CIR（或通信装置）设置好了<br>列尾装置设置好了<br>机车信号确认好了 |

续上表

| 序号 | 呼唤时机 | 呼唤 | | 应答 | | 复诵 | |
|---|---|---|---|---|---|---|---|
| | | 呼唤者 | 标准用语 | 应答者 | 标准用语 | 复诵者 | 标准用语 |
| 16 | 发车前 | 副司机<br>非操纵司机 | 出站（发车进路）信号 | 操纵司机 | 绿灯，出站（发车进路）好了<br>双绿灯，××（线、站）方向出站好了<br>绿黄灯，出站（发车进路）好了<br>黄灯，出站（发车进路）好了 | 副司机<br>非操纵司机 | 绿灯，出站（发车进路）好了<br>双绿灯，××（线、站）方向出站好了<br>绿黄灯，出站（发车进路）好了<br>黄灯，出站（发车进路）好了 |
| 17 | 发车前 | 副司机<br>非操纵司机 | 确认路票<br>确认绿色许可证<br>确认红色许可证<br>确认调度命令 | 操纵司机 | 路票正确<br>绿色许可证正确<br>红色许可证正确<br>调度命令正确 | 副司机<br>非操纵司机 | 路票正确<br>绿色许可证正确<br>红色许可证正确<br>调度命令正确 |
| 18 | 发车前 | 副司机<br>非操纵司机 | 进路表示器 | 操纵司机 | ××（线、站）方向好了<br>正、反方向好了 | 副司机<br>非操纵司机 | ××（线、站）方向好了<br>正、反方向好了 |
| 19 | 发车前 | 副司机<br>非操纵司机 | 发车信号 | 操纵司机 | 一圈、两圈、三圈，发车信号好了<br>联控发车好了 | 副司机<br>非操纵司机 | 一圈、两圈、三圈，发车信号好了<br>联控发车好了 |
| 20 | 发车前 | 副司机<br>非操纵司机 | 发车表示器 | 操纵司机 | 发车表示器白灯 | 副司机<br>非操纵司机 | 发车表示器白灯 |
| 21 | 起动列车后 | 副司机<br>非操纵司机 | 确认开车时刻 | 操纵司机 | 正点（或晚点××分）开车 | 副司机<br>非操纵司机 | 好了 |
| 22 | 起动列车后 | 副司机<br>非操纵司机 | 注意对标 | 操纵司机 | 对标好了<br>道岔限速××km/h | 副司机<br>非操纵司机 | 好了<br>道岔限速××km/h |
| 23 | 起动列车后 | 副司机<br>非操纵司机 | 后部注意 | 操纵司机 | 后部好了 | 副司机<br>非操纵司机 | 后部好了 |
| 24 | 出站后 | 副司机<br>非操纵司机 | 仪表注意 | 操纵司机 | 各仪表（网压）显示正常 | | |

## 二、途中运行

| 序号 | 呼唤时机 | 呼唤 | | 应答 | | 复诵 | |
|---|---|---|---|---|---|---|---|
| | | 呼唤者 | 标准用语 | 应答者 | 标准用语 | 复诵者 | 标准用语 |
| 1 | 机械间巡视及巡视后 | 副司机<br>非操纵司机 | 机械间检查各部正常 | 操纵司机 | 注意安全好了 | 副司机<br>非操纵司机 | 加强瞭望 |
| 2 | 贯通试验或试闸点 | 副司机<br>非操纵司机 | 贯通试验或试闸 | 操纵司机 | 贯通试验好了<br>或试闸好了 | 副司机<br>非操纵司机 | 好了 |
| 3 | 查询列尾时 | 副司机<br>非操纵司机 | 列尾查询 | 操纵司机 | 尾部风压××kPa | 副司机<br>非操纵司机 | 好了 |
| 4 | 接近慢行地段限速标 | 副司机<br>非操纵司机 | 慢行注意 | 操纵司机 | 限速××km/h | 副司机<br>非操纵司机 | 限速××km/h |
| 5 | 慢行减速地点(始端)标 | 副司机<br>非操纵司机 | 慢行开始 | 操纵司机 | 慢行开始 | | |
| 6 | 慢行减速地点(终端)标 | 副司机<br>非操纵司机 | 严守速度 | 操纵司机 | 严守速度 | | |
| 7 | 越过减速防护地段终端信号标 | 副司机<br>非操纵司机 | 慢行结束 | 操纵司机 | 慢行结束 | | |
| 8 | 乘降所 | 副司机<br>非操纵司机 | ××乘降所 | 操纵司机 | 停车 | 副司机<br>非操纵司机 | 停车 |
| 9 | 接近分相前 | 副司机<br>非操纵司机 | 过分相注意 | 操纵司机 | 注意 | 副司机<br>非操纵司机 | 注意 |
| 10 | 禁止双弓标前 | 副司机<br>非操纵司机 | 禁止双弓 | 操纵司机 | 单弓好了 | 副司机<br>非操纵司机 | 好了 |
| 11 | 断电标(T断标)前 | 副司机<br>非操纵司机 | 断电 | 操纵司机 | 断电好了 | 副司机<br>非操纵司机 | 好了 |
| 12 | 越过合电标后 | 副司机<br>非操纵司机 | 闭合 | 操纵司机 | 闭合好了 | 副司机<br>非操纵司机 | 好了 |
| 13 | 准备降弓标前 | 副司机<br>非操纵司机 | 准备降弓 | 操纵司机 | 准备降弓 | | |
| 14 | 降弓标前 | 副司机<br>非操纵司机 | 降弓 | 操纵司机 | 降弓好了 | 副司机<br>非操纵司机 | 好了 |
| 15 | 越过升弓标后 | 副司机<br>非操纵司机 | 升弓 | 操纵司机 | 升弓好了 | 副司机<br>非操纵司机 | 好了 |
| 16 | 遮断信号前 | 副司机<br>非操纵司机 | 遮断信号 | 操纵司机 | 红灯停车，无显示 | 副司机<br>非操纵司机 | 红灯停车，无显示 |

续上表

| 序号 | 呼唤时机 | 呼唤 | | 应答 | | 复诵 | |
|---|---|---|---|---|---|---|---|
| | | 呼唤者 | 标准用语 | 应答者 | 标准用语 | 复诵者 | 标准用语 |
| 17 | 半自动闭塞区段进站（进路）信号机处；<br>自动闭塞区段进站信号前一架通过信号机、进站（进路）信号机处。<br>雨雪雾等不良天气，自动闭塞区间通过信号机逐架确认 | 副司机<br>非操纵司机 | 确认车位 | 操纵司机 | 车位正确<br>校正好了 | 副司机<br>非操纵司机 | 车位正确<br>好了 |
| 18 | 进站、接车进路复示信号前 | 副司机<br>非操纵司机 | 复示信号 | 操纵司机 | 直向、侧向或注意信号 | 副司机<br>非操纵司机 | 直向、侧向或注意信号 |
| 19 | 出站、发车进路复示信号前 | 副司机<br>非操纵司机 | 复示信号 | 操纵司机 | 复示好了、注意信号 | 副司机<br>非操纵司机 | 复示好了、注意信号 |
| 20 | 通过手信号 | 副司机<br>非操纵司机 | 通过手信号 | 操纵司机 | 手信号好了<br>站内停车 | 副司机<br>非操纵司机 | 手信号好了<br>站内停车 |
| 21 | 防护信号前 | 副司机<br>非操纵司机 | 防护信号 | 操纵司机 | 红灯（红旗）停车<br>火炬停车<br>撤除好了 | 副司机<br>非操纵司机 | 红灯（红旗）停车<br>火炬停车<br>撤除好了 |
| 22 | 预告信号前 | 副司机<br>非操纵司机 | 预告信号 | 操纵司机 | 预告好了<br>注意信号 | 副司机<br>非操纵司机 | 预告好了<br>注意信号 |
| 23 | CIR接收接车进路预告信息时 | 副司机<br>非操纵司机 | 确认进路预告信息 | 操纵司机 | ××站（线路所）××道通过（停车）、机外停车 | 副司机<br>非操纵司机 | ××站（线路所）××道通过（停车）、机外停车 |
| 24 | 接收临时调度命令时 | 副司机<br>非操纵司机 | 确认调度命令 | 操纵司机 | 调度命令确认好了 | 副司机<br>非操纵司机 | 调度命令确认好了 |
| 25 | 通信模式转换时 | 副司机<br>非操纵司机 | 通信转换注意 | 操纵司机 | 转换好了 | 副司机<br>非操纵司机 | 好了 |
| 26 | 转换机车信号时 | 副司机<br>非操纵司机 | 机车信号转换注意 | 操纵司机 | 转换好了 | 副司机<br>非操纵司机 | 好了 |
| 27 | 接近信号前 | 副司机<br>非操纵司机 | 接近信号 | 操纵司机 | 绿灯<br>绿黄灯<br>黄灯减速 | 副司机<br>非操纵司机 | 绿灯<br>绿黄灯<br>黄灯减速 |

续上表

| 序号 | 呼唤时机 | 呼唤 | | 应答 | | 复诵 | |
|---|---|---|---|---|---|---|---|
| | | 呼唤者 | 标准用语 | 应答者 | 标准用语 | 复诵者 | 标准用语 |
| 28 | | 副司机<br>非操纵司机 | 进站(进路)信号 | 操纵司机 | 绿灯,正线通过<br>绿黄灯,正线通过,注意运行<br>黄灯,正线<br>双黄灯,侧线,限速××km/h<br>黄闪黄,侧线,限速××km/h<br>红灯,机外停车 | 副司机<br>非操纵司机 | 绿灯,正线通过<br>绿黄灯,正线通过,注意运行<br>黄灯,正线<br>双黄灯,侧线,限速××km/h<br>黄闪黄,侧线,限速××km/h<br>红灯,机外停车 |
| 29 | 进站(接车进路)信号前 | 副司机<br>非操纵司机 | 引导信号<br>引导手信号<br>特定引导手信号<br>机外停车 | 操纵司机 | 一红一白,引导信号好了<br>黄旗、黄灯,引导手信号好了<br>绿旗、绿灯,特定引导手信号好了<br>机外停车 | 副司机<br>非操纵司机 | 一红一白,引导信号好了<br>黄旗、黄灯,引导手信号好了<br>绿旗、绿灯,特定引导手信号好了<br>机外停车 |
| | | 副司机<br>非操纵司机 | 出站(发车进路)信号 | 操纵司机 | 绿灯,出站(发车进路)好了<br>双绿灯,××(线、站)方向出站好了<br>绿黄灯,出站(发车进路)好了<br>黄灯,出站(发车进路)好了<br>红灯,停车 | 副司机<br>非操纵司机 | 绿灯,出站(发车进路)好了<br>双绿灯,××(线、站)方向出站好了<br>绿黄灯,出站(发车进路)好了<br>黄灯,出站(发车进路)好了<br>红灯,停车 |
| 30 | | 副司机<br>非操纵司机 | 确认路票<br>确认绿色许可证<br>确认红色许可证<br>确认调度命令 | 操纵司机 | 路票正确<br>绿色许可证正确<br>红色许可证正确<br>调度命令正确 | 副司机<br>非操纵司机 | 路票正确<br>绿色许可证正确<br>红色许可证正确<br>调度命令正确 |

续上表

| 序号 | 呼唤时机 | 呼唤 | | 应答 | | 复诵 | |
|---|---|---|---|---|---|---|---|
| | | 呼唤者 | 标准用语 | 应答者 | 标准用语 | 复诵者 | 标准用语 |
| 31 | 站内开车前；<br>转换载频后；<br>侧线通过，机车进入股道内；<br>半自动、自动站间闭塞区段机车越过上码点后；<br>自动闭塞区段，侧线开车（通过）越过反方向进站信号机后；<br>分歧方向车站，机车进入股道内、越过出站信号机后 | 副司机 | 机车信号 | 司机 | 绿灯（绿黄灯、黄灯、双黄灯、双黄闪、黄2灯、黄2闪）<br>红黄灯停车<br>白灯（红灯）注意 | 副司机 | 绿灯（绿黄灯、黄灯、双黄灯、双黄闪、黄2灯、黄2闪）<br>红黄灯停车<br>白灯（红灯）注意 |
| 32 | 进路表示器前 | 副司机<br>非操纵司机 | 进路表示器 | 操纵司机 | ××（线、站）方向好了<br>正、反方向好了 | 副司机<br>非操纵司机 | ××（线、站）方向好了<br>正、反方向好了 |
| 33 | 确认仪表时 | 副司机<br>非操纵司机 | 仪表注意 | 操纵司机 | 各仪表（网压）显示正常 | | |
| 34 | 自动闭塞区段闭塞分区通过信号前 | 副司机<br>非操纵司机 | 通过信号 | 操纵司机 | 绿灯<br>绿黄灯<br>黄灯减速<br>红灯停车 | 副司机<br>非操纵司机 | 绿灯<br>绿黄灯<br>黄灯减速<br>红灯停车 |
| 35 | 线路所通过信号机前 | 副司机<br>非操纵司机 | 通过信号<br>确认行车凭证 | 操纵司机 | 绿灯，（××方向好了）<br>绿黄灯，（××方向好了）<br>黄灯减速，（××方向好了）<br>侧线限速×× km/h、××方向好了<br>机外停车<br>线路所凭证正确 | 副司机<br>非操纵司机 | 绿灯，（××方向好了）<br>绿黄灯，（××方向好了）<br>黄灯减速，（××方向好了）<br>侧线限速×× km/h、××方向好了<br>机外停车<br>线路所凭证正确 |

续上表

| 序号 | 呼唤时机 | 呼唤 | | 应答 | | 复诵 | |
|---|---|---|---|---|---|---|---|
| | | 呼唤者 | 标准用语 | 应答者 | 标准用语 | 复诵者 | 标准用语 |
| 36 | 列车运行限制速度变速点前（由高速变低速） | 操纵司机 | 前方限速××km | 副司机<br>非操纵司机 | 注意控速 | 操纵司机 | 注意控速 |
| 37 | 交会列车时 | 副司机<br>非操纵司机 | 会车注意 | 操纵司机 | 注意 | | |
| 38 | 输入侧线股道号 | 副司机<br>非操纵司机 | 输入侧线股道号 | 操纵司机 | ××道输入好了 | | |
| 39 | 输入支线号 | 副司机<br>非操纵司机 | 输入支线号 | 操纵司机 | 支线号输入好了 | | |
| 40 | 接近限制鸣笛标前 | 副司机<br>非操纵司机 | 进入限鸣区段 | 操纵司机 | 限制鸣笛 | 副司机<br>非操纵司机 | 限制鸣笛 |
| 41 | 接近防洪地点标 | 副司机<br>非操纵司机 | 进入防洪地点 | 操纵司机 | 注意运行 | 副司机<br>非操纵司机 | 注意运行 |
| 42 | 接近道口前 | 副司机<br>非操纵司机 | 道口注意 | 操纵司机 | 注意 | | |
| 43 | 途中换班时 | 接班司机 | 换班注意 | 交班司机 | 加强瞭望（前方有限速）；注意安全 | 接班司机 | 明白 |

## 三、到达至入段

| 序号 | 呼唤时机 | 呼唤 | | 应答 | | 复诵 | |
|---|---|---|---|---|---|---|---|
| | | 呼唤者 | 标准用语 | 应答者 | 标准用语 | 复诵者 | 标准用语 |
| 1 | 列车终到后 | 副司机<br>非操纵司机 | 确认行车安全装备 | 操纵司机 | LKJ设置好了<br>CIR（或通信装置）设置好了<br>列尾装置设置好了 | 副司机<br>非操纵司机 | LKJ设置好了<br>CIR（或通信装置）设置好了<br>列尾装置设置好了 |
| 2 | 调车转线作业 | 副司机<br>非操纵司机 | 调车信号 | 操纵司机 | 白灯、蓝（红）灯停车 | 副司机<br>非操纵司机 | 白灯、蓝（红）灯停车 |
| 3 | 调车复示信号前 | 副司机<br>非操纵司机 | 复示信号 | 操纵司机 | 白灯<br>注意信号 | 副司机<br>非操纵司机 | 白灯<br>注意信号 |

续上表

| 序号 | 呼唤时机 | 呼唤 | | 应答 | | 复诵 | |
|---|---|---|---|---|---|---|---|
| | | 呼唤者 | 标准用语 | 应答者 | 标准用语 | 复诵者 | 标准用语 |
| 4 | 行至站段分界点（或一度停车牌） | 副司机<br>非操纵司机 | 一度停车 | 操纵司机 | 一度停车 | | |
| 5 | 入段前 | 副司机<br>非操纵司机 | 还道信号<br>入段信号<br>（非集中操纵道岔呼唤内容） | 操纵司机 | ××道<br>入段手信号好了 | 副司机<br>非操纵司机 | ××道<br>入段手信号好了 |
| 6 | | 副司机<br>非操纵司机 | 入段信号 | 操纵司机 | 白（绿）灯<br>蓝（红）灯<br>停车 | 副司机<br>非操纵司机 | 白（绿）灯<br>蓝（红）灯<br>停车 |
| 7 | 经过非集中操纵道岔前 | 副司机<br>非操纵司机 | 道岔注意 | 操纵司机 | 道岔开通正确 | 副司机<br>非操纵司机 | 道岔开通正确 |
| 8 | 经过其他要道还道地点前 | 副司机<br>非操纵司机 | 一度停车<br>还道信号<br>道岔开通信号 | 操纵司机 | 一度停车<br>××道<br>手信号好了 | 副司机<br>非操纵司机 | ××道<br>手信号好了 |
| 9 | 换端作业时 | 副司机<br>非操纵司机 | 注意防溜 | 操纵司机 | 注意防溜，制动缸压力×× kPa | | |
| 10 | 进入段内尽头线或有车线 | 副司机<br>非操纵司机 | 十辆、五辆、三辆、停车 | 操纵司机 | 十辆、五辆、三辆、停车 | | |
| 11 | 整备线防护信号前 | 副司机<br>非操纵司机 | 防护信号 | 操纵司机 | 撤除好了（红灯、蓝灯、红旗、红牌）停车 | 副司机<br>非操纵司机 | 撤除好了（红灯、蓝灯、红旗、红牌）停车 |

## 第三节 模拟开车

主班：立正！敬礼！××机务段××型××号机车，主班司机××。

副班：副班司机××。

全：模拟开车现在开始。

主班：出勤时，全员携带工作证，驾驶证、岗位培训合格证、电气化安全培训合格证。规定着装，指纹测酒，写入 IC 卡；领取司机报单、司机手册、运行揭示、施工明示图。

副班：出勤必须执行“三核对”。

主班：遇改变信联闭施工，上机模拟操作。

出调：请“测酒”，测试合格，在司机手册上加盖“测酒合格章”。

副班：全员到运行揭示出示栏核对揭示，副班司机朗读出示揭示，主班司机核对手持揭示。

出调：电××次机班写卡完毕，请验卡。

主班：电××次机班验卡，司机明白，请出勤调度员复核。将 IC 卡插入读卡器按压【设定】键，输入司机号，副司机号，区段号，车站号，车次，按压【确认】键，面对显示器显示的全部揭示界面逐条朗读写卡内容。

出调：持主班司机手持揭示针对乘务员的呼唤内容逐条核对。

主班：1. 调度命令××号，2024 年××月××日 8 时 00 分至 2024 年××月××5 日 24 时 00 分，××站内下行线，0 km270 m～0 km370 m，限速 45 km/h。

2. 调度命令××号：2024 年××月××日 8 时 00 分至 2024 年××月××日 15 时 00 分，因××站施工。施工期间：××站全站信号及电码化设备停用，下行执行施工特定行车办法，引导接车并正线通过时，列车司机凭特定引导手信号的显示，以不超过 60 km/h 速度进站，出站时车站使用列车调度电话将路票电话记录号码和调度命令号码通知司机，列车凭通过手信号通过车站。

出调：验卡正确、换卡操作。

主班：验卡正确、换卡操作，司机明白。

副班：插入 IC 卡，按压确认键。

1. 调度命令××号，2024 年××月××日××时 00 分至 2024 年××月××日 24 时 00 分，××站内下行线，0 km270 m～0 km370 m，限速 45 km/h。

2. 调度命令××号：2024 年××月××日 8 时 00 分至 2024 年××月××日 15 时 00 分，因××站施工。施工期间：××站全站信号及电码化设备停用，下行执行施工特定行车办法，引导接车并正线通过时，列车司机凭特定引导手信号的显示，以不超过 60 km/h 速度进站，出站时车站使用列车调度电话将路票电话记录号码和调度命令号码通知司机，列车凭通过手信号通过车站。

出调：验卡正确。

副班：全员到出勤指导处接受出勤指导，阅读通报、通告，了解相关要求，对记名式传达的内容按规定签名。如有施工明示图时，上机进行施工模拟演练，并接受指导,明确行车办法,熟悉监控装置操作,并加盖模拟开车合格章。

出勤指导:对新城子进行模拟开车。

主班:明白,插卡输入数据。

副班:××进站特定引导,速度 60 km/h 以下按压开车+解锁键解锁。

主班:××进站特定引导,速度 60 km/h 以下按压开车+解锁键解锁。

合:解锁好了。

副班:出站使用路票,速度 60 km/h 以下按压解锁+确认键解锁。

主班:出站使用路票,速度 60 km/h 以下按压解锁+确认键解锁。

合:解锁好了。

副班:模拟演练结束后转储模拟监控文件并登记。

出勤指导:乘前模拟合格,在手账右上角盖章,准许出勤。

副班:正确填写司机手册和司机报单,开好出勤小组会。

主班:全员按规定整洁着装,到出勤调度员处出勤,"立正,敬礼! 电××次乘务机班出勤"。将司机手册、司机报单交出勤调度员。

出调:核对运行揭示。

主班:1. 调度命令××号,2024 年××月××日 8 时 00 分至 2024 年××月××日 24 时 00 分,××站内下行线,0 km270 m~0 km370 m,限速 45 km/h。

2. 调度命令××号:2024 年××月××日 8 时 00 分至 2024 年××月××日 15 时 00 分,因××站施工。施工期间:××站全站信号及电码化设备停用,下行执行施工特定行车办法,引导接车并正线通过时,列车司机凭特定引导手信号的显示,以不超过 60 km/h 速度进站,出站时车站使用列车调度电话将路票电话记录号码和调度命令号码通知司机,列车凭通过手信号通过车站。

出调:揭示正确,请核对手表时分。

合:6 时 30 分。

出调:时间准确。确认手机状态。

合:手机开机,电量充足。

出调:库内一点两道接车。

主班:库内一点两道接车,司机明白。

副班:接车时走固定安全走行路线,二人同行,对口交接,不能对口交接与地检人员交接,检查"机车交接班引记簿",了解机车运用状况,清点工具备品,交接电量并做好记录。

主班:上车后确认 LKJ 版本号与出勤时司机手册内标注的版本号是否一致,并填记在司机手册内,发现不符时,立即通知车间。插入 IC 卡,确认运行揭示,输入监控数据。

副班:确认监控数据。

合:数据正确。

副班:进入出库模式。

合:进入好了。

主班:按职分工检查机车,重点检查机车弹簧,闸瓦间隙,各部件作用良好,砂量充足,砂路畅通。检查“电化区段严禁攀登”标识齐全完整,车内通信设备作用良好。

副班:检查机车,信号旗、复轨器及配件齐全良好。

主班:确认停车位置,严禁在分段绝缘器处升弓,总风缸压力符合规定,方可升弓,全员开窗探头确认。

合:升弓好了。

副班:确认监控器信号。

主班:监控器信号与机车信号一致。

副班:监控器信号与机车信号一致。确认检测合格证符合要求后,方可在检测记录簿上签名。

副班:确认行车安全装备检测合格证。

主班:齐全良好,检测时间符合规定,准备出库。

副班:开放三机。

主班:作用良好,确认止轮器、弹停状态。

副班:止轮器撤除好了,弹停已解除。

主班:确认自动过分相装置。

副班:自动过分相装置已开放。

主班:机务段信号楼,电××机车整备完毕,询问调车进路。

信号楼:电和谐××机车一点两道出库调车信号好了。

副班:调车信号。

合:白灯。

主班:电和谐××机车一点两道出库调车信号好了,司机明白。调车转线“由近及远,调号一架一架看,道岔一组一组盯”对关键调号位置认真确认。鸣笛动车,站立瞭望。

副班:站立瞭望,单阀动态试验,库内限速 10 km/h。

主班:单阀动态试验良好,严守速度。

副班:道岔注意。

主班:道岔开通正确。

副班:道岔开通正确。

副班:调车信号。

合:白灯。

副班:道岔注意。

主班:道岔开通正确。

副班:道岔开通正确。一度停车。

主班:一度停车。

副班:报单签点,了解出库径路及挂车股道。

主班:注意安全。

副班:交验行车安全装备合格证,了解机车走行径路及挂车股道。上车汇报,看号出库。

主班:看号出库。

副班:退出出库模式。

合:退出好了。

副班:调车信号。

合:白灯。

副班:道岔注意。

主班:道岔开通正确。

副班:道岔开通正确。

副班:调车信号。

合:蓝灯停车。

主班:××下行出发场,出库电和谐××机车到达停车地点询问调车进路。

车值:出库电和谐××机车,到达停车地点值班员明白。电和谐××机车去机待线调车进路好了。

副班:调车信号。

合:白灯。

主班:电和谐××机车去机待线调车进路好了,司机明白。

副班:道岔注意。

主班:道岔开通正确。

副班:道岔开通正确。尽头线一度停车。

主班:一度停车。

副班:终端标注意,严守速度。

主班:终端标注意,严守速度。

主班:呼唤降弓。

合:降弓好了。

主班:换端,注意防溜。

副班:注意防溜,确认制动缸压力。

主班:制动缸压力450 kPa,取出电钥匙,到另一端司机室闭合电钥匙,单阀全制位,鸣笛一短声。

副班:制动缸压力450 kPa,换端完毕,监视机车动态,听到主班司机鸣笛一短声后回示,可靠锁闭各门窗,携带换向手柄换端。

主班:鸣笛。呼唤升弓。

合:升弓好了。

主班:××下行出发场,电和谐××机车到达折返地点,询问调车进路。

车值:电和谐××机车已到达折返地点,信号楼明白。电和谐××机车5道挂头调车进路好了。

副班:调车信号。

合:白灯。

主班:电和谐××机车5道挂头调车进路好了,司机明白。

副班:道岔注意。

主班:道岔开通正确。

副班:道岔开通正确。

副班:机外停车。

主班:机外停车。

副班:确认挂车股道。

主班:5道挂头。

副班:确认停留车位置。

主班:十辆。

副班:十辆。

主班:五辆。

副班:五辆。

主班:三辆。

副班:三辆。

副班:脱轨器 10 m 停车。

主班:脱轨器 10 m 停车。

副班:注意脱轨器。

合:撤除好了。

副班:下车引导。

主班:注意安全。

副班:站在脱轨器处,监视脱轨器,引导机车全部越过固定脱轨器。

主班:引导手信号好了,鸣笛动车,越过脱轨器停车。

副班:距停留车辆 10 m 停车。

主班:停车。

副班:防护信号。

主班:防护信号撤除好了。

副班:撤除好了。

副班:车辆无止轮器,检查车钩三态,显示连结手信号。

主班:连结手信号好了,鸣笛动车,不超过 5 km/h 速度平稳连挂。停车。

副班:确认车辆车钩落锁,两车钩中心水平线高度差不超过 75 mm,显示试拉手信号,试拉。

主班:试拉手信号好了,确认反向信号位置。

副班:试拉好了。

主班:停车。

副班:确认车钩防跳装置置于锁闭位,连接风管后上车。

主班:鸣笛,呼唤降弓。

合:降弓好了。

主班:换端,注意防溜。

副班:注意防溜,确认制动缸压力。

合:制动缸压力 450 kPa。

副班:换端完毕。

主班:鸣笛,呼唤升弓。

合:升弓好了。

主班:闭合主断,空压机开关后,复检机车。

副班：注意安全。

主班：检查连接状态，车钩中心水平线高度差不超过 75 mm；两车钩均在落锁状态；制动管连接良好无漏泄；机车、车辆折角塞门均在全开位，车钩防跳装置安装正确。

副班：接收运统 1。计算列车有效长度。列车有效长度 310 m。

主班：列车有效长度 310 m。

副班：退出调车。

合：退出好了。

副班：对照提示卡执行背对背输入监控数据。

主班：司机号××、副司机号××、区段号××、车站号××、车次种类无、车次××、货车、本务、总重××、辆数××、计长××、车速等级××、载重××、客车××、重车××、空车××、非运用车××、代客车××、守车××。

主班：确认监控数据。

合：数据正确。降级灯亮，开车灯亮，站名苏家屯下发。

主班：确认上下行开关位置。

合：下行好了。

车值：电××次确认列尾，准备发车。

主班：电××次确认列尾，准备发车。司机明白。电××次列尾正常，尾部风压 500 kPa。

主班：制动主管达到规定压力后，按要求进行制动机简略试验。试验时对照“充排风时间表”并在手册内准确填记。

副班：打开机械间门倾听排风声。确认充排风时间。

主班：制动机充排风时间符合规定，保压良好，无漏泄。

副班：制动机充排风时间符合规定，保压良好，无漏泄。

车值：电××次 5 道出站信号好了，经联二线去××方向。

主班：电××次 5 道出站信号好了，经联二线去××方向，司机明白。

副班：输入支线号。

合：支线 2 好了。

主班：确认监控数据。

合：数据正确，降级灯亮，开车灯亮，站名××下发。

主班：确认上下行开关位置。

合：下行好了。

副班:出站信号。

合:绿灯,出站好了。

副班:进路表示器。

合:左侧白灯,经联二线去××方向好了。

副班:机车信号

合:双黄灯。

副班:发车信号。

合:一圈、两圈、三圈。发车好了。

副班:列尾查询。

主班:尾部风压 600 kPa。

主班:确认自、单阀手柄及换向手柄位置正确,各仪表显示正常后鸣笛一长声,平稳起车。8 点 20 分正点开车,站立瞭望。

副班:8 点 20 分正点开车,站立瞭望,全列启动后,后部瞭望。

主班:后部好了。

副班:后部好了。

副班:对标开车。

主班:对标好了,道岔限速 30 km/h。

副班:确认上下行开关位置。

主班:上行好了。

副班:上行好了。

主班:前方注意,记点。

副班:前方注意,仪表注意。

主班:各仪表显示正常,缓解良好。

副班:揭示预报:××站内下行线 0 km270 m~0 km370 m 限速 45 km/h。

主班:严守速度。

主班:××站电××次接近去××方向。

车值:电××次××站 5 道通过,去××方向,站内下行线 0 km270 m~0 km370 m 限速 45 km/h。

主班:电××次 5 道通过,去××方向,站内下行线 0 km270 m~0 km370 m 限速 45 km/h,司机明白。

副班:输入支线号。

主班:支线 1 好了。

副班:支线1好了。

副班:进站信号。

合:绿灯,正线通过。

副班:机车信号。

合:绿灯。

主班:尾部风压600 kPa,站立瞭望。

副班:站立瞭望,确认距离。

主班:距离正确。

副班:距离正确。

副班:复示信号。

主班:复示好了。

副班:复示好了,慢行注意。

主班:限速45 km/h。

副班:限速45 km/h,施工地段必须进行四核对。LKJ限速数据与运行揭示、与车机联控通知限速值、与地面移动减速信号牌、与实际限速地点进行核对,发现不一致时,按最低限速值运行并及时通知车站。慢行开始。

主班:慢行开始。

副班:严守速度。

主班:严守速度。

副班:慢行结束。

主班:慢行结束。

主班:正点。

副班:正点,出站信号。

合:绿灯,出站好了。

副班:进路表示器。

合:左中白灯××方向好了。

副班:机车信号。

合:绿灯。

主班:前方注意,记点,分别进行揭示消记。

副班:前方注意,仪表注意。

主班:各仪表显示正常,缓解良好。

副班:列车运行至××站至××站间,揭示预报,调度命令××号:2024年××月××日

8时00分至2024年××月××日15时00分，因××施工。施工期间：1. ××全站信号及电码化设备停用，下行执行施工特定行车办法，引导接车并正线通过时，列车司机凭特定引导手信号的显示，以不超过60 km/h速度进站，出站时车站使用列车调度电话将路票电话记录号码和调度命令号码通知司机，列车凭通过手信号通过车站。

主班：××站，电××次接近。

车值：电××次××站特定引导手信号接车，1道通过，路票电话记录号码3号，注意值班员通过手信号。

主班：电××次××站特定引导手信号接车，1道通过，路票电话记录号码3号，注意值班员通过手信号，司机明白。

副班：将路票电话记录号码记入司机手册。

副班：通过信号。

主班：绿黄灯。

副班：绿黄灯。

副班：通过信号。

主班：黄灯减速。

副班：黄灯减速。

监控：电××次司机，我是机务监控人员，××站特定引导手信号好了，注意特定引导手信号。速度60 km/h以下，按压开车+解锁键解锁进站。

主班：电××次司机明白。机车号××，司机××。

副班：特定引导手信号。

合：绿旗，特定引导手信号好了。

副班：速度60 km/h以下，按压开车+解锁键解锁。

合：解锁好了。

副班：限速60 km/h。

主班：严守速度。

监控：电××次司机，我是机务监控人员，新城子站路票已办理完毕。请确认通过手信号，按压解锁+确认键解锁，速度60 km/h以下运行。

主班：电××次司机明白，机车号××，司机××。

副班：速度60 km/h以下，按压↑键2 s以上，调出非正常行车确认窗口，按压数字3，确认调度命令号，输入路票电话记录号码3。

主班：确认调度命令号，路票电话记录号码3输入正确。

副班：路票电话记录号码3输入正确。按压确认键。

合:确认好了。

副班:通过手信号。

合:通过手信号好了。

副班:按压解锁+确认键解锁。

合:解锁好了。

副班:限速 60 km/h。

主班:前方注意。记点。分别进行揭示消记。

副班:前方注意,仪表注意。

主班:各仪表显示正常,缓解良好。

副班:列车运行至××站,通过信号。

合:绿灯。

主班:注意网压。

副班:网压为零,无倒闸调度命令,注意受电弓状态。

主班:受电弓状态良好,接触网临时停电,降弓,最大减压停车,通知车站。

主班:铁岭站,电××次,因接触网临时停电,于 13 点 10 分停于区间 765 km500 m 处,请转告列车调度员并通知后续列车注意运行。

车值:××站明白。

车值:电××次接触网已恢复供电,可以升弓。

主班:电××次司机明白。鸣笛呼唤升弓。

合:升弓好了。

主班:闭合主断,进行贯通试验,列尾查询,尾部风压 360 kPa。自阀移至运转位,列尾查询,尾部风压 600 kPa,贯通试验作用良好。鸣笛动车,13 点 18 分起车。

主班:××站,电××次已恢复运行,13 点 18 分起车。

车值:××站明白。

列车运行至××站。

主班:××一场,电××次接近。

站值:电××次长北一场××道停车。

主班:电××次长北一场××道停车,司机明白。

副班:通过信号。

合:黄灯减速。

副班:进站信号。

合:双黄灯,侧线限速 30 km/h。

副班:机车信号。

合:双黄灯。

副班:输入侧线股道号。

主班:7 道好了。

副班:7 道好了。

副班:确认距离。

主班:距离正确。

副班:距离正确,确认股道。

主班:7 道正确。

副班:7 道正确,注意距离。

主班:距出站信号机 400 m 监控距离准确。

副班:距出站信号机 400 m 监控距离准确,出站信号。

合:红灯停车。

主班:列车制动时,未排风完,禁止将手柄回移,做到保压停车,拔头时与车站防溜联控后单缓前移,20 点 30 分停车。

副班:20 点 30 分停车。

主班:追加减压至最大减压量 170 kPa,记点。

车值:电××次司机,尾部车辆已采取防溜措施,准许摘开机车。

主班:电××次司机明白,电××次已达到最大有效减压量 170 kPa 可以摘管。

车值:电××次已达到最大有效减压量 170 kPa 可以摘管,值班员明白。

主班:列车已达到最大有效减压量 170 kPa 可以摘管。

副班:列车已达到最大有效减压量 170 kPa 可以摘管。学习司机明白。按规定摘开机车。

主班:单缓机车走行 2~6 m,机车不能及时入段时,将机车移至脱轨器外方停车。检查机车。

副班:注意安全。

主班:明白,各部状态良好。

副班:检查机车。

主班:注意安全。

副班:明白,制动软管已吊起、防跳穿销已穿好,各部状态良好。

车值:电××机车 7 道入库调车信号好了。

副班:调车信号。

合:白灯。

主班:电××机车7道入库调车信号好了,司机明白。

副班:进入调车。

合:进入好了。

副班:调车信号。

合:白灯。

副班:道岔注意。

主班:道岔开通正确。

副班:道岔开通正确。

副班:调车信号。

合:蓝灯停车。

副班:报单签点。

主班:注意安全。

副班:5道整备。

主班:××信号楼电××机车询问入库调车进路。

信号楼:电××机车去5道整备调车信号好了。

副班:调车信号。

合:白灯。

主班:电××号机去5道整备调车信号好了,司机明白。

副班:进入入库模式。

合:进入好了。

主班:鸣笛动车,站立瞭望。

副班:站立瞭望。

副班:道岔注意。

主班:道岔开通正确。

副班:道岔开通正确。

副班:调车信号。

合:蓝灯停车。

副班:与接班人员办理交接,转储本次乘务监控文件,对不良处所做好引记,对机车司机室进行清扫,做好防火防溜工作,抄写电量。

主班:二人同行,按规定线路行走,开好退勤小组会,总结一次乘务作业情况。

副班:二人共同到退勤调度员处退勤,提交司机手册、司机报单、运行揭示、施工明示图和 IC 卡。

主班:立正,敬礼! 电××次乘务机班退勤。

退调:审核司机手册、报单填记正确,退勤检索单无问题,测酒合格,准许退勤,请按压指纹

主班:立正! 敬礼! ××机务段主班司机××。

副班:副班司机××。

合:模拟开车到此结束。

# 附 件

## 附件 1 路 票

路 票

电话记录第　　　号

车　次__________

**延 安 ➡ 延安北**

延安站(站名印)　　　　编号 1 2 3 4 5 6

注：1. 路票为预先印好区间(即站名)和编号的硬卡片；　　(规格 75 mm×88 mm)

2. 加盖 (副) 字戳记者，为路票副页。

## 附件 2 绿色许可证

许 可 证

第________号

在出站(进路)信号机故障、未设出站信号机、列车头部越过出站(进路)信号机的情况下，准许第________次列车由________线上发车。

站(站名印)车站值班员(签名)

年　　月　　日填发

注：1. 绿色纸，复写一式两份，司机一份，存根一份；　　(规格 90 mm×130 mm)

2. 不用的字句抹消。

## 附件3　红色许可证

**许　可　证**　　　　第________号

现在一切电话中断，准许第________次列车自________站至________站，本列车前于________时________分发出的第________次列车，邻站到达通知已/未收到。

**通　知　书**

1. 第________次列车到达你站后，准接你站发出的列车。
2. 于________时________分发出第________次列车，并于________时________分再发出第________次列车。

站（站名印）车站值班员（签名）

年　　月　　日填发

注：1. 红色纸，复写一式两份，司机一份，存根一份；　　（规格 90 mm×130 mm）
　　2. 不用的字句抹消。

## 附件4　调度命令

**调　度　命　令**

________年____月____日____时____分　第____号

| 受令处所 | | 调度员姓名 | |
|---|---|---|---|
| 内　容 | | | |

（规格 110 mm×160 mm）　　受令车站________车站值班员________

## 附件 5　出站/跟踪调车通知书

出站<br>跟踪调车通知书

对方站承认的号码第____________号，

准许自/至　时　分起/止______机车由车站向______区间出站/跟踪调车。

站(站名印)车站值班(扳道)员(签名)

年　　月　　日填发

注：不用的字句抹消。（规格 90 mm×130 mm）

## 附件 6　轻型车辆使用书

轻型车辆使用书

| 使用日期 | 车种 | 使用区间 | 上下行别 | 起讫时间 | 使用目的 | 负责人 | 承认号码 | 承认站车站值班员 |
|---|---|---|---|---|---|---|---|---|
| 月 | | 自　　站<br>公里 | | 自　时　分 | | | | |
| 日 | | 至　　站<br>公里 | | 至　时　分 | | | | |
| 注意事项 | | | | | | | | |

（规格 88 mm×125 mm）

## 附件7　调度命令登记簿

### 调度命令登记簿

| 月日 | 发出时刻 | 命令 | | | 复诵人姓名 | 接受命令人姓名 | 调度员姓名 | 阅读时刻（签名） |
|---|---|---|---|---|---|---|---|---|
| | | 号码 | 受令及抄知处所 | 内容 | | | | |
| | | | | | | | | |
| | | | | | | | | |
| | | | | | | | | |
| | | | | | | | | |
| | | | | | | | | |
| | | | | | | | | |
| | | | | | | | | |
| | | | | | | | | |

（规格190 mm×265 mm）

## 附件8　书面通知

### 书 面 通 知

第________次司机：

监督器上不能确认第一个闭塞分区空闲，以在瞭望距离内能随时停车的速度，最高不超过20 km/h，运行至第一架通过信号机，按其显示的要求执行。

站（站名印）车站值班员（签名）

年　　月　　日填发

注：白色纸，复写一式两份，司机一份，存根一份。　　（规格90 mm×130 mm）

## 附件9　半自动闭塞发车进路通知书

### 半自动闭塞发车进路通知书

第________号

1. 在列车头部越过发车进路信号机的情况下，准许第________次列车由________线发车。

2. 在________发车进路信号机故障的情况下，准许第________次列车越过该发车进路信号机。

站（站名印）车站值班员（签名）

年　　月　　日填发

注：1. 白色纸，复写一式两份，司机一份，存根一份；　　（规格 90 mm×130 mm）

2. 不用的字句抹消。

# 复习思考题答案

## 第一章

1. 铁路线路有何规定?

答:铁路线路分为正线、站线、段管线、岔线、安全线及避难线。

正线是指连接车站并贯穿或直股伸入车站的线路。

站线是指到发线、调车线、牵出线、货物线及站内指定用途的其他线路。

段管线是指机务、车辆、工务、电务、供电等段专用,以及动车段(所)专用,并由其管理的线路。

岔线是指在区间或站内接轨,通向路内外单位的专用线路。

安全线是为防止列车或机车车辆从一进路进入另一列车或机车车辆占用的进路而发生冲突的一种安全隔开设备。

避难线是在长大下坡道上能使失控列车安全进入的线路,为特殊用途线。

2. 对信号机和信号表示器的类型和用途是如何规定的?

答:信号装置一般分为信号机和信号表示器两类。

信号机按类型分为色灯信号机、臂板信号机和机车信号机。信号机按用途分为进站、出站、通过、进路、预告、接近、遮断、驼峰、驼峰辅助、复示、调车信号机。

信号表示器分为道岔、脱轨、进路、发车、发车线路、调车及车挡表示器。

3. 对信号机及表示器在正常情况下的显示距离是如何规定的?

答:各种信号机及表示器,在正常情况下的显示距离:

1. 进站、通过、接近、遮断信号机,不得小于 1 000 m;

2. 高柱出站、高柱进路信号机,不得小于 800 m;

3. 预告、驼峰、驼峰辅助信号机,不得小于 400 m;

4. 调车、矮型出站、矮型进路、复示信号机,容许、引导信号及各种表示器,不得小于 200 m。

在地形、地物影响视线的地方,进站、通过、接近、预告、遮断信号机的显示距离,在最坏的条件下,不得小于 200 m。

4. 哪些处所应设置矮型色灯信号机?

答:铁路信号机应采用色灯信号机。色灯信号机应采用高柱信号机,在下列处所可采用矮型信号机:

1. 不办理通过列车的到发线上的出站、发车进路信号机;

2. 道岔区内的调车信号机及驼峰调车场内的线束调车信号机;

3. 自动闭塞区段,隧道内的通过信号机。

特殊情况需设矮型信号机时,须经铁路局批准。

5. 信号机设置有哪些要求?

答:信号机设在列车运行方向的左侧或其所属线路的中心线上空。反方向运行进站信号机可设在列车运行方向的右侧;其他特殊地段因条件限制,需设于右侧时,须经铁路局批准。

在确定设置信号机地点时,除满足信号显示距离的要求外,还应考虑到该信号机不致被误认为邻线的信号机。

6. 对进站信号机的设置有哪些要求?

答:车站必须设进站信号机。进站信号机应设在距进站最外方道岔尖轨尖端(顺向为警冲标)不小于 50 m 的地点,因调车作业或制动距离需要延长时,一般不超过 400 m。

双线自动闭塞区间反方向进站信号机前方应设置预告标。

7. 对出站信号机的设置有哪些要求?

答:在车站的正线和到发线上,应设出站信号机。出站信号机应设在每一发车线的警冲标内方(对向道岔为尖轨尖端外方)适当地点。

在调车场的编发线上,必要时可设线群出站信号机。

8. 对通过信号机的设置有哪些要求?

答:通过信号机应设在闭塞分区或所间区间的分界处。自动闭塞区段的通过信号机,不应设在停车后可能脱钩、牵引供电分相的处所,也不宜设在起动困难的地点。

自动闭塞区段信号机设置位置和显示关系应根据列车牵引计算确定,并应满足列车运行速度规定的制动距离和线路通过能力的要求。

在自动闭塞区段内,当货物列车在设于上坡道上的通过信号机前停车后起动困难时,在该信号机上应装设容许信号。在进站信号机前方第一架通过信号机上,不得装设容许信号。

在三显示自动闭塞区段的进站信号机前方第一架通过信号机柱上，应涂三条黑斜线；四显示自动闭塞区段的进站信号机前方第一、第二架通过信号机的机柱上，应分别涂三条、一条黑斜线。

9. 对遮断信号机的设置有哪些要求？

答：有人看守道口设遮断信号机；在有人看守的桥隧建（构）筑物及可能危及行车安全的坍方落石地点，根据需要设遮断信号机。该信号机距防护地点不得小于 50 m。

10. 对预告信号机的设置有哪些要求？

答：半自动闭塞、自动站间闭塞区段，进站信号机为色灯信号机时，设色灯预告信号机或接近信号机。

遮断信号机和半自动闭塞、自动站间闭塞区段线路所通过信号机，设预告信号机。

列车运行速度不超过 120 km/h 的区段，预告信号机与其主体信号机的安装距离不得小于 800 m，当预告信号机的显示距离不足 400 m 时，其安装距离不得小于 1 000 m。

列车运行速度超过 120 km/h 的区段，设置两段接近区段，在第一接近区段和第二接近区段的分界处，设接近信号机，在第一接近区段入口内 100 m 处，设置机车信号接通标。

11. 对信号机间的距离有哪些要求？

答：特殊地段因条件限制，同方向相邻两架指示列车运行的信号机（预告、遮断、复示信号机除外）间的距离小于制动距离时，按下列方式处理：

1. 在列车运行速度不超过 120 km/h 的区段，当两架信号机间的距离小于 400 m 时，前架信号机的显示，必须完全重复后架信号机的显示；当两架信号机间的距离在 400 m 及以上，但小于 800 m 时，后架信号机在关闭状态时，则前架信号机不准开放。

2. 在列车运行速度超过 120 km/h 的区段，两架有联系的信号机间的距离小于列车规定速度级差的制动距离时，应采取必要的降级或重复显示措施。

12. 对进路表示器的设置有哪些要求？

答：出站信号机有两个及以上的运行方向，而信号显示不能分别表示进路方向时，应在信号机上装设进路表示器。

发车进路兼出站信号机，根据需要可装设进路表示器，区分进路方向。

双线自动闭塞区段，有反方向运行条件时，出站信号机设进路表示器。

13. 哪些情况装设发车表示器？

答：发车信号辨认困难的车站，在便于司机瞭望的地点可装设发车表示器。

14. 对调车色灯信号机的设置有哪些要求？

答：为满足调车作业的需要，应设调车色灯信号机。

在作业繁忙的调车场上，因受地形、地物影响，调车机车司机看不清调车指挥人的手信号时，设调车表示器。

15. 对发车线路表示器的设置有何要求？

答：设有线群出站信号机时，在线群每一条发车线路的警冲标内方适当地点，装设发车线路表示器。

16. 对进路色灯信号机的设置有何要求？

答：设有两个及以上车场的车站，转场进路应设进路色灯信号机。

17. 哪些信号机设置引导信号？

答：进站及接车进路色灯信号机，均应设引导信号。

18. 对驼峰信号机的设置有哪些要求？

答：驼峰应装设驼峰色灯信号机。驼峰色灯信号机可装设驼峰色灯辅助信号机。驼峰色灯信号机或辅助信号机的显示距离不能满足推峰作业要求时，根据需要可再装设驼峰色灯复示信号机。

驼峰色灯辅助信号机，可兼作出站或发车进路信号机，并根据需要装设进路表示器。

19. 对复示信号机的设置有哪些要求？

答：进站、出站、进路信号机及线路所通过信号机，因受地形、地物影响，达不到规定的显示距离时，应设复示信号机。

设在车站岔线入口处的调车色灯信号机，达不到规定的显示距离时，根据需要可设调车复示信号机。

20. 哪些道岔设置道岔表示器？

答：非集中操纵的接发车进路上的道岔，装设道岔表示器，集中操纵的道岔、调车场及峰下咽喉的道岔，不装设道岔表示器；其他道岔根据需要装设道岔表示器。

集中联锁调车区进行连续溜放作业的分歧道岔,设道岔表示器。

集中联锁以外的脱轨器及引向安全线或避难线的道岔,设脱轨表示器。

21. 联锁设备有哪几种?

答:联锁设备分为集中联锁(计算机联锁和继电联锁)和非集中联锁(色灯电锁器联锁和臂板电锁器联锁)。

编组站、区段站和电源可靠的其他车站,采用集中联锁。列车调度指挥系统(TDCS)和调度集中系统(CTC)区段,车站应采用集中联锁。

22. 闭塞设备分为哪些?

答:闭塞设备分为自动闭塞、自动站间闭塞和半自动闭塞。具体设置条件如下:

1. 在单线区段,应采用半自动闭塞或自动站间闭塞,繁忙区段可根据情况采用自动闭塞;

2. 在双线区段,应采用自动闭塞。

在一个区段内,原则上应采用同一类型的闭塞方式。

23. 在列车运行速度超过 120 km/h 的区段,两架有联系的信号机间的距离小于列车规定速度级差的制动距离时有何要求?

答:在列车运行速度超过 120 km/h 的区段,两架有联系的信号机间的距离小于列车规定速度级差的制动距离时,应采取必要的降级或重复显示措施。

24. 机车信号、列车运行监控装置、轨道车运行控制设备使用有何规定?

答:最高运行速度不超过 160 km/h 的机车,机车信号设备与列车运行监控装置(LKJ)结合使用,轨道车等自轮运转特种设备使用轨道车运行控制设备(GYK)。

25. 机车信号分为哪些?

答:机车信号分为连续式和接近连续式。自动闭塞区段应装设连续式机车信号,半自动闭塞和自动站间闭塞区段应装设接近连续式机车信号。

车站正线、到发线应实现电码化或采用与区间同制式轨道电路。

机车信号的显示,应与线路上列车接近的地面信号机的显示含义相符。机车停车位置,应以地面信号机或有关停车标志为依据。

26. 列车运行监控装置(LKJ)具有哪些功能?

答:列车运行监控装置(LKJ)具有监控、记录、显示及报警等功能。

LKJ 软件、基础数据和控制模式设定的管理,按铁路总公司有关规定执行。各机车、动车组运用区段车载数据文件的编制和控制模式的设定和调整，应由铁路局专业机构实施，由铁路局实行集中统一管理。

装备在机车上的 LKJ 设备应按高于线路允许速度 2 km/h 报警、3 km/h 卸载、5 km/h 常用制动、8 km/h 紧急制动设置模式曲线。

LKJ 产生的列车运行记录数据是行车安全分析的重要依据，任何单位和人员不得更改。电务维修机构应妥善保存 LKJ 列车运行记录数据。

27. 电气化区段人身安全规定有哪些？

答：为保证人身安全，除专业人员执行有关规定外，其他人员(包括所携带的物件)与牵引供电设备带电部分的距离，不得小于 2 000 mm。

在设有接触网的线路上，严禁攀登车顶及在车辆装载的货物之上作业；如确需作业时，须在指定的线路上，将接触网停电接地并采取安全防护措施后，方准进行。

双线电气化铁路实行“V”型天窗作业时，为确保人身安全，应在设备、机具、照明、作业组织等方面采取相应措施。

## 第二章

1. 对行车指挥有哪些要求？

答：行车工作必须坚持集中领导、统一指挥、逐级负责的原则。

局与局间由国铁集团，局管内各区段间由铁路局，一个调度区段内由本区段列车调度员统一指挥。

车站由车站值班员，线路所由线路所的车站值班员统一指挥。凡划分车场的车站，各车场由该车场的车站值班员统一指挥；车场间接发列车进路互有关联的行车事项，由指定的车站值班员统一指挥。

列车和单机由司机负责指挥。列车或单机在车站时，所有乘务人员应按车站值班员的指挥进行工作。

在调度集中区段，调度集中控制车站有关行车工作由该区段列车调度员直接指挥；但转为车站控制时，由车站值班员指挥。

2. 对列车运行的上下行及车次是如何规定？

答：列车运行，原则上以开往北京方向为上行，反之为下行。

全国各线的列车运行方向，以国铁集团的规定为准，但枢纽地区的列车运行方向，由铁路局规定。

列车须按规定编定车次。上行列车编为双数,下行列车编为单数。在个别区间,使用直通车次时,可与规定方向不符。

3. 列车按运输性质的分类和运行等级顺序的内容有哪些?

答:列车按运输性质的分类和运行等级顺序如下:

1. 按运输性质分类

(1)旅客列车(动车组列车,特快、快速、普通旅客列车等);

(2)特快货物班列;

(3)军用列车;

(4)货物列车(快速货物班列、快运、重载、直达、直通、冷藏、自备车、区段、摘挂、超限及小运转列车等);

(5)路用列车。

2. 列车运行等级顺序

(1)动车组列车;

(2)特快旅客列车;

(3)特快货物班列;

(4)快速旅客列车;

(5)普通旅客列车;

(6)军用列车;

(7)货物列车;

(8)路用列车。

开往事故现场救援、抢修、抢救的列车,应优先办理。

特殊指定的列车的等级,应在指定时确定。

4. 对行车有关人员的任职有哪些要求?

答:行车有关人员,在任职、提职、改职前,必须按照铁路职业技能培训规范要求,进行拟任岗位资格性培训,并经职业技能鉴定和考试考核,取得相应职业资格证书和岗位培训合格证书后,方可任职。

在任职期间,须按照铁路职业技能培训规范等规定,定期参加岗位适应性培训和业务考试,考试不合格的,不得继续履职。

5. 对行车有关人员的要求是如何规定的?

答:行车有关人员,接班前须充分休息,严禁饮酒,如有违反,立即停止其所承担的任务。

6. 工作机车附挂有何规定？

答:工作机车应挂于列车头部,正向运行(牵引小运转、路用、救援列车的机车除外);无转向设备的,可逆向运行。

双机或多机牵引时,本务机车的职务由第一位机车担当。

补机原则上应挂于本务机车的前位或次位,在特殊区段或需途中返回时,经铁路局批准,可挂于列车后部,如后部补机不接软管时,由铁路局规定保证安全办法。

7. 对列车中关门车有何规定？

答:列车中的机车和车辆的自动制动机,均应加入全列车的制动系统。

货物列车中因装载的货物规定需停止制动作用的车辆,自动制动机临时发生故障的车辆,准许关闭截断塞门(简称关门车),但列检作业场所在站编组始发的列车中,不得有制动故障关门车。编入列车的关门车数不超过现车总辆数的6%(尾数不足一辆按四舍五入计算)时,可不计算每百吨列车重量的换算闸瓦压力,不填发制动效能证明书;超过6%时,按第261条规定计算闸瓦压力,并填发制动效能证明书交与司机。关门车不得挂于机车后部三辆车之内;在列车中连续连挂不得超过两辆;列车最后一辆不得为关门车;列车最后第二、三辆不得连续关门。对于不适于连挂在列车中部但走行部良好的车辆,经列车调度员准许,可挂于列车尾部,以一辆为限,如该车辆的自动制动机不起作用时,须由车辆人员采取安全措施,保证不致脱钩。

旅客列车、特快货物班列不准编挂关门车。在运行途中(包括在站折返)如遇自动制动机临时故障,在停车时间内不能修复时,准许关闭一辆,但列车最后一辆不得为关门车,120 km/h速度等级及编组小于8辆的140 km/h、160 km/h速度等级列车按规定关门时需限速运行,车辆乘务员须向司机递交限速证明书。

8. 对相互连挂车辆车钩中心水平线的高度差是如何规定的？

答:动车组以外的列车中相互连挂的车钩中心水平线的高度差,不得超过75 mm。

9. 对列车中车辆的连挂和软管的连接是如何规定的？

答:列车中车辆的连挂,由调车作业人员负责。软管的连结,有列检作业的始发列车由列检人员负责;无列检作业的,由调车作业人员负责。

动车组采用机车调车作业时,随车机械师或动车段(所)胜任人员负责过渡车钩和专用风管的安装与拆卸、电气连接线的连结与摘解并打开车门,调车人员负责车钩连结与摘解、软管摘结。

动车组无动力回送或被救援时，过渡车钩、专用风管的安装与拆卸由随车机械师负责，司机配合。

10. 列车中机车与第一辆车的连挂与摘解，软管的连结与摘结责任分工是如何规定的？

答：列车机车与第一辆车的连挂，由机车乘务员负责。单班单司机值乘的由列检人员负责；无列检作业的列车，由车辆乘务员负责；无车辆乘务员的列车，由车站人员负责。

列车机车与第一辆车的车钩摘解、软管摘结，由列检人员负责。无列检作业的列车，车钩、软管摘解由机车乘务员（单班单司机值乘的由车辆乘务员）负责，软管连结由车辆乘务员负责；无车辆乘务员的列车，由机车乘务员（单班单司机值乘的由车站人员）负责。

列车机车与第一辆车电气连接线的连结与摘解由客列检作业人员负责，无客列检作业人员时，由车辆乘务员负责。

货物列车本务机车在车站调车作业时，无论单机或挂有车辆，与本列的车辆摘挂和软管摘结，均由调车作业人员负责。

旅客列车在途中摘挂车辆时，车辆的摘挂和软管摘结，由调车作业人员负责，密封风挡和电气连接线的连结与摘解由车辆乘务员负责，其他由列检作业人员负责，无列检作业人员时，由车辆乘务员负责，必要时打开车门，以便于调车作业。装有密接式车钩的客车车辆摘挂时，过渡车钩的安装与拆卸由列检人员负责，无列检人员时由车辆乘务员负责。

列车机车与动车组过渡车钩的连结与摘解、软管摘结、电气连接线的连结与摘解，由随车机械师负责。

11. 对参加调车作业的人员有哪些要求？

答：调车作业时，调车人员必须正确及时地显示信号；机车乘务人员要认真确认信号，并回示。

推进车辆连挂时，要显示十、五、三车的距离信号，没有显示十、五、三车的距离信号，不准挂车，没有司机回示，应立即显示停车信号。

推送车辆时，要先试拉。车列前部应有人瞭望，及时显示信号。

当调车指挥人确认停留车位置有困难时，应派人显示停留车位置信号。

调车人员不足2人，不准进行调车作业。

12. 调车作业进路的确认责任分工有何规定？

答：在调车作业中，单机运行或牵引车辆运行时，前方进路的确认由司机负责；

推进车辆运行时,前方进路的确认由调车指挥人负责,如调车指挥人所在位置确认前方进路有困难时,可指派调车组其他人员确认。

没有看到调车指挥人的起动信号,不准动车(但单机返岔子或机车出入段时,可根据扳道员显示的道岔开通信号或调车信号机显示的允许运行的信号动车)。无扳道员和调车信号机时,调车指挥人确认道岔开通正确(如为集中操纵的道岔,还须与操纵人员联系)后,向司机显示起动信号。

非集中区调车作业时,要认真执行要道还道制度。扳道员之间的要道还道办法及集中区与非集中区间的作业办法,在《站细》内规定。连续溜放和驼峰解散车辆时,第一钩应实行要道还道制度(集中联锁设备除外),从第二钩起,按调车作业通知单的要求扳动道岔。

13. 对线路两侧货物堆放距离有何规定?

答:线路两旁堆放货物,距钢轨头部外侧不得小于 1.5 m。站台上堆放货物,距站台边缘不得小于 1 m。货物应堆放稳固,防止倒塌。

不足上述规定距离时,不得进行调车作业。

14. 对区间及闭塞分区的界限是如何规定的?

答:列车运行是以车站、线路所所划分的区间及自动闭塞区间的通过信号机所划分的闭塞分区作间隔。

区间及闭塞分区的界限,按下列规定划分:

1. 站间区间

(1)在单线上,车站与车站间以进站信号机柱的中心线为车站与区间的分界线;

(2)在双线或多线上,车站与车站间分别以各该线的进站信号机柱或站界标的中心线为车站与区间的分界线。

2. 所间区间

两线路所间或线路所与车站间,以该线上的通过信号机柱的中心线为所间区间的分界线。设有进站信号机的线路所,所间区间的分界方法与站间区间相同。

3. 闭塞分区

自动闭塞区间同方向相邻的两架色灯信号机间,以该线上的通过信号机柱的中心线为闭塞分区的分界线。

15. 行车闭塞方式有哪些?

答:车站均须装设基本闭塞设备。行车基本闭塞法采用下列三种:

1. 自动闭塞；

2. 自动站间闭塞；

3. 半自动闭塞。

电话闭塞法是当基本闭塞法不能使用时所采用的代用闭塞法。

原则上不使用隔时续行办法，如必须使用时，由铁路局规定。

响，由该区间两端车站值班员共同确认区间空闲后，直接以电话记录办理。

16. 哪些情况应停止使用基本闭塞法，改用电话闭塞法行车？

答：遇下列情况，应停止使用基本闭塞法，改用电话闭塞法行车：

1. 基本闭塞设备发生故障导致基本闭塞法不能使用、自动闭塞区间内两架及以上通过信号机故障或灯光熄灭时；

2. 无双向闭塞设备的双线区间反方向发车或改按单线行车时；

3. 发出由区间返回的列车，或发出挂有由区间返回后部补机的列车时；

4. 自动站间闭塞、半自动闭塞区间，由未设出站信号机的线路上发车，或超长列车头部越过出站信号机并压上出站方面轨道电路发车时；

5. 在夜间或遇降雾、暴风雨雪，为消除线路故障或执行特殊任务，开行轻型车辆时。

自动站间闭塞设备故障，半自动闭塞设备良好时，可根据调度命令改按半自动闭塞法行车。

17. 使用自动闭塞法行车时，列车进入闭塞分区的行车凭证是什么？

答：使用自动闭塞法行车时，列车进入闭塞分区的行车凭证为出站或通过信号机显示的允许运行的信号。

自动闭塞区段的车站，办理发车前应向接车站预告；单线自动闭塞区段的车站，还须得到列车调度员的同意（列车调度员已下达列车运行调整计划时除外）。已向接车站预告，但列车不能出发时，发车站须通知接车站取消预告。

18. 自动闭塞区间通过信号机显示停车信号（包括显示不明或灯光熄灭）时，司机应如何处理？

答：自动闭塞区间通过信号机显示停车信号（包括显示不明或灯光熄灭）时，列车必须在该信号机前停车，司机应使用列车无线调度通信设备通知车辆乘务员（随车机械师）。停车等候 2 min，该信号机仍未显示允许运行的信号时，即以遇到阻碍能随时停车的速度继续运行，最高不超过 20 km/h，运行到次一通过信号机（进站信号机），按其显示的要求运行。在停车等候同时，必须与车站值班员、列车调度员联系，如确认前方闭塞分区内有列车时，不得进入。

装有容许信号的通过信号机，显示停车信号时，准许铁路局规定停车后起动困难的货物列车，在该信号机前不停车，按上述速度通过。当容许信号灯光熄灭或容许信号和通过信号机灯光都熄灭时，司机在确认信号机装有容许信号时，仍按上述速度通过该信号机。

装有连续式机车信号的列车，遇通过信号机灯光熄灭，而机车信号显示允许运行的信号时，应按机车信号的显示运行。

司机发现通过信号机故障时，应将故障信号机的号码通知前方站（列车调度员）。车站值班员（列车调度员）发现或得到区间通过信号机故障的报告后，在故障修复前，对尚未进入区间的后续列车，改按站间组织行车。

19. 对自动站间闭塞法行车的凭证是如何规定的？

答：使用自动站间闭塞法行车时，列车凭出站信号机或线路所通过信号机显示的允许运行的信号进入区间。

自动站间闭塞须与集中联锁设备结合使用，自动检查区间空闲，发车站办理发车进路后即自动构成站间闭塞。列车到达接车站或返回发车站并出清区间后，自动解除闭塞。

发车站在办理发车进路前，须确认区间空闲、接车站未办理同一区间的发车进路，并向接车站预告。发车站已向接车站预告，但列车不能出发时，在取消发车进路后，须通知接车站。

20. 对半自动闭塞法行车的凭证是如何规定的？

答：使用半自动闭塞法行车时，列车凭出站信号机或线路所通过信号机显示的允许运行的信号进入区间。

开放出站信号机或通过信号机前，双线区段必须得到前次列车到达前方站的到达信号；单线区段必须得到接车站的同意闭塞信号。

发车站办理闭塞手续后，列车不能出发时，应将事由通知接车站，取消闭塞。

21. 使用电话闭塞法时的行车凭证是什么？

答：使用电话闭塞法行车时，列车占用区间的行车凭证为路票（附件1）。当挂有由区间返回的后部补机时，另发给补机司机路票副页。

单线或双线反方向发车（正方向首列发车）时，根据《行车日志》查明区间已空闲，并取得接车站承认的电话记录号码，在发车进路准备妥当后，方可填发路票。双线正方向发车（首列除外）时，根据收到的前次发出的列车到达的电话记录号码,在发车进路准备妥当后,即可填发路票。

22. 何谓列车?

答:列车是指编成的车列并挂有机车及规定的列车标志。动车组列车为自走行固定编组列车。

单机、大型养路机械及重型轨道车,虽未完全具备列车条件,亦应按列车办理。

旅客列车的尾部标志应使用电灯,动车组以外的旅客列车尾部标志灯的摘挂、保管,由车辆部门负责。对中途转向的动车组以外的旅客列车应有备用标志灯,以备转向时使用。

23. 汛期暴风雨行车应急处理是如何规定的?

答:汛期暴风雨行车应急处理:

1. 列车通过防洪重点地段时,司机要加强瞭望,并随时采取必要的安全措施。

2. 当洪水漫到路肩时,列车应按规定限速运行;遇有落石、倒树等障碍物危及行车安全时,司机应立即停车,排除障碍并确认安全无误后,方可继续运行。

3. 列车遇到线路塌方、道床冲空等危及行车安全的突发情况时,司机应立即采取应急性安全措施,并立刻通知追踪列车、邻线列车及邻近车站。配备列车防护报警装置的列车应首先使用列车防护报警装置进行防护。

24. 引导接车是如何规定的?

答:进站、接车进路信号机不能使用时,应开放引导信号。引导信号不能开放或无进站信号机时,应派引导人员接车。

引导接车时,列车以不超过 20 km/h 速度进站,并做好随时停车的准备。由引导人员接车时,应在引导员接车地点标处(未设的,引导人员应在进站信号机、进路信号机或站界标外方),显示引导手信号接车。列车头部越过引导信号,即可关闭信号或收回引导手信号。

在无联锁的线路上接发列车时,车站值班员除严格按接发列车手续办理外,并应将进路上无联锁的有关对向道岔及邻线上防护道岔加锁。进路上无联锁的分动外锁闭道岔无论对向或顺向,均应对密贴尖轨、斥离尖轨和可动心轨加锁。具体加锁办法,由铁路局规定。

25. 对出站信号机发生故障发车时有何规定?

答:出站信号机发生故障时,除按规定交递行车凭证外,对通过列车应预告司机,并显示通过手信号。装有进路表示器或发车线路表示器的出站信号机,当该表示器不良时,由办理发车人员通知司机后,列车凭出站信号机的显示出发。

26. 列车在区间被迫停车不能继续运行时司机应如何处理？

答：列车在区间被迫停车不能继续运行时，司机应立即使用列车无线调度通信设备通知两端站（列车调度员）及车辆乘务员（随车机械师），报告停车原因和停车位置，根据需要迅速请求救援。需要防护时，列车前方由司机负责，列车后方由车辆乘务员（随车机械师）负责，无车辆乘务员（随车机械师）为列车乘务员负责。配备列车防护报警装置的列车应首先使用列车防护报警装置进行防护。单班单司机值乘的列车防护作业办法由铁路局规定。

如遇自动制动机故障，动车组以外的旅客列车司机应通知车辆乘务员立即组织列车乘务人员拧紧全列人力制动机，以保证就地制动；其他列车司机应立即采取安全措施，并向车站值班员（列车调度员）报告，请求救援。

对已请求救援的列车，不得再行移动，并按规定对列车进行防护。

车站值班员（列车调度员）接到司机通知后，应将区间内列车运行情况通知司机，并立即使用列车无线调度通信设备转告区间内有关列车。在停车原因消除前不得再放行追踪、续行列车。

需组织旅客疏散时，车站值班员得到列车调度员准许后，扣停邻线列车并通知司机，司机通知有关作业人员办理。

27. 列车被迫停车可能妨碍邻线时司机应如何处理？

答：列车被迫停车可能妨碍邻线时，司机应立即用列车无线调度通信设备通知邻线上运行的列车和两端站（列车调度员），并与车辆乘务员（随车机械师）分别在列车的头部和尾部附近邻线上点燃火炬；在自动闭塞区间，还应对邻线来车方向短路轨道电路。配备列车防护报警装置的列车应首先使用列车防护报警装置进行防护。司机应亲自或指派人员沿邻线一侧对列车进行检查，发现妨碍邻线时，应立即派人按规定防护。如发现邻线有列车开来时，应鸣示紧急停车信号。

单班单司机值乘的列车防护作业办法由铁路局规定。

车站值班员（列车调度员）接到列车被迫停车可能妨碍邻线的通知后，应立即通知邻线有关列车停车，在原因消除前不得向邻线放行列车。

28. 列车在区间被迫停车后，如何放置响墩防护？

答：列车在区间被迫停车后，根据下列规定放置响墩防护：

1. 已请求救援时，从救援列车开来方面（不明时，从列车前后两方面），距离列车不小于 300 m 处防护；

2. 一切电话中断后发出的列车（持有附件 3 通知书 1 的列车除外），应于停车

后,立即从列车后方按线路最大速度等级规定的列车紧急制动距离位置处防护;

3. 对于邻线上妨碍行车地点,应从两方面按线路最大速度等级规定的列车紧急制动距离位置处防护,如确知列车开来方向时,仅对来车方面防护;

4. 列车分部运行,机车进入区间挂取遗留车辆时,应从车列前方距离不小于300 m处防护。

防护人员设置的响墩待停车原因消除后可不撤除(运行动车组列车的区段除外)。

29. 列车必须分部运行时司机应如何处理?

答:在不得已情况下,列车必须分部运行时,司机应报告前方站(列车调度员),并做好遗留车辆的防溜和防护工作。司机在记明遗留车辆辆数和停留位置后,方可牵引前部车辆运行至前方站。在运行中仍按信号机的显示进行,但在半自动闭塞区间或按电话闭塞法行车时,该列车必须在进站信号机外停车(司机已报告前方站或列车调度员列车为分部运行时除外),将情况通知车站值班员后再进站。车站值班员应立即报告列车调度员封锁区间,待将遗留车辆拉回车站,确认区间空闲后,方可开通区间。

下列情况列车不准分部运行:

1. 采取措施后可整列运行时;

2. 对遗留车辆未采取防护、防溜措施时;

3. 遗留车辆无人看守时;

4. 司机与车站值班员及列车调度员均联系不上时;

5. 遗留车辆停留在超过6‰坡度的线路上时。

30. 列车发生火灾、爆炸应急处理办法有哪些?

答:列车发生火灾、爆炸应急处理:

1. 列车发生火灾、爆炸时,须立即停车(停车地点应尽量避开特大桥梁、长大隧道等,选择便于旅客疏散的地点),车站不再向区间放行列车,并通知邻线及后续相关列车停车。电气化区段,现场需停电时,应立即通知供电部门停电。

2. 列车需要分隔甩车时,应根据风向及货物性质等情况而定。一般为先甩下列车后部的未着火车辆,再甩下着火车辆,然后将机后未着火车辆拉至安全地段。

对甩下的车辆,在车站由车站人员负责采取防溜措施;在区间由司机、车辆乘务员负责采取防溜措施。

31. 列车退行有何规定?

答:在不得已情况下,列车必须退行时,车辆乘务员或随车机械师(无车辆乘务员或随车机械师时为指派的胜任人员）应站在列车尾部注视运行前方，发现危及行车或人身安全时，应立即使用紧急制动阀（紧急制动装置）或使用列车无线调度通信设备通知司机，使列车停车。

列车退行速度，不得超过 15 km/h。未得到后方站（线路所）车站值班员准许，不得退行到车站的最外方预告标或预告信号机（双线区间为邻线预告标或特设的预告标）的内方。

车站接到列车退行的报告后，除立即报告列车调度员外，根据线路占用情况，可开放进站信号机或按引导办法将列车接入站内。

下列情况列车不准退行：

1. 按自动闭塞法运行时（列车调度员或后方站车站值班员确认该列车至后方站间无列车，并准许时除外）；

2. 在降雾、暴风雨雪及其他不良条件下，难以辨认信号时；

3. 一切电话中断后发出的列车（持有附件 3 通知书 1 的列车除外）。

挂有后部补机的列车，除上述情况外，是否准许退行，由铁路局规定。

32. 对开行救援列车有何规定？

答：车站值班员接到司机或工务、电务、供电等人员的救援请求后，应立即报告列车调度员。需封锁区间派出救援列车时，列车调度员应向有关车站发布命令封锁区间，并派出救援列车。

向封锁区间发出救援列车时，不办理行车闭塞手续，以列车调度员的命令，作为进入封锁区间的许可。

当列车调度电话不通时，应由接到救援请求的车站值班员根据救援请求办理，救援列车以车站值班员的命令，作为进入封锁区间的许可。

司机接到救援命令后，必须认真确认。命令不清、停车位置不明确时，不准动车。

救援列车进入封锁区间后，在接近被救援列车或车列 2 km 时，要严格控制速度，同时，使用列车无线调度通信设备与请求救援的机车司机进行联系，或以在瞭望距离内能够随时停车的速度运行，最高不得超过 20 km/h，在防护人员处或压上响墩后停车，联系确认，并按要求进行作业。

33. 施工特定行车办法有何规定？

答：遇有施工又必须接发列车的特殊情况时，可按以下施工特定行车办法办理：

1. 车站采用固定进路的办法接发列车。施工开始前,车站须将正线进路开通,并对进路上所有道岔按规定加锁(集中联锁良好的道岔可在控制台上进行单独锁闭)。有关道岔密贴的确认及具体的加锁办法,由铁路局规定。

2. 引导接车并正线通过时,准许列车司机凭特定引导手信号的显示,以不超过 60 km/h 速度进站。

3. 准许车站不向司机递交书面行车凭证和调度命令。但车站仍按规定办理行车手续,并使用列车无线调度通信设备(其语音记录装置须作用良好)将行车凭证号码(路票为电话记录号码、绿色许可证为编号)和调度命令号码通知司机,得到司机复诵正确后,方可显示通过手信号。列车凭通过手信号通过车站。

其他具体安全行车办法,由铁路局规定。

34. 向施工封锁区间开行路用列车时有何规定?

答:向施工封锁区间开行路用列车时,列车进入封锁区间的行车凭证为调度命令。该命令中应包括列车车次、停车地点、到达车站的时刻等有关事项,需限速运行时在命令中一并注明。

向施工封锁区间开行路用列车,原则上每端只准进入一列,如超过时,其安全措施及运行办法由铁路局规定。

35. 线路发生故障时的防护办法是如何规定的?

答:线路发生故障时的防护办法如下:

1. 应立即使用列车无线调度通信设备通知车站值班员或列车司机紧急停车,同时在故障地点设置停车信号。

2. 当确知一端先来车时,应急速奔向列车,用手信号旗(灯)或徒手显示停车信号。

3. 如不知来车方向,应在故障地点注意倾听和瞭望,发现来车,应急速奔向列车,用手信号旗(灯)或徒手显示停车信号。

设有固定信号机时,应先使其显示停车信号。

站内线路、道岔发生故障时,应按规定设置停车信号防护。

36. 铁路职工或其他人员发现设备故障危及行车和人身安全时应如何处置?

答:铁路职工或其他人员发现设备故障危及行车和人身安全时,应立即向开来列车发出停车信号,并迅速通知就近车站、工务、电务或供电人员。

## 第三章

1.《技规》中对铁路信号是如何分类的？

答：铁路信号分为视觉信号和听觉信号。

视觉信号的基本颜色：

红色——停车；

黄色——注意或减低速度；

绿色——按规定速度运行。

听觉信号：号角、口笛、响墩发出的音响和机车、自轮运转特种设备的鸣笛声。

2.《技规》中对视觉信号有哪些技术要求？

答：视觉信号分为昼间、夜间及昼夜通用信号。在昼间遇降雾、暴风雨雪及其他情况，致使停车信号显示距离不足 1 000 m，注意或减速信号显示距离不足 400 m，调车信号及调车手信号显示距离不足 200 m 时，应使用夜间信号。

隧道内只采用夜间或昼夜通用信号。

铁路沿线及站内，禁止设置妨碍确认信号的红、黄、绿色的装饰彩布、标语和灯光。如已装有妨碍确认信号灯光的设备时，应拆除或采取遮光措施。

在规定的信号显示距离内，不得种植影响信号显示的树木。对影响信号显示的树木，其处理办法由铁路局规定。

3.《技规》中对信号机的定位有哪些规定？

答：进站、出站、进路、调车、驼峰、驼峰辅助信号机均以显示停车信号为定位；线路所的通过信号机以显示停车信号为定位，其他通过信号机以显示进行信号为定位。

接近信号机、进站预告信号机、非自动闭塞区段通过信号机的预告信号机及通过臂板，以显示注意信号为定位。

遮断、遮断预告、复示信号机以无显示为定位。

在自动闭塞区段内的车站（线路所），如将进站、正线出站信号机及其直向进路内的进路信号机转为自动动作时，以显示进行信号为定位。

4.《技规》中对信号机的关闭时机有哪些规定？

答：信号机的关闭时机规定如下：

1. 集中联锁车站的进站、进路、出站信号机，通过信号机，当机车或车辆第一轮对越过该信号机后自动关闭。

2. 调车信号机在调车车列全部越过调车信号机后自动关闭；当调车信号机外方不设轨道占用检查装置或虽设轨道占用检查装置而占用时，应在调车车列全部出清调车信号机内方第一轨道区段后自动关闭，根据需要也可在调车车列第一轮对进入调车信号机内方第一轨道区段后自动关闭。

3. 引导信号应在列车头部越过信号机后及时关闭。

4. 非集中联锁车站的进站信号机及线路所通过信号机，在列车进入接车线轨道区段后自动关闭，出站信号机应在列车进入出站方面轨道区段后自动关闭。

5. 非集中联锁车站，由手柄操纵的信号机：进站信号机在确认列车全部进入接车线警冲标内方，出站信号机在列车全部越过最外方道岔并确认列车全部进入出站方面轨道区段后，恢复手柄，关闭信号。

特殊站（场）执行上述规定有困难时，由铁路局规定。

5.《技规》中除了信号机显示红灯以外，信号机哪些情况视为停车信号？

答：进站、出站、进路和通过信号机的灯光熄灭、显示不明或显示不正确时，均视为停车信号。

进站预告信号机或接近信号机的灯光熄灭、显示不明或显示不正确时，均视为进站信号机为关闭状态；非自动闭塞区段通过信号机的预告信号机的灯光熄灭、显示不明或显示不正确时，视为通过信号机为关闭状态。

6.《技规》中对无效信号机显有何规定？

答：新设尚未开始使用及应撤除尚未撤掉的信号机，均应装设信号机无效标，并应熄灭灯光；如为臂板信号机，并须将臂板置于水平位置。

信号机无效标为白色的十字交叉板。高柱色灯信号机的无效标装在机柱上，矮型色灯信号机的无效标装在信号机构上，臂板信号机的无效标装在臂板上。

在新建铁路线上，新设尚未开始使用的信号机（进站信号机暂用作防护车站时除外），可撤下臂板或将色灯机构向线路外侧扭转 90°，并熄灭灯光，作为无效。

7. 进站色灯信号机显示方式及意义是什么？

答：进站色灯信号机显示下列信号：

1. 三显示自动闭塞、半自动闭塞、自动站间闭塞区段进站色灯信号机

（1）一个绿色灯光——准许列车按规定速度经正线通过车站，表示出站及进路信号机在开放状态，进路上的道岔均开通直向位置；

（2）一个绿色灯光和一个黄色灯光——准许列车经道岔直向位置，进入站内越过次一架已经开放的信号机准备停车；

（3）一个黄色灯光——准许列车经道岔直向位置，进入站内正线准备停车；

（4）一个黄色闪光和一个黄色灯光——准许列车经18号及以上道岔侧向位置，进入站内越过次一架已经开放的信号机且该信号机防护的进路经道岔直向位置或18号及以上道岔侧向位置；

（5）两个黄色灯光——准许列车经道岔侧向位置（但不满足上述第（4）项条件）进入站内准备停车；

（6）一个红色灯光——不准列车越过该信号机。

2. 四显示自动闭塞区段进站色灯信号机

（1）一个绿色灯光——准许列车按规定速度经道岔直向位置进入或通过车站，表示运行前方至少有三个闭塞分区空闲；

（2）一个绿色灯光和一个黄色灯光——准许列车按规定速度经道岔直向位置进入站内，表示次一架信号机经道岔直向位置开放一个黄灯；

（3）一个黄色灯光——准许列车按限速要求经道岔直向位置进入站内正线准备停车；

（4）一个黄色闪光和一个黄色灯光——准许列车经18号及以上道岔侧向位置，进入站内越过次一架已经开放的信号机且该信号机防护的进路经道岔直向位置或18号及以上道岔侧向位置；

（5）两个黄色灯光——准许列车按限速要求越过该信号机，经道岔侧向位置（但不满足上述第（4）项条件）进入站内准备停车；

（6）一个红色灯光——不准列车越过该信号机。

8. 引导信号的显示方式是什么？

答：进站及接车进路、接发车进路色灯信号机的引导信号显示一个红色灯光及一个月白色灯光——准许列车在该信号机前方不停车，以不超过20 km/h速度进站或通过接车进路，并须准备随时停车。

9. 出站色灯信号机的显示方式是什么？

答：出站色灯信号机显示下列信号：

1. 半自动闭塞或自动站间闭塞区段

（1）一个绿色灯光——准许列车由车站出发；

（2）两个绿色灯光——准许列车由车站出发，开往次要线路；

（3）一个红色灯光——不准列车越过该信号机；

（4）在兼作调车信号机时，一个月白色灯光——准许越过该信号机调车。

2. 三显示自动闭塞区段

(1)一个绿色灯光——准许列车由车站出发,表示运行前方至少有两个闭塞分区空闲;

(2)一个黄色灯光——准许列车由车站出发,表示运行前方有一个闭塞分区空闲;

(3)两个绿色灯光——准许列车由车站出发,开往半自动闭塞或自动站间闭塞区间;

(4)一个红色灯光——不准列车越过该信号机;

(5)在兼作调车信号机时,一个月白灯光——准许越过该信号机调车。

3. 四显示自动闭塞区段

(1)一个绿色灯光——准许列车由车站出发,表示运行前方至少有三个闭塞分区空闲;

(2)一个绿色灯光和一个黄色灯光——准许列车由车站出发,表示运行前方有两个闭塞分区空闲;

(3)一个黄色灯光——准许列车由车站出发,表示运行前方有一个闭塞分区空闲;

(4)两个绿色灯光——准许列车由车站出发,开往半自动闭塞或自动站间闭塞区间;

(5)一个红色灯光——不准列车越过该信号机;

(6)在兼作调车信号机时,一个月白色灯光——准许越过该信号机调车。

10. 通过色灯信号机显示方式?

答:通过色灯信号机显示下列信号:

1. 半自动闭塞及自动站间闭塞区段

(1)一个绿色灯光——准许列车按规定速度运行;

(2)一个红色灯光——不准列车越过该信号机。

2. 三显示自动闭塞区段

(1)一个绿色灯光——准许列车按规定速度运行,表示运行前方至少有两个闭塞分区空闲;

(2)一个黄色灯光——要求列车注意运行,表示运行前方有一个闭塞分区空闲;

(3)一个红色灯光——列车应在该信号机前停车。

3. 四显示自动闭塞区段

(1)一个绿色灯光——准许列车按规定速度运行,表示运行前方至少有三个闭塞分区空闲；

(2)一个绿色灯光和一个黄色灯光——准许列车按规定速度运行，要求注意准备减速，表示运行前方有两个闭塞分区空闲；

(3)一个黄色灯光——要求列车减速运行，按规定限速要求越过该信号机，表示运行前方有一个闭塞分区空闲；

(4)一个红色灯光——列车应在该信号机前停车。

11. 遮断色灯信号机显示方式是什么？

答：遮断色灯信号机显示一个红色灯光——不准列车越过该信号机；不点灯时，不起信号作用。

12. 调车色灯信号机显示方式是什么？

答：调车色灯信号机显示下列信号：

1. 一个月白色灯光——准许越过该信号机调车；

2. 一个月白色闪光灯光——装有平面溜放调车区集中联锁设备时，准许溜放调车；

3. 一个蓝色灯光——不准越过该信号机调车。

不办理闭塞的站内岔线，在岔线入口处设置的调车信号机，可用红色灯光代替蓝色灯光。

起阻挡列车运行作用的调车信号机，应采用矮型三显示机构，增加红色灯光或用红色灯光代替蓝色灯光。当该信号机的红色灯光熄灭、显示不明或显示不正确时，应视为列车的停车信号。

13. 色灯复示信号机的显示方式是什么？

答：色灯复示信号机分下列几种：

1. 进站、接车进路、接发车进路信号机的色灯复示信号机采用灯列式机构，显示下列信号：

(1)两个月白色灯光与水平线构成60°角显示——表示主体信号机显示经道岔直向位置向正线接车的信号；

(2)两个月白色灯光水平位置显示——表示主体信号机显示经道岔侧向位置接车的信号；

(3)无显示——表示主体信号机在关闭状态。

2. 出站及发车进路信号机的色灯复示信号机显示下列信号：

(1)一个绿色灯光——表示主体信号机在开放状态；

(2)无显示——表示主体信号机在关闭状态。

3. 调车色灯复示信号机显示下列信号：

(1)一个月白色灯光——表示调车信号机在开放状态；

(2)无显示——表示调车信号机在关闭状态。

进站、出站、进路、驼峰及调车色灯复示信号机均采用方形背板，以区别于一般信号机。

14. 移动信号显示方式及意义是什么？

答：移动信号显示方式如下：

1. 停车信号

昼间——表面有反光材料的红色方牌；夜间——柱上红色灯光。

2. 减速信号

(1)表面有反光材料的黄底黑字圆牌，标明列车限制速度。

(2)施工及其限速区段，在减速信号牌外方增设的特殊减速信号牌为表面有反光材料的黄底黑"T"字圆牌。

3. 减速防护地段终端信号

表面有反光材料的绿色圆牌。在单线区段，司机应看线路右侧减速信号牌背面的绿色圆牌。

在有 1 万 t 或 2 万 t(含 1.5 万 t)货物列车运行的线路增设的 1 万 t、2 万 t(含 1.5 万 t)减速防护地段终端信号牌为表面有反光材料的绿底黑"W"字(1 万 t)或黑"L"字(1.5 万 t 和 2 万 t)圆牌。

15. 列车运行中遇响墩爆炸声及火炬信号时如何运行？

答：响墩爆炸声及火炬信号的火光，均要求紧急停车。停车后如无防护人员，机车乘务人员应立即检查前方线路，如无异状，列车以在瞭望距离内能随时停车的速度继续运行，但最高不得超过 20 km/h。在自动闭塞区间，运行至前方第一架通过(进站)信号机前，如无异状，即可按该信号机显示的要求执行；在半自动或自动站间闭塞区间，经过 1 km 后，如无异状，可恢复正常速度运行。

16. 无线调车灯显显示方式及意义是什么？

答：使用无线调车灯显制式的信号显示方式如下：

1. 一个红灯——停车信号。

2. 一个绿灯——推进信号。

3. 绿灯闪数次后熄灭——起动信号。

4. 绿、红灯交替后绿灯长亮——连结信号。

5. 绿、黄灯交替后绿灯长亮——溜放信号。

6. 黄灯闪后绿灯长亮——减速信号。

7. 黄灯长亮——十、五、三车距离信号。

(1)十车距离信号(加辅助语音提示)；

(2)五车距离信号(加辅助语音提示)；

(3)三车距离信号(加辅助语音提示)。

8. 两个红灯——紧急停车信号。

9. 先两个红灯后熄灭一个红灯——解锁信号。

17. 列车运行中应遵守哪些手信号的显示?

答:列车运行时,有关人员应遵守下列手信号的显示:

1. 停车信号:要求列车停车。

昼间——展开的红色信号旗;夜间——红色灯光。

昼间无红色信号旗时,两臂高举头上向两侧急剧摇动;夜间无红色灯光时,用白色灯光上下急剧摇动。

2. 减速信号:要求列车降低到要求的速度。

昼间——展开的黄色信号旗;夜间——黄色灯光。

昼间无黄色信号旗时,用绿色信号旗下压数次;夜间无黄色灯光时,用白色或绿色灯光下压数次。

3. 发车信号:要求司机发车。

昼间——展开的绿色信号旗上弧线向列车方面作圆形转动;夜间——绿色灯光上弧线向列车方面作圆形转动。

在设有发车表示器的车站,按发车表示器显示发车。

4. 通过手信号:准许列车由车站(场)通过。

昼间——展开的绿色信号旗;夜间——绿色灯光。

5. 引导手信号:准许列车进入车场或车站。

昼间——展开的黄色信号旗高举头上左右摇动;夜间——黄色灯光高举头上左右摇动。

6. 特定引导手信号显示方式:昼间为展开绿色信号旗高举头上左右摇动,夜间为绿色灯光高举头上左右摇动。

18. 联系用的手信号道岔开通信号的显示方式及意义是什么?

答:联系用的手信号的显示方式如下:

1. 道岔开通信号:表示进路道岔准备妥当。

昼间——拢起的黄色信号旗高举头上左右摇动;夜间——白色灯光高举头上。

机车出入段进路道岔准备妥当后,显示如下道岔开通信号:

昼间——展开的黄色信号旗高举头上左右摇动;夜间——黄色灯光高举头上左右摇动。

2. 股道号码信号:要道或回示股道开通号码。

一道:昼间——两臂左右平伸;夜间——白色灯光左右摇动。

二道:昼间——右臂向上直伸,左臂下垂;夜间——白色灯光左右摇动后,从左下方向右上方高举。

三道:昼间——两臂向上直伸;夜间——白色灯光上下摇动。

四道:昼间——右臂向右上方,左臂向左下方各斜伸45°角;夜间——白色灯光高举头上左右小动。

五道:昼间——两臂交叉于头上;夜间——白色灯光作圆形转动。

六道:昼间——左臂向左下方,右臂向右下方各斜伸45°角;夜间——白色灯光作圆形转动后,再左右摇动。

七道:昼间——右臂向上直伸,左臂向左平伸;夜间——白色灯光作圆形转动后,左右摇动,然后再从左下方向右上方高举。

八道:昼间——右臂向右平伸,左臂下垂;夜间——白色灯光作圆形转动后,再上下摇动。

九道:昼间——右臂向右平伸,左臂向右下斜45°角;夜间——白色灯光作圆形转动后,再高举头上左右小动。

十道:昼间——左臂向左上方,右臂向右上方各斜伸45°角;夜间——白色灯光左右摇动后,再上下摇动作成十字形。

十一至十九道,须先显示十道股道号码,再显示所要股道号码的个位数信号。

二十道及其以上的股道号码,各站根据需要自行规定,并纳入《站细》。

3. 连结信号:表示连挂作业。

昼间——两臂高举头上,使拢起的手信号旗杆成水平末端相接;夜间——红、绿色灯光(无绿色灯光的人员,用白色灯光)交互显示数次。

4. 溜放信号:表示溜放作业。

昼间——拢起的手信号旗两臂高举头上交叉后,急向左右摇动数次;夜间——红色灯光作圆形转动。

5. 停留车位置信号:表示车辆停留地点。

夜间——白色灯光左右小摇动。

6. 十、五、三车距离信号：表示推进车辆的前端距被连挂车辆的距离。

昼间——展开的绿色信号旗单臂平伸，夜间——绿色灯光，在距离停留车十车（约 110 m）时连续下压三次，五车（约 55 m）时连续下压两次，三车（约 33 m）时下压一次。

7. 取消信号：通知将前发信号取消。

昼间——拢起的手信号旗，两臂于前下方交叉后，急向左右摇动数次；夜间——红色灯光作圆形转动后，上下摇动。

8. 要求再度显示信号：前发信号不明，要求重新显示。

昼间——拢起的手信号旗右臂向右方上下摇动；夜间——红色灯光上下摇动。

9. 告知显示错误的信号：告知对方信号显示错误。

昼间——拢起的手信号旗两臂左右平伸同时上下摇动数次；夜间——红色灯光左右摇动。

19. 显示手信号有何规定？

答：在显示手信号时，凡昼间持有手信号旗的人员，应将信号旗拢起，左手持红旗，右手持绿旗（扳道员右手持黄旗），不持信号旗的人员徒手按各该条规定方式显示信号。

20. 试验列车自动制动机的手信号显示方式及意义是什么？

答：试验列车自动制动机的手信号显示方式如下：

1. 制动

昼间——用检查锤高举头上；夜间——白色灯光高举。

2. 缓解

昼间——用检查锤在下部左右摇动；夜间——白色灯光在下部左右摇动。

3. 试验结束

昼间——用检查锤作圆形转动；夜间——白色灯光作圆形转动。

车站人员显示上述信号时，昼间可用拢起的信号旗代替。司机应注意瞭望试验信号，并按规定回答。

如列车制动主管未达到规定压力，试验人员要求司机继续充风时，按照缓解的信号同样显示。

21. 升降弓手信号显示方式是什么？

答：发现接触网故障，需要机车临时降弓通过时，发现的人员应在规定地点显示下列手信号：

1. 降弓手信号

昼间——左臂垂直高举，右臂前伸并左右水平重复摇动；夜间——白色灯光上下左右重复摇动。

2. 升弓手信号

昼间——左臂垂直高举，右臂前伸并上下重复摇动；夜间——白色灯光作圆形转动。

22. 脱轨表示器的显示方式及意义是什么？

答：脱轨表示器的显示方式如下：

1. 带白边的红色长方牌及红色灯光——表示线路在遮断状态。

2. 带白边的绿色圆牌及月白色灯光——表示线路在开通状态。

23. 车挡表示器设置有何规定？

答：车挡表示器设置在线路终端的车挡上，昼间一个红色方牌；夜间显示一个红色灯光。

安全线及避难线可不设置车挡表示器。

24. 线路标志及信号标志包括哪些？

答：线路标志包括：公里标、半公里标，曲线标，圆曲线和缓和曲线的始终点标，桥梁标，隧道(明洞)标，坡度标，以及铁路局、工务段、线路车间、线路工区和供电段的界标。

信号标志包括：警冲标，站界标，预告标，引导员接车地点标，司机鸣笛标，电气化区段的电力机车禁停标，断电标、合电标，接触网终点标，准备降下受电弓标、降下受电弓标、升起受电弓标，作业标，减速地点标，补机终止推进标、机车停车位置标，四显示机车信号接通标，四显示机车信号断开标，轨道电路调谐区标志，级间转换标，通信模式转换标，以及除雪机用的临时信号标志等。

25. 列车标志的显示方式有何规定？

答：列车应在头部和尾部分别显示不同的列车标志。列车标志的显示方式，昼间与夜间相同，但昼间不点灯，其显示方式如下：

1. 列车牵引运行时，机车前端一个头灯及中部两侧一个白色灯光。列车尾部两个侧灯，向后显示红色灯光，向前显示白色灯光；挂有货物列车列尾装置时，为列尾装置向后显示红白相间的反射标志和一个红色闪光灯光。动车组以外的旅客列车尾部加挂客车时，侧灯位置不作调整，最后一辆客车的制动软管、总风软管须吊起。

2. 列车推进运行时,列车前端两个侧灯,向前显示红色灯光,向后显示白色灯光;挂有货物列车列尾装置时,为列尾装置向前显示红白相间的反射标志和一个红色闪光灯光。机车后端中部两侧各一个红色灯光。

3. 列车后端挂有补机时,机车后端标志与本条第 2 款同。

4. 单机运行时,机车前端标志与本条第 1 款同;后端标志与本条第 2 款

5. 调车机车及机车出入段时,机车前端标志与本条第 1 款同;机车后端标志与本条第 2 款同。

6. 轨道车运行时,前端一个白色灯光;后端一个红色灯光。

26. 使用绿色许可证的时机?

答:1. 自动闭塞区段出站信号机故障时发出列车时;

2. 自动闭塞区段由未设出站信号机的线路上发出列车时;

3. 自动闭塞区段超长列车头部越过出站信号机发出列车时;

4. 自动闭塞区段发车进路信号机发生故障时发出列车时;

5. 自动闭塞区段超长列车头部越过发车进路信号机发出列车时。

## 第四章

1.《行规》中响墩、火炬、短路铜线管理的补充规定是什么?

答:1. 使用单位对响墩、火炬、短路铜线,试验良好后,应在每一响墩、火炬上注明试验年、月、日。

2. 每年于 9 月份进行一次定期抽查试验(短路铜线电阻不大于 0.06 Ω),对新领到的响墩、火炬、短路铜线也应进行抽查试验。试验响墩、火炬时,要通知公安部门和司机。

3. 对响墩、火炬要注意保管,防止挤压、摩擦或受潮。使用响墩时,应牢固地扣在轨面上,但不得安放在钢轨接头、道岔、道口处。擦燃火炬时,不准对向面部。

2.《行规》中附挂机车进行滚动试验的规定是什么?

答:1. 装有弹停制动装置的机车附挂旅客列车时,必须进行滚动试验(含段内、站内及区间)。

2. 机车出库前及在车站、区间进行滚动试验的规定

(1)附挂的机车随本务机车出段(折返点、整备车间)时,应在机车出段前,进行连挂作业,由属地机务段组织完成附挂机车相关处置作业。

(2)遇切除弹停制动装置的机车在车站附挂旅客列车时,附挂处置作业完成后(含简略试验),本务机车司机向车站值班员请求进行机车滚动试验。

(3)遇切除弹停制动装置的机车在区间附挂旅客列车时,附挂处置作业完成后(含简略试验)向前进方向进行机车滚动试验。

3.《行规》中列车冒进信号机或越过警冲标的处理规定是什么?

答:1. 列车冒进信号机或警冲标后,司机须立即停车报告车站值班员,并不得擅自动车,车站值班员报告列车调度员,共同商定处置办法。车站值班员接到司机冒进进站(接车进路)信号机报告后,立即通知已进入区间的后续列车停车,不再向该区间放行列车。

列车冒进进站(接车进路)信号机时,车站值班员在确认接车进路准备妥当和列车运行条件具备后,使用列车无线调度通信设备通知司机进站。

列车冒进出站(发车进路)信号机或起阻挡列车运行作用的调车信号机时,应在具备条件后,布置列车后退。但对出发或通过列车,根据实际情况,可在确认发车进路准备妥当、第一个闭塞分区空闲(半自动、自动站间闭塞区段为区间空闲)、列车运行条件具备后,使用列车无线调度通信设备通知司机继续运行。

列车冒进线路所通过信号机时,应在具备条件后,布置列车后退或继续运行。列车退回后司机按信号机的显示运行;继续运行时车站值班员在确认进路准备妥当后,使用列车无线调度通信设备通知司机继续运行。

2. 自动闭塞区间列车冒进通过信号机时,司机须立即停车,并报告两端站(列车调度员),车站值班员报告列车调度员。车站值班员(列车调度员)接到通知后,立即通知已进入区间的后续列车停车,不再向该区间放行后续列车。司机停车后,必须与车站值班员(列车调度员)联系,如确认冒进的闭塞分区有车时,不得移动,确认空闲后,以遇到阻碍能随时停车的速度继续运行,最高不超过 20 km/h,运行到次一架通过信号机(进站信号机),按其显示的要求运行。

4.《行规》中夜间运行机车、动车组头灯和标志灯故障时处理的补充规定是什么?

答:列车夜间运行,司机发现或得到机车(动车组)前部头灯、标志灯之一不能使用时,可继续运行。机车(动车组)前部头灯、标志灯均不能使用时,司机报告车站值班员(列车调度员),车站值班员报告列车调度员。司机适当降速维持运行到前方站停车处理,处理不好时不得继续运行。

5.《行规》中沈阳局集团公司管内部分联系用的手信号的规定是什么?

答:1. 发现运行列车车辆的下部及走行部分不良但尚未危及行车安全时:

昼间——拢起的手信号旗在下部左右迅速摇动；

夜间——白色灯光在下部左右迅速摇动。

2. 通过列车，接车人员向司机递交命令、凭证或通知事项时：

昼间——拢起的手信号旗左右摇动；

夜间——白色灯光左右摇动。

3.“好了”信号：

昼间——拢起的手信号旗或徒手上弧线向车辆方向作圆形转动；

夜间——白色灯光作圆形转动。

4. 试拉信号：

昼间——拢起的红色信号旗直立平举、展开的绿色信号旗上下摇动。徒手时，左小臂直立高举，右臂上下摇动。

夜间——绿色或白色灯光上下小动。

5. 要求司机鸣笛信号：

昼间——拢起的手信号旗直立平举或单臂向上弯曲直立上下小动；

夜间——绿色或白色灯光上下小动。

6. 补机摘解信号：

昼间——拢起的手信号旗上下摇动；

夜间——白色灯光上下摇动。

7. 加速信号：

昼间——展开的绿色信号旗或单臂平伸左右迅速摇动；

夜间——绿色或白色灯光高举左右迅速摇动。

8. 领车信号：

昼间——展开的绿色信号旗平伸。前部负责瞭望的人员，正常可不显示信号；使用无线调车灯显设备作业，单机或牵引运行领车时为单臂平伸。

夜间——绿色灯光。前部负责瞭望的人员及使用无线调车灯显设备作业单机或牵引运行领车时，显示白色灯光。

无股道编号的线路，股道号码的手信号显示方式在《站(段)细》内规定。需新增地区性联系用的手信号显示方式，由集团公司专业处室审批。

## 第五章

1. 进入挂车线的作业标准是什么？

答：进入挂车线后，应严格控制机车速度，执行十、五、三车和一度停车规定，确认脱轨器、防护信号及停留车位置。

1. 距脱轨器、防护信号、车列 10 m 前必须停车。

2. 确认脱轨器、防护信号撤除后，显示连挂信号，以不超过 5 km/h 的速度平稳连挂。

3. 连挂时，根据需要适量撒砂，连挂后要试拉。

2. 单机在自动闭塞区间紧急制动停车后的应急处置规定是什么？

答：单机（包括双机、专列回送的机车，下同）在自动闭塞区间紧急制动停车后，具备移动条件时司机须立即将机车移动不少于 15 m，再按照先防护后报告的原则，在轨道电路调谐区外使用短路铜线短接轨道电路，然后向就近车站值班员或列车调度员报告停车位置和原因。

单机被迫停在调谐区内时，司机须立即在调谐区外使用短路铜线短接轨道电路，然后向就近车站值班员或列车调度员报告停车位置和原因。

3. 列车或单机停留时有何操作规定？

答：列车或单机停留时，不准停止柴油机、劈相机及空气压缩机的工作，并保持制动状态。

1. 进站停车时，应注意车站接车人员的手信号。

2. 货物列车应保压停车，直至发车前出站（发车进路）信号机开放或接到车站准备开车的通知后，方能缓解列车制动。

3. 夜间等会列车时，应将机车头灯灯光减弱或熄灭。

4. 中间站停车，有条件时应对机车主要部件进行检查。

5. 机车乘务员必须坚守岗位，不得擅自离开机车。

## 第六章

1. 事故的分类有哪些？

答：依据《条例》规定，铁路交通事故分为特别重大事故、重大事故、较大事故和一般事故四个等级。

2. 事故责任的分类有哪些？

答：事故分为责任事故和非责任事故。

事故责任分为全部责任、主要责任、重要责任、次要责任和同等责任。

3. 错办行车凭证发车或耽误列车事故责任是怎样划分的？

答：错误办理行车凭证发车或耽误列车事故的责任划分：司机起动列车，定车务、机务单位责任；司机发现未动车，定车务单位责任；通过列车司机未及时发现，定车务、机务单位责任；司机发现及时停车，定车务单位责任。